Regina Stockmann

ALLES BLEIBT ANDERS

Regina Stockmann

ALLES BLEIBT ANDERS

NATURZEIT
Reiseverlag

Mehr über unsere Autoren und Bücher unter:
www.naturzeit-verlag.de

1. Auflage Februar 2017
ISBN 978-3-944378-12-1

Naturzeit Reiseverlag e. K.
82288 Kottgeisering
www.naturzeit-verlag.de
info@naturzeit-verlag.de

Satz und Gestaltung: designbuero Holtkamp
Lektorat: Stefanie Holtkamp
Illustrationen: www.fotolia.com, Stefanie Holtkamp
Fotos: Regina Stockmann, Lars Stockmann

Vertrieb: Geo Center, 70565 Stuttgart

Druck: www.schreckhase.de
Printed in Germany

INHALT

DER PLAN

Ende August 2004.
Kugelrund sitze ich auf dem Sofa. Eine gute Freundin schaut vorbei und fragt Lars:
»Und, was glaubst Du wird sich ändern?«

Seine Antwort: »Nichts!«

Klingt das provokativ? Es ist tatsächlich weitgehend so gemeint! Wir stellen uns vor, unser Kind einfach in unser Leben zu integrieren. So planen wir, beide weiter arbeiten zu gehen: Lars an vier Tagen in der Woche, ich an drei Tagen. Für die zwei sich überschneidenden Tage werden wir eine Betreuung suchen. So können wir beide in unseren Jobs bleiben.
Außerdem wollen wir beide weiter sportlich aktiv sein. Einzeln und gemeinsam betreiben wir viel Sport: Reiten, Mountain-Biken, Wildwasserkajak. Den Gemeinsam-Part müssen wir getrennt planen, da begeisterte Großeltern in der Nähe fehlen, die uns gemeinsame Zeit ohne Kind ermöglichen könnten. Aber darin sehen wir nur eine Frage guter Organisation.
Und was ist sonst wichtig? Reisen, unser liebstes Hobby! Auch hier besagt der Plan ganz klar: Wir machen weiter wie bisher. Seit Jahren verschlinge ich Reisezeitschriften und habe dabei auch einige Berichte über Reisen mit Kindern gelesen: mit der Pulkka durch Sibirien, mit der Trage durch Patagonien – alles kein Problem. Wenn die das können, woran sollten dann unsere Reisen scheitern?

Das kriegen wir hin. *Easy*!

SCHLAFLOS DURCH TAG UND NACHT

Ende September geschieht ein Wunder: Unser Sohn Joshua kommt gesund auf die Welt. Zwar per Kaiserschnitt, aber das ist völlig nebensächlich. Wir sind überglücklich!

Wenige Wochen später kenne ich den Klang des Autos, das mitten in der Nacht in unsere Straße rollt. Ich weiß, dass nach wenigen Minuten unser Briefkasten klappert, und wie lange es ungefähr dauert, bis die Autotür wieder zuschlägt und das Auto weiterfährt. Der Zeitungsbote war da! Auch bin ich durch regelmäßige Anschauung gut über die aktuelle Mondphase informiert. Denn unser kleines Söhnchen leidet massiv unter Drei-Monats-Koliken. Das bedeutet, dass er nach jeder Milchmahlzeit ein bis zwei Stunden krampfend und weinend über einem Arm hängt und getragen wird. Neben der Tatsache, dass Joshua regelmäßig alle vier Stunden Hunger anmeldet und die Nacht folglich kurz wird, kommt erschwerend hinzu, dass wir sehr mitleiden mit unserem sich quälenden Baby. Dafür weiß ich manchmal morgens – wenn unser Sohn mich mitten aus dem gerade erst erreichten Tiefschlaf reißt – nicht, wo ich bin, wer ich bin und eigentlich auch nicht so genau, warum ich bin. Außerdem stelle ich fest, dass so ungeliebte und hartnäckig vernachlässigte Dinge wie Putzen plötzlich eine ganz neue Bedeutung bekommen, wenn mein Lieblingsbaby abwechselnd über den Boden robbt und ihn mit Milchresten bespuckt. Abgesehen davon aber bin ich vor allem glücklich, unternehme ausgiebige Spaziergänge, genieße mein lang erwartetes Mutter-Sein.

Im folgenden Frühjahr fange ich, ganz nach Plan, halbtags an zu arbeiten. Wir haben ein nettes, zuverlässiges Kindermädchen angestellt, eine Tagesmutter war bei uns nicht zu finden. Freitags ist Papa-Tag, er genießt seine Zeit mit Joshua und ich bin dankbar, mich nicht alleine verantwortlich fühlen zu müssen. Unser neuer Alltag erfordert zwar den ein oder anderen zeitlichen und organisatorischen Spagat, aber reichlich Endorphine und Mutter-Glückshormone, sowie Spaß an meinem Job und Dankbarkeit für die Möglichkeit, im Beruf zu bleiben, machen das wett.

Und dann steht endlich wieder Urlaub an! Urlaub! Das bedeutet: keine Hektik, keine Verpflichtungen, ich darf tun, was ich will. Abenteuer, Freiheit, Reisen. Wild übernachten, wandern und möglichst weit weg von der Zivilisation unterwegs sein. Wir fahren für vier Wochen nach Sizilien! Eine Insel, die uns schon länger verlockt. Einen ersten kurzen Test zum Thema »Reisen mit Kind« haben wir bereits hinter uns: Im Februar sind wir dem rheinischen Karneval entflohen – für eine knappe Woche ins Cinque Terre am Mittelmeer. Eine schöne und erlebnisreiche Zeit, alles hat anstandslos geklappt einschließlich Halbtages-Küstenwanderungen. Inzwischen ist Joshua acht Monate alt, da sollte die Reise wie am Schnürchen laufen. Wie die Zigeuner durch Sizilien vagabundieren, das ist unser Plan. Klar kriegen wir das hin!

Mit angespannter Vorfreude beginnen wir die Vorbereitungen für unsere Reise und bauen eine Kinder-Hängematte über die Beifahrer-Doppelsitzbank unseres VW-Busses. Das Packen ist eine kleine Herausforderung, denn schließlich war unser Bus auch ohne Kind schon vollgepackt. Irgendwo wollen jetzt auch noch Windeln, Babybrei, Spielzeug untergebracht werden – und die rote Wanne, die wir als Planschbeckenersatz mitnehmen.

SIZILIEN – DIE ERSTE REISE

Endlich geht's es los! Mitte Mai haben wir Hochsommerwetter mit über 30°C und in Ermangelung einer Klimaanlage die Scheiben runtergekurbelt. Eine Mischung aus Sauna und lärmender Baustellenatmosphäre hüllt uns ein. Meinem Sohn und meinem Autofahrer kühle ich zwischendrin immer wieder mit einem nassen Lappen die Stirn, damit sie nicht total überhitzen. Unsere erste Etappe auf der Hinfahrt liegt in Süddeutschland. Hier ist eine Zwischenübernachtung bei einem Freund eingeplant. Der Abend wird sträflich lang und nachts entweicht aus dem schrecklichen Luftmatratzen-Gästebett die Luft. So haben wir in dieser Nacht viel, viel zu wenig geschlafen. Doch am nächsten Morgen ruft erneut das Abenteuer und die Fahrt nach Genua, also auf und durch! Alles läuft, beziehungsweise rollt, wie geplant und am frühen Abend checken wir auf der Fähre ein, ausgerüstet mit einem Lebensmittel-Survival-Paket, allem Nötigen für Joshua und zwei Fleeceschlafsäcken. Fähre fahren ist irgendwie anstrengend, das fängt schon mit den engen und stickigen Treppen an. Und gemütlich sind Fähren auch nicht. Wenigstens schwankt diese erst einmal nicht, denn wir liegen noch im Hafen. Dafür ist es überall laut und hektisch und wuselig. Alle Passagiere sind gleichzeitig damit beschäftigt, etwas zu suchen: ihre Kabine, ihre Mitreisenden, ihr Gepäck, die Bar, ein kaltes Bier. Wir suchen auch etwas: eine ruhige Ecke. Ganz wie früher wollen wir uns in ein stilles Eck verkramen und dort die Nacht verbringen. Allerdings: eine ruhige Ecke ist erstmal nicht zu finden. Eine Kabine haben wir natürlich nicht gebucht, so etwas haben wir doch früher auch nicht gebraucht!

Für die Leser, die jetzt völlig fassungslos ob dieser Naivität den Kopf schütteln: Seit neun Monaten haben wir statt zwei nur noch ein Gehalt – das ist finanziell eine ganz schöne Umstellung! Zwar arbeite ich inzwischen wieder halbtags, aber mein halbes Gehalt geht fast komplett drauf für Kinderbetreuung: einmal für das Kindermädchen, dazu kommt Lars' Verdienstausfall durch seine Stellenverkürzung. Zeitgleich sind wir aber nicht halb so viele, sondern dankbar zu dritt. Dazu kommen ein paar absehbare Investitionen – zum Beispiel bei Gelegenheit einen neueren Bus – und nicht zu vergessen das erst vor zwei Jahren gekaufte alte Haus. Die Zeiten von Elterngeld sind noch nicht angebrochen. Soll heißen: Geld ist gerade ziemlich knapp. Etwa sechshundert Euro mehr für eine Kabine sind uns neben allem »Es-bleibt-wie-es-ist« und »Das kriegen wir schon-hin« schlichtweg zu teuer!

Also wuseln um uns herum lauter aufgeregte Menschen mit meist lebhaftem italienischem Temperament. Es geht schließlich gen Süden, zurück zur Familie oder in den Urlaub. Nur wir wissen nicht, wohin mit uns. Joshua versteht das alles natürlich noch nicht. Er ist jetzt vor allem müde und kann trotz Schuckeln im Arm nicht einschlafen. Ganz Baby tut er seinen Unmut kund, indem er knatschig wird. Uns kommt ein genialer Gedanke: die Pullmannsitze! Die sind schließlich für die Nicht-Kabinen-Besitzer zum Übernachten gedacht. Auf der Suche nach selbigen steigen wir immer tiefer in den Schiffsbauch

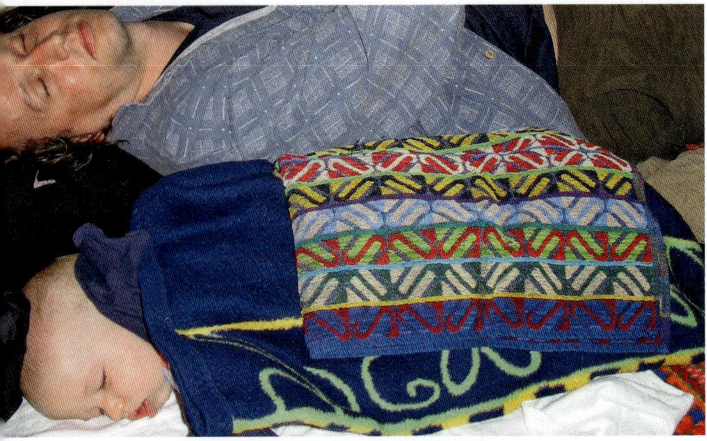

Nicht ganz so gelungen: Unsere Übernachtung auf dem Deck der Fähre.

hinab und erreichen schließlich die entsprechende Lokalität. Sie scheint sich direkt neben dem Maschinenraum zu befinden. Jedenfalls machen die Motoren einen Höllenlärm, obwohl die Fähre immer noch im Hafen liegt. Damit sich der Passagier an sich nicht langweilt, ist der Fernseher so laut gestellt, dass er das Ganze übertönt. Es läuft eine italienische Soap. Genial ist anders! Unerträglich wäre die passendere Bezeichnung, nicht nur für Joshua, auch für uns! Unser Baby verzweifelt und weint. Wir irren weiter auf der Suche nach einem ruhigen Platz durchs Schiff und Joshua will endlich in Ruhe schlafen: Er brüllt. Warum nun manche Kinder anscheinend in jeder Lebenslage und völlig unabhängig vom Außengeschehen schlafen können, weiß ich nicht. Dieses Rätsel zu ergründen, fehlt uns heute Abend die Kraft. Wir haben ein deutliches Schlafdefizit von der letzten Nacht und keinen Bock mehr auf brüllendes Kind. Erschwerend kommt hinzu, dass ich mein überfordertes Kind gut verstehen kann – einer der vielen Faktoren, die mir vor neun Monaten nicht wirklich klar waren – und dass ich vor allem will, dass es ihm möglichst schnell wieder gut geht.

Nachdem wir in beinahe jede uns zugängliche Ecke des Schiffes geschaut haben, finden wir endlich die Lösung: Wir legen uns draußen aufs hintere Holzdeck. Da ist gerade niemand – weswegen es ja auch drinnen so voll ist! Dank Hochsommerwetter wartet der Abend Mitte Mai mit milden Temperaturen auf und zwei Schlafsäcke und Decken für Joshua haben wir dabei. Endlich Ruhe und Beine ausstrecken! Joshua dockt bei Mama an und schläft über seiner Portion Milch schnell ein. Dann liegt er zwischen uns schön eingemummelt und nur noch leise vor sich hin schnullernd. Bald gehen die Sterne über uns auf. Von Zeit zu Zeit schaut jemand um die Ecke, aber das ist mir gerade egal. Zwischen uns liegt unser friedlich schlafendes Baby, über uns der Sternenhimmel. Romantik pur, beinahe kitschig, und fast bedauere ich die armen Menschen, die jetzt eingeschlossen in einer Kabine sind. Das hätte so bleiben können!

Leider legt die Fähre irgendwann ab und stampft durchs Mittelmeer. Eigentlich absehbar, denn schließlich wollen wir ja nicht vier Wochen Urlaub im Hafen verbringen, sondern auf Sizilien. Auf dem Meer ist es WINDIG, und obwohl wir im Windschatten liegen, wird es schnell kalt. Fleeceschlafsäcke sind weder winddicht noch temperaturbereichsgetestet. Wir frieren die ganze Nacht lang wie die Schneider. Bis auf Joshua selbstverständlich, er liegt dick eingepackt zwischen uns und verpennt selig sowohl Romantik als auch Kälte. Aber für uns ist an Schlafen kaum zu denken. Uns erneut auf die Suche nach einem ruhigen und wärmeren Platz zu begeben – selbst den Gedanken schaffen unsere Gehirnzellen nicht mehr. Wir sind viel, viel zu müde.

Am nächsten Mittag beginnt unser Urlaub auf Sizilien. In Palermo. Beim dortigen Straßenchaos ist die Erschöpfung wie weggeblasen. Eine vierköpfige Familie auf einem Moped durchquert hupend einen Kreisverkehr. Auf der Ausfallstraße wird die Anzahl der Verkehrsspuren für unsere Richtung beziehungsweise für den Gegenverkehr spontan dem jeweiligen Autoaufkommen angepasst. Fahren in Palermo braucht starke Nerven. Nach einem kurzen Boxenstopp in einem Supermarkt suchen wir uns einen Campingplatz mit Blick aufs Meer östlich von Palermo. Hier wollen wir die ersten paar Tage bleiben. »Paar« heißt konkret zwei bis drei, denn Reisen bedeutet für uns, das Land zu erkunden und unterwegs zu sein. Diesen Entschluss mit ein paar Tagen Ruhe finden wir übrigens heldenhaft und sehr angepasst an unsere neue Situation als Familie! Allerdings scheint er auch adäquat für unseren momentanen physischen und geistigen Status: wir fühlen uns völlig zerschlagen. Im Bus werden wir uns heute Abend unser Bett nicht suchen müssen, weiche Matratzen sind vorhanden und Wind ist nicht zu erwarten! Unseren ersten Nachmittag auf Sizilien erleben wir mit Blick auf die Bucht vom schattigsten Schattenplatz aus, den wir finden konnten. Wir ordnen ein wenig in unserem chaotischen Auto und bauen unser Bett auf. Dann wollen wir etwas dösen, was sich aber als schwierig herausstellt. Joshua ist nämlich super ausgeschlafen und quietschfidel. Also genießen wir den Blick auf die Bucht weit unter uns, spielen mit unserem Kind und füllen seine rote Wanne, in der er begeistert planscht. Vor allem versuchen wir anzukommen und freuen uns nach der anstrengenden Anfahrt auf einen ruhigen Abend mit einem kalten Bier und etwas Leckerem vom Grill. Sehr pünktlich füttern wir Joshua, machen ihn bettfertig und singen ein Gute-Nacht-Lied. Dann legen wir ihn in seine gemütliche Hängematte und schuckeln ihn ein bisschen. Auch er ist bestimmt groggy und wird jetzt schnell einschlafen.

So sind die Voraussetzungen doch bestens für einen perfekten Familienurlaub, liebe Leser, das würden Sie doch bestätigen, oder? Mama und Papa werden chillen und Sizilien erleben, Joshua darf miterleben, mit uns spielen und ansonsten ganz Baby sein und das bedeutet: schlafen. Aber jetzt, schon am ersten Abend folgt die Ernüchterung: Wir haben leider vergessen, unseren Sohn zu fragen, wie er das so findet. Wir kriegen es schnell heraus: Seine Hängematte im Bus findet er toll, vor allem, weil er sich darin in den Stand ziehen kann. Von dort könnte er leicht auf unser Bett klettern. An der Bettkante geht es bei geöffneter Bustür jedoch gut eineinhalb Meter hinunter. Jegliche Vorgehensweise à la »Jedes Kind kann schlafen lernen« entfällt also aufgrund der drohenden Fallhöhe. Im Stand kann Joshua aber auch die seitlichen Vorhänge seiner Hängematte – von vorausschauenden Eltern extra angenäht! – so weit herunterziehen, dass er aus dem Fenster spähen kann. Draußen ist das Leben wahnsinnig aufregend, da kann Baby Joshua doch nicht schlafen! Unser über den Vorhang äugendes Kind sieht übrigens total süß aus – aber nur für die ersten fünf Minuten.

Er ist soooo süß – aber nur für die ersten fünf Minuten.

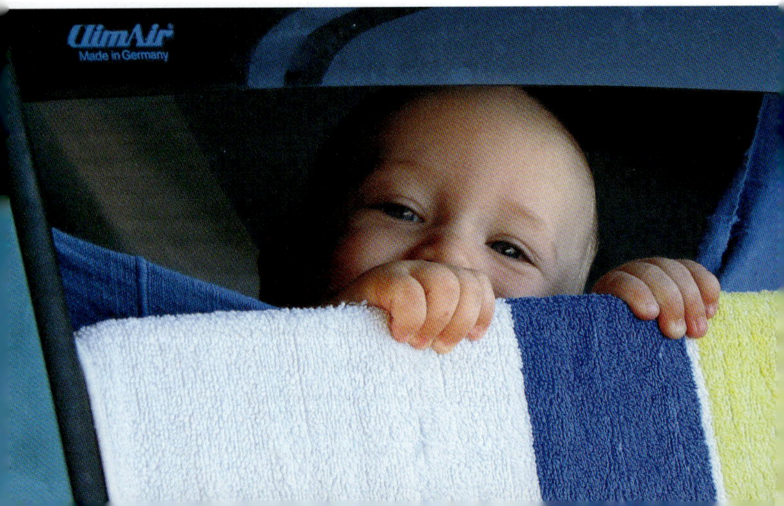

Spielen im Bus ist ausreichend für unseren kleinen Erdenmenschen – geht aber wegen der Fallhöhe nur gut bewacht!

Eineinhalb Stunden später – es ist immer noch unser erster Urlaubsabend – will Joshua partout nicht einschlafen. Wenn er nicht süß aussieht, dann weint er bitterlich – eben so, wie ein deutlich übermüdetes Baby. Außerdem ist ihm zu warm. Die Sonne steht inzwischen tief und scheint genau auf unsere Windschutzscheibe, da hilft auch die dünne Reflektionsfolie nur begrenzt. Wir sind kurz vor akuter Verzweiflung – wie bitte kriegen wir unser Kind zum Schlafen?? Der Grill ist immer noch nicht an, denn gemütlich essen können wir gerade nicht. Richtig Bock auf Grillen hat sowieso keiner mehr, wir hätten gerne endlich Ruhe! Irgendwann schläft Joshua ein, wir grillen schnell und lustlos und fallen ins Bett.

Am folgenden Morgen trifft uns der nächste Schlag. Unser Sohn wird wach – was ja an und für sich super ist – aber die Uhr zeigt 5.15 Uhr an. Mitten in der Nacht. Er ist nicht nur zwei Stunden später eingeschlafen als sonst, sondern wacht zum gerechten Ausgleich eine Stunde früher auf. Es dauert allerdings ein bisschen, bis wir in der Lage sind, solch komplizierte Berechnungen anzustellen. Eine Portion Milch und dann bitte soll unser kleiner Mensch einfach weiterschlafen – zuhause funktioniert das in der Regel. Aber Joshua denkt gar nicht daran! Draußen ist es schon hell. Das Leben ist so aufregend, also könnte er etwas verpassen. An Schlafen ist nicht zu denken. Was bitte macht man im Urlaub um diese Uhrzeit mitten in der Nacht? Wir quälen uns so langsam wach und in den Tag mit der Hoffnung auf die Mittagspause. Ausgeschlafen sind wir bei weitem nicht.

Den ganzen Vormittag bestimmt das Gefühl, viel zu früh geweckt worden zu sein und endlich wird es Mittagszeit. Ein Fläschchen, ein Brei, und dann werfen wir uns alle drei ins Bett. Endlich wieder schlafen! Wieder haben wir die Rechnung ohne Joshua gemacht: Schlafen geht gar nicht. Nicht mal zwischen uns, geschuckelt, mit Schnuller. Vielleicht ist es zu hell, aber wir können den Bus nicht wirklich abdunkeln. Wahrscheinlich ist es zu warm, aber wir können die Sonne nicht mal eben für die Mittagspause abschalten. Joshua ist WACH. Rechnerisch fehlen ihm jetzt viereinhalb Stunden Schlaf, verglichen mit seinem Pensum zuhause. Wir setzen die Hoffnung auf den Abend, denn schließlich weiß jeder, dass Kinder sich ihren Schlaf holen. Also wird Joshua heute Abend einfach umfallen und den Verlust nachholen! Leider falsch gedacht, der Abend verläuft wie der vorherige. Nichts klappt wie zuhause, und das wird den ganzen Urlaub lang so bleiben. Joshua vergisst einfach alles, was zu Hause so schön geklappt hat: eineinhalb bis zwei Stunden Mittagspause und abends geregelt um 19 Uhr Nachtruhe, die er inzwischen manchmal durchschlief. Morgens schlafen hat schon zuhause nicht so wirklich gut geklappt, so zwischen 6 und 6.15 Uhr war seine Zeit. Meine leider nicht. Aber zuhause schläft er meistens noch mal ein – für mindestens eine Stunde. Jetzt ist unser Sohn so aufgedreht, dass er vor 21 Uhr nicht in den Schlaf findet, dafür die Nacht aber spätestens um 5.30 Uhr vorbei ist. An Mittagspause im hellen, oft zu heißen Bus ist erst

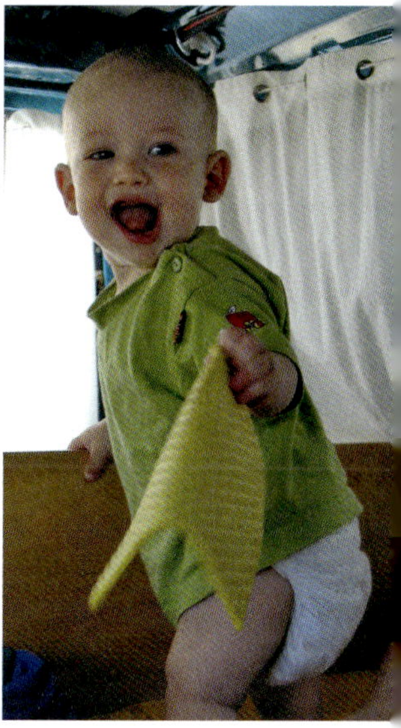

gar nicht zu denken. Dass Joshuas Schlafdefizit von Tag zu Tag größer wird, ändert überhaupt nichts.

Und das soll Urlaub sein???

Wieder taucht irgendwo in meinem Hinterkopf der Gedanke auf, dass es Kinder geben soll, die in jeder Lebenslage schlafen. Mal ganz abgesehen von der bereits erwähnten, bekannten Eltern-Weisheit über Kinder, die sich, einer höheren Vernunft folgend, ihren Schlaf selbständig holen. Irgendwas läuft hier schief. Wäre da nicht die bereits gebuchte Fähre, wir würden sofort nach Hause zurück fahren. Wirklich! Zuhause gibt es so viele fantastische Einrichtungen: Da kann man Jalousien runtermachen und spontan ist es dunkel und ruhig. Da ist das Bettchen zum Schlafen da und nicht zum Quatsch-Machen, allerdings passiert auch nichts Aufregendes mehr drum herum. Wenn Joshua zu früh wach wird, kann wenigstens einer weiterschlafen. Dass wir mal im Urlaub von zuhause träumen würden…

Trotz aller Anstrengungen verwöhnt Sizilien uns mit wunderschönen Eindrücken.

Dafür entdecken wir, dass Joshua zufrieden ist, wenn er auf unserem Bett bei geschlossenen Vorhängen ausgiebig mit Kochlöffeln spielen darf. Natürlich muss dann einer von uns an der offenen Bettseite liegen, wegen der bereits erwähnten Fallhöhe. Die ganze große weite Welt draußen ist vielleicht doch ein bisschen viel auf einmal für unser kleines Menschlein? Nur

Familienfrühstück am Fuße des Ätna

bei Autofahrten in der Babyschale oder auf Papas Rücken während unserer Wanderungen funktioniert das Schlafen gut. In diesen Zeiten bekommt unser Sohn wenigstens etwas von der Ruhe, die er dringend braucht.

Wir beschließen, dass wir unser Schlafdefizit ignorieren und durch Sizilien so reisen wie in unseren früheren Urlauben. »Wir machen das Beste daraus – was sollen wir sonst auch tun«, wird zu unserem Motto. Um Joshuas Schlafmangel zu verringern, legen wir Fahrt- oder Wanderzeiten in die Mittagszeit, die er dann

verschläft. Dabei fühlen wir uns ein bisschen wie Zombies, die grobschlächtig durch ihren Urlaub stampfen: die grauen Gesichter großflächig von dunklen Augenringen gezeichnet, die Bewegungen hakelig und ungelenk, in schlimmen Phasen wahrscheinlich sabbernd und zittrig. Jeden Morgen quälen wir uns aus dem Bett getreu unseres Vorsatzes »Wir machen das Beste draus«. Sizilien erleben wir viel abwechslungsreicher als erwartet, ein tolles Reiseziel: authentische Städtchen, Bauwerke aus der Antike, beeindruckende Landschaften, eine Auswahl an Wanderwegen, die für viele Urlaube reichen würden. Wir erwandern die Riesen-Stechpalmen am Piano Pomo und die großartige Aussicht vom Rocca di Novara. Wir frühstücken gemütlich auf einem felsigen Plätzchen direkt unterhalb des Ätna mit Blick auf den Vulkan. Wir schlendern durch Novara di Sicilia, ein Örtchen, in dem irgendwie die Zeit stehengeblieben ist. Wir bestaunen Felsengräber und die fantastischen Mosaiken in der Villa Romana del Casale. Trotz all der schönen Erlebnisse: in diesem Urlaub weicht mein üblicher Urlaubsend-Blues vollständig der Vorfreude auf ein geregelt schlafendes Kind. Ich freue mich darauf, nach Hause zu kommen. Das hatte ich noch nie! Und Erholung? Für die wir bisher außer Abenteuer nicht viel brauchten?
Nein, erholt sind wir wirklich nicht.

DIE SUCHE NACH UNSEREM URLAUBSDOMIZIL

Früher war klar, wie wir Urlaub machen: bis 1999 mit Auto und Zelt. Als unser Auto den TÜV nicht mehr überzeugte, entschieden wir uns statt eines gesellschaftlich adäquaten flotten 3-Jahres-Wagens mit Klimaanlage und allem Schnick und Schnack für einen untermotorisierten VW-Bus-Transporter, quasi nackt und ohne alles, den wir anschließend selbst ausbauten. Mit Zelt waren wir nur noch auf Flugreisen unterwegs, denn ein VW-Bus passt nicht mal als Sperrgepäck ins Flugzeug. Nur wenn das Wetter im Spätherbst oder im frühen Frühjahr wirklich nicht bustauglich war, entschieden wir uns für ein paar Tage Ferienwohnung oder, der Vollständigkeit halber, einmal auch für ein Pauschalreise-Appartement als Selbstversorger zum Winterwandern auf Mallorca.

FAMILIENURLAUB IN DER HEIDE

Es ist jetzt September 2005 und wir befinden uns wieder in einer Ferienwohnung. Diesmal, genau passend zur Heideblüte, in der Lüneburger Heide. In weiser Voraussicht verfügt unsere Unterkunft über ein eigenes Schlafzimmer für Joshua, dessen Dachflächenfenster wir als erstes mit großen schwarzen Plastiktüten bekleben und abdunkeln. Hier funktioniert die Sache mit dem Schlafen fast so gut wie zu Hause!
Der Urlaub wird entspannt und erholsam – einzig der Fernseher im Wohnzimmer ist völlig überflüssig, denn wo er nun mal da ist, wird er abends auch angemacht und das ist total nervig. Eben auch fast wie zuhause. Aber ansonsten: Alles super! Erholsame Nächte, Fahrradtouren mit Hänger durch die blühende

Lüneburger Heide: Unser erster Versuch mit einem üblichen Familienurlaub in der Ferienwohnung verläuft entspannt. Unsere Lust auf Freiheit und einsame, ursprüngliche Natur kommt hier jedoch viel zu kurz.

Heide, Ausflug ins Schwimmbad, Spielen im Sandkasten hinter dem Haus. Trotzdem haben wir in diesem Urlaub ein größeres Problem. Joana, die ganz klein bereits auf Sizilien dabei war, will noch dieses Jahr auf die Welt. Verstehen Sie mich jetzt bitte nicht falsch: Joana ist nicht das Problem. Im Gegenteil, wir freuen uns alle riesig auf sie! Das Problem liegt in der Frage: Wie wollen wir ab jetzt Urlaub machen?

Der Platz in unserem VW-Bus reicht mit Doppelbett und Babyhängematte, sowie drei Sitzen vorne und zwei gegen die Fahrtrichtung gedrehten im Fahrgastraum, die so nicht für Fahrgäste zugelassen sind, nicht mehr aus. Dazu kommen die abschreckenden Erfahrungen auf Sizilien.

Abendelang führen wir Grundsatzdiskussionen: Zelten wie früher? Wir müssten ein neues Zelt kaufen, denn unsere Wanderröhre von früher ist natürlich völlig ungeeignet. Diese Investition ist überschaubar. Nach Joshuas Schlafproblemen auf Sizilien? Und wenn unser zweites Kind genauso ein Aufdreh-Modell wird? Andere Menschen scheinen ja entspannte Kinder zu haben, aber diese Modellreihe hatten wir bei Joshua anscheinend vergessen zu buchen. Bilder gehen mir durch den Kopf: abends im Wechsel hysterisch brüllende Kinder, weil sie keinen Schlaf

finden, während die übrigen Campingplatzgäste sich zu einer Anti-Kids-Demonstration sammeln und schilderschwenkend in geschlossenen Reihen an unserem Zelt vorbeimarschieren. Mal ganz abgesehen von meinem Geisteszustand nach weiteren drei Wochen »Urlaub« mit noch weniger Schlaf als beim letzten Mal. Eigentlich völlig klar: das können andere probieren, vielleicht die mit den halbwegs entspannten Kindern, aber für uns total gecancelled.

Ab jetzt jedes Jahr zwei Wochen pauschal? Einen geführten Busausflug buchen, damit wir was sehen? Na gut, bei den meisten Reisezielen könnten wir auch einen PKW mieten. Mit Pool und Fitnessprogramm und am besten Kinderanimation. Und ganz, ganz viele Gleichgesinnte in direkter Nähe – schon bei dem Gedanken könnte ich Platzangst kriegen! Da das Ganze wesentlich teurer ist als VW-Bus fahren und selbst kochen bleiben aus Kostengründen vier Wochen Jahresurlaub übrig für... keine Ahnung was. Bisher waren wir immer alle Urlaubstage unterwegs plus alles, was sich finden ließ – Feiertage, Überstunden. Zwei Wochen Urlaub im Jahr, auf engem Raum mit größeren Menschenmassen, das fühlt sich sehr, sehr gruselig an, geht ganz und gar und überhaupt nicht! Nicht mal geschenkt...

Also Ferienwohnung. Ist jetzt in der Lüneburger Heide sehr entspannt. Für eine Woche im Herbst, wo ich hochschwanger bin. Aber halt weit entfernt von der Freiheit des Reisens, jeden Tag fahren zu können, wohin wir wollen. Und auch nicht annähernd so basic und outdoor wie ein Campingurlaub. Lichtjahre entfernt von irgendeinem Platz weit draußen, irgendwo am Berg unter den Sternen, weit weg von allem... Fernseher, die nur darauf warten, eingeschaltet zu werden, gibt es wahrscheinlich in allen Ferienwohnungen.

Ferienparks? Nicht so teuer wie Pauschalreisen – oder doch? – mit ähnlichem Rahmenprogramm und allem, was das Urlauberherz begehren soll von Restaurants bis Kinderanimation. Es war nie wirklich ernst gemeint, aber vor Joshuas Geburt habe ich oft geflachst: »Einziger Reklamationsgrund ist, wenn Urlaub nur noch in Ferienparks stattfinden kann!«

Dann wäre da noch eine Alternative: Geld in unseren betagten VW-Bus stecken. Ein Hochdach nachrüsten MIT Entlüftungsluke gegen den Hitzestau und OHNE Fenster für perfekte Dunkelheit im Kinderbett. Den Innenausbau anpassen, damit die Zweiersitzbank im Fahrgastraum in Fahrtrichtung stehen kann. Die

Beifahrer-Zweierbank gegen einen Einzelsitz mit Drehkonsole austauschen. Und den ganzen Aus- und Umbau mit zwei kleinen Kindern im Schlepptau bewerkstelligen, da bereits erwähnte Großeltern für deren Betreuung fehlen. Das wäre im Prinzip alles irgendwie machbar, aber mit etwa zweitausend Euro finanziell eine größere Investition und eine ganze Menge Arbeit. Sollen wir das riskieren, für den Wunsch nach ... was eigentlich? Nach DEN Erfahrungen auf Sizilien? Kann man da das Geld nicht gleich zum Fenster rauswerfen?

JA, WAS WOLLEN WIR EIGENTLICH?

Damit Sie das Problem verstehen können, muss ich weit zurückgreifen, etwa zwölf Jahre. Damals habe ich etwas völlig Undenkbares getan: Ich bin für sieben Monate verschwunden, war weg, unterwegs auf Hochzeitsreise. Das war überhaupt nicht nach Plan, zumindest nicht nach dem, den meine Eltern für mich hatten. Eigentlich war das sogar die maximale Steigerung von undenkbar und unmöglich. Erwartet wurde ein strikter Durchmarsch auf der akademischen Leiter. Mindestens. So bis kurz vor den Nobelpreis. Auch wenn ich es damals noch nicht wusste, ich traf eine der besten Entscheidungen meines Lebens. Manchmal muss man sich einfach sehr klar abgrenzen! Fünf Monate fuhren wir in einem klapprigen kleinen Camper durch Nordamerika, zwei Monate mit öffentlichen Verkehrsmitteln durch Venezuela. Mit den Einzelheiten könnte ich jetzt das Buch füllen, aber dann kämen keine Kinder darin vor. Thema verfehlt. Also nur so viel: In Nordamerika übernachteten wir fast nur wild, weil wir nicht genug Geld hatten, Campingplätze zu bezahlen. Wir träumten monatelang von Steaks und lebten von Nudeln mit Thunfischsoße, weil wir die Zutaten billig in großen Supermärkten kaufen konnten und sie ohne Kühlung haltbar waren. In Ermangelung von Strom für einen Toaster aßen wir das fade, pappige Weißbrot ungetoastet. Wir hatten kein Ziel. Wir ließen uns treiben, ohne wirklichen Plan. Wir sahen so viel mehr als ich mir je hätte träumen lassen und kamen so viel weiter – vor allem Richtung Norden – als je zuvor gedacht. Wir lebten fünf Monate quasi draußen, gingen wandern und Kanu fahren. Es war die große Freiheit – angelehnt an einen Werbespot für nicht-alkoholfreie Erfrischungsgetränke in grünen Flaschen – kein Stress, keine Staus, keine Termine. Je-

den Morgen in Ruhe überlegen, was wir heute tun wollen. Keine Verpflichtungen und keine Zwänge. Eine ganz neue Erfahrung, vor allem für mich.
Jetzt wissen Sie, wie meine Traumreise aussieht, leider ist das im realen Leben selten zu verwirklichen. Aber damit ist klar und deutlich, was wir wollen: Freiheit, Abenteuer, Neues entdecken, unterwegs sein, ganz viel und ganz weit draußen sein, ohne den ganzen Zivilisationskram auskommen – naja, abgesehen von haltbaren Lebensmitteln, Gaskartuschen, Fotoapparat und noch ein paar Kleinigkeiten, die man nur in der Zivilisation bekommt. Aber jetzt ist einiges anders als früher und wir müssen einen völlig neuen Aspekt berücksichtigen: Erholung. Was also tun? Wie wollen wir reisen? In Ermangelung anderer uns vernünftig erscheinender Alternativen entscheiden wir uns schließlich für Hochdach und Bus-Umbau.

2005 wird ein Jahr mit einem ganz besonderen Weihnachtsfest! An Heiligabend werden Joana und ich aus dem Krankenhaus entlassen. Unser Weihnachtswunder ist klein und zierlich, gesund und munter! Joshua durfte sie schon am Tag der Geburt besuchen und jetzt wissen wir, dass auch er sich wirklich freut. Mit seiner kleinen Schwester geht unser erst fünfzehn Monate alter Sohn zärtlicher um, als wir es ihm motorisch zugetraut hätten. Glücklich genießen wir ruhige Feiertage zuhause zu viert.

Im März 2006 arbeiten wir mit Hochdruck am Aus- und Umbau unseres VW-Busses. Ist übrigens komisch, mit der Flex am eigenen Auto zu stehen und das Dach aufzuschneiden. Und wussten Sie, dass die nachgerüsteten Hochdächer alle nur geklebt sind? Scheint aber tatsächlich zu halten… Als das Kinderbett eingebaut ist, versehen wir es nach vorne sowohl mit einem Netz zur Absturzsicherung wie auch einem dunklen, blickdichten Vorhang. Die Lüftungsluke im Dach liegt außerhalb des Kinder-

Es ist übrigens komisch, mit der Flex am Auto zu stehen und das Dach aufzuschneiden.

bettbereiches, gerade davor. Wenn wir die Vorhänge zu ziehen, entsteht so auch am Tag eine ziemlich dunkle, aber belüftete Schlafhöhle.

JUNGFERNFAHRT NACH ELBA

Bereits im April steht der erste Test unseres neuen Urlaubsdomizils an – kurz ehe ich wieder Teilzeit arbeite, damit ich nicht nach Arbeitsaufnahme erstmal durch Urlaub ausfalle. Um so früh im Jahr angenehmes Wetter zu haben, müssen wir in den Süden. Wir entscheiden uns für Elba. Zwar eine lange Anreise, aber ein handliches kleines Ziel. Und wir wollen diesmal nur drei Wochen weg. Mit von der Partie sind Joana, jetzt vier Monate alt, und Joshua, eineinhalb Jahre. Kennen Sie eigentlich das Gefühl, an der Wickelkommode – im Urlaub natürlich nur bildlich – zu stehen und Nummern zu vergeben wie im Arbeitsamt?

Etwas skeptisch starten wir, wer weiß schon, wie's diesmal laufen wird? Die Rahmenbedingungen sollten besser sein. Es wird bei weitem nicht so warm sein wie auf Sizilien und morgens und abends länger dunkel. Allerdings haben wir die Kids jetzt im Doppelpack. Nach der anstrengenden Anreise bleiben wir zum Relaxen erstmal zwei Tage auf dem Festland stehen, ehe wir uns die vergleichsweise kurze Überfahrt antun. Nach Elba fährt die Fähre übrigens tagsüber, also erwartet uns kein Kabinenproblem!

Tatsächlich gehen unsere Überlegungen zur Urlaubsunterkunft auf. Die Kinder schlafen abends im dunklen, durch die Lüf-

Friedliche Kuschelzeit in unserem Bus. Der neue Ausbau bewährt sich.

tungsklappe kühlen Dach fast wie gewohnt zügig ein. Nachts ist Ruhe, abgesehen von Stillzeiten und längerem Schnuller-Festhalten, abhängig davon, wie aufregend der Tag war. Weil das Kinderbett im Dach zu kurz ist, können wir uns leider nicht wechselweise zu einem Kind legen. Aber für Eltern wird Schlafen sowieso total überbewertet! Auch die Mittagspause funktioniert ziemlich reibungslos. Kaum schlafen die Kinder mittags, werfen wir uns ebenfalls erschöpft ins Bett. Nur ein Manko bleibt: morgens gegen 5.30 Uhr ist die Nacht grundsätzlich zu Ende, noch etwas früher als zuhause. Wie ich das jahrelang verkraftet habe, putzmuntere Kinder um DIE Uhrzeit, weiß ich wirklich nicht mehr

Zwar ist der Urlaub immer noch sehr anstrengend, aber das ist das Leben mit zwei kleinen Kindern sowieso. Mitten in der

Nacht aus dem Tiefschlaf geweckt zu werden, weil meine kleine süße Tochter Durst hat, fand ich schon zuhause eine ausgesprochene Herausforderung. Ach, kennen Sie auch die Märchen von Babys, die bereits nach zwei Wochen durchschlafen?

Das immer noch kräftezehrende Drumherum wird belohnt. Elba ist ein Eldorado für Wanderer. Wir wandern, was das Zeug hält. Dabei fühlen wir uns nicht mehr wie Zombies mit blutunterlaufenen Augen, unsere Erschöpfung hat zumindest normale menschliche Züge angenommen. Joshua erlebt unsere Touren aus der Trage auf Lars' Rücken, Joana verschläft sie in der Babytrage vor meinem Bauch. Traumhafte Landschaft, karg und bergig, dunkle grünbewachsene Hänge, oft gut markierte Wege, manchmal auch weglos ins nächste Tal. Eine Wanderung auf dem Elba-Höhenweg wird unser absolutes Highlight: Sechs Stunden über den Rücken der Insel mit grandiosen Aussichten, malerischen Picknickplätzen, verwunschenen Passagen durch wildes Buschland. Die Welt gehört wieder uns!

Zwei glückliche Wanderer

Außerdem organisieren wir uns anders: Kulinarische Highlights werden völlig gestrichen, stattdessen essen wir irgendwas Schnelles mit den Kindern. Während anschließend einer die Kids bettfertig macht, spült der zweite und räumt auf. Wenn nach Schuckeln und Liedersingen Stille eingekehrt ist im oberen Bett, dann ist alles erledigt und wir haben Ruhe. Ruhe, um mit dem batteriebetriebenen Babyphon ans Meer zu gehen und zum Horizont zu schauen. Ruhe, um uns zu unterhalten. Ruhe um ein bisschen zu lesen. Und nicht zu vergessen: Ruhe, um sehr früh ins Bett zu gehen, denn die Nacht wird kurz!

Wir finden so langsam einen guten Rhythmus und genießen unsere Reise, bis wir unsanft auf einen nicht ganz unwichtigen Aspekt unserer Reisegewohnheiten gestoßen werden, der mit Kindern ganz und gar nicht mehr funktioniert wie gewünscht.

Wir sind an der Westküste unterwegs, die Straße schlängelt sich eng um die Klippen und dann taucht ein traumhafter Platz vor uns auf: eine Aussichtsbucht mit fantastischer Sicht übers Meer. In ein bis zwei Stunden wird die Sonne im Meer versinken – ein Werbebild für Reisekataloge. Außerdem der ideale Übernachtungsplatz vor der für morgen geplanten Wanderung, die nur wenige Kilometer von hier starten wird! Wofür hat man schließlich einen fahrbaren Untersatz mit Schlafplätzen? Der Plan für den restlichen Spätnachmittag und die Nacht ist sofort klar: Wagen parken, Stühle raus, mit einem Bier in die Sonne setzen und genießen!

Früh übt sich… Joshua mit Wanderstock auf dem Elba Höhenweg

Leise tut sich ein innerer Zwiespalt auf… Als wir jung waren, haben wir auch aus Geldmangel fast überall wild gezeltet. An deutschen Autobahnraststätten, in Neuseeland in der Kurve eines Zubringers zur Schnellstraße – da war das Gras so schön gemäht und eben! Später, mit unserem Bus, war es noch einfacher. Der braucht schließlich nicht mal einen absolut ebenen und möglichst gemähten Untergrund. Mit ein bisschen Erfahrung und Glück fanden wir viele kostenlose Stellplätze für eine Nacht, wo

wir niemanden störten und einfach wieder verschwanden – selbstverständlich einschließlich allem, was wir mitgebracht hatten! Am besten irgendwo weit draußen. Oder mit so einer Traumaussicht wie hier. Nur: Wohin mit den Kindern? Joshua ist inzwischen ziemlich mobil. Fünf Meter vor uns geht's ein paar hundert Meter senkrecht ins Meer hinunter, abgesichert durch einen schlichten Holzzaun mit zwei Querlatten. Zehn Meter hinter uns rauschen, zwar nur vereinzelt aber trotzdem, die Autos auf der Küstenstraße entlang. Mit Kindern entschieden suboptimal! Statt gemütlichem Genießen teilen wir uns ein schnelles Bier und treffen dann schweren Herzens die einzig vernünftige Entscheidung: Wir fahren zum nächsten Campingplatz. Ohne Aussicht und natürlich nicht kostenlos. Dafür ungefährlich und mit Platz für die Kinder. Aus dieser und einer ähnlichen Erfahrung folgt während unseres Elba-Urlaubes eine Grundsatzentscheidung: Wildcampen gehört ab jetzt der Vergangenheit an. Für uns ein herber Verzicht, waren es doch immer die eindrucksvollsten Nächte. Aber unser Urlaubsleben mit kleinen Kindern ist sowieso schon anstrengend. Uns zusätzlich auf die Suche nach einem nicht nur möglichst schönen, sondern außerdem kindertauglichen Stellplatz irgendwo weit draußen zu machen, übersteigt unsere Kräfte. Also werden wir ab jetzt unsere Nächte brav auf Campingplätzen verbringen und uns dort möglichst ruhige Ecken suchen. Denn diese von manchen Campern geliebte heimelige Nähe, wo jeder genau weiß, was der Nachbar gerade tut, geht überhaupt nicht! Eigentlich sind wir gar nicht klassisch campingplatztauglich.

Trotz aller Grundsatzentscheidungen sind wir am Ende des Urlaubs etwas erstaunt und einig: Die Reise nach Elba hat sich gelohnt! Die Investition und Arbeit für das Hochdach damit auch. Und ich habe sogar wieder meinen Urlaubsend-Blues…

Der hat mich bisher auf jeder unserer Reisen begleitet, mit Ausnahme von Sizilien. Dafür gibt es Gründe. Reisen ist für mich mehr als Abenteuer, Neues erleben. Vor allem meine erste große Reise war zuerst eine Flucht. Flucht vor einem extrem beengenden Elternhaus, vor völlig überspannten Leistungsanforderungen und mangelndem Einfühlungsvermögen… Bei einigen unserer folgenden Reisen habe ich auf dem Heimweg geheult, Rotz und Wasser auf dem Landeanflug von Neuseeland nach Frankfurt – angesichts der absehbaren Katastrophen, die mich zuhause erwarteten. Diese Zeiten sind lange her und glücklicherweise vorbei. Mein Leben verläuft gut und stabil. Ich kann mich auf mein Zuhause freuen: ein gemütliches Heim, keine existenziellen Sorgen, Freunde und Freundinnen, die ich teilweise seit vielen Jahren kenne und die zu mir halten. Und meine kleine Familie!

Was geblieben ist, ist der Urlaubsend-Blues. Die Trauer um das Ende der Freiheit. Gerne würde ich, statt nach Hause zu fahren, am nächsten Autobahnkreuz nach Süden abbiegen, ohne Verpflichtungen, einfach alles hinter mir lassen. Wohl wissend, dass das so nicht geht. Also fahren wir Anfang Mai in Richtung Norden, zurück nach Hause. Immerhin mit dem guten Gefühl, dass unser neu umgebautes altes Urlaubsdomizil einen ersten Test bestanden hat.

RHYTHMUS, RITUALE, REDUZIEREN

Sechs Monate und ein Sommer gehen ins Land. Joshua und Joana entwickeln sich gut, zuhause geht alles seinen Gang. Somit ist es unbedingt an der Zeit zu testen, ob wir mit der Reise nach Elba einen Zufallstreffer gelandet haben oder doch häufiger entspannten Urlaub mit Kindern erleben können. Im September 2006 machen wir uns auf den Weg nach Kroatien, verhalten optimistisch wollen wir Neuland entdecken.

REISE NACH KROATIEN

Natürlich starten wir so, wie wir es früher immer gemacht haben. Wir fahren nach einem normalen Arbeitstag am Nachmittag los mit dem Plan, irgendwo auf der Strecke zu übernachten. Abends schlummern die Kinder in ihren Autositzen gut ein und wir wollen noch einige Stunden in Ruhe weiterfahren. Eine sinnvolle Adaption der allseits bekannten Elternweisheit: Mit kleinen Kindern fährt man am besten nachts, weil sie dann tief schlafen. Die Nacht wirklich durchzufahren war noch nie unsere Stärke, aber ein gutes Stück nach Österreich hinein sollten wir noch kommen, um die Fahrtstrecke für den nächsten Tag zu kürzen. Eine Weile herrscht hinten Ruhe. Aber offensichtlich ist es in den Kindersitzen für unsere beiden Süßen nicht so bequem wie im Bett. Beide schlafen unruhig und wachen wechselweise wieder auf. Mist, so war das nicht gedacht. Ich hocke mich neben die Kinder und schuckele sie, während Lars Kilometer kurbelt. Draußen ist schwarze Nacht und sie dösen jeweils recht schnell wieder ein. Kurz vor der Grenze wachen beide erneut auf. Großer Mist, aber wir müssen tanken. Es gibt kein eintöniges Fahrgeräusch mehr, statt dessen viele Lampen, deren Licht sich in den Autoscheiben bricht. Danach folgt die Passkontrolle. Es ist 22 Uhr, eigentlich wollten wir bis Mitternacht fahren. Statt zu schlafen, brüllen die Kinder inzwischen. Entnervt beschließen wir, dass das Weiterfahren so keinen Sinn macht und suchen uns eine ruhige Ecke auf dem Rastplatz hinter der Grenze. Schuckeln Joshua und Joana nochmal lieb und dann ab nach oben ins Bett. Leider haben die beiden inzwischen – quasi im Schnelldurchlauf – den Status »total überdreht« erreicht. Schnuller festhalten, streicheln, summen... nichts hilft. Sie jammern, brüllen, geben keine Ruhe, zu zweit können sie sich dabei gegenseitig prima aufputschen. Das fängt ja absolut beschissen an! Wollen wir wirklich Urlaub mit Kindern? Oder doch umdrehen und zurück nach Hause fahren? Am besten sofort?!? Um 23.30 Uhr ist endlich Ruhe auf der oberen Etage und wir sind mit den Nerven durch und völlig erledigt!

Am nächsten Morgen – auch wir haben ein paar Stunden geschlafen und sehen wieder einen schwachen Sinn im Reisen – fahren wir doch weiter Richtung Süden. In Opatija gibt es laut Reiseführer einen Campingplatz, der in Terrassen zum Meer abfällt. Er ist riesig, ziemlich unromantisch und eigentlich gar nicht unser Ding. Egal, wir brauchen erstmal Ruhe. Wir suchen uns einen Schattenplatz mit Meerblick weiter oben am Hang, wo noch nicht so viel los ist. Diesen belegen wir für fast eine Woche. Denn inzwischen haben wir begriffen, dass es mit kleinen Kindern extrem hilfreich ist, wenn es auch morgen außerhalb des Busses noch genauso aussieht wie heute. Zuviel Abwechslung, zu viele Eindrücke überfordern unsere Kinder mit dem inzwischen bekannten Resultat, dass sie total aufdrehen. Also ist Reduzieren die Devise, auch wenn das mit unseren Reisevorstellungen so wenig harmoniert. »Kinder sind Gewohnheitstiere, lieben Beständigkeit«, ausgerechnet diese Weisheit trifft auf unsere Mäuse zu!

Wie zuhause erlegen wir unseren Tagen einen festen Rhythmus auf, ebenfalls in der Hoffnung auf ausgeglichene Kinder. Je mehr die beiden aufdrehen, umso weniger finden sie Ruhe und reduzieren ihren Schlaf weit unter das Minimum. Scheint eine Charakterfrage zu sein, denn es geht natürlich auch anders. Grundsätzlich beginnen unsere Tage viel zu früh, da sind wir völlig machtlos: Gegen 5.30 Uhr starten unsere Bio-Wecker

Zeit zum Schlafen – mit Absturzsicherung und Vorhang klappt das jetzt fast so gut wie zu Hause!

durch. Mühsam versuchen wir, die Augen aufzukriegen. Wissend, dass noch keiner von uns in der Lage ist, einen Gaskartuschenkocher zu bedienen, haben wir am Vorabend heißes Wasser in eine Thermoskanne gefüllt. Mit diesem zaubern wir zwei Milchfläschchen und zwei lösliche Kaffee. Zufriedenes Trinken und Kuscheln beziehungsweise angestrengtes Wachwerden bis etwa 6.30 Uhr. Und nun? Frühstücken im Urlaub um 6.30 Uhr? Draußen dämmert's gerade erst! Spontan erfinden wir das Guten-Morgen-Lecker. Für jeden Mund ein Schoko-Bon aus dem großen Vorrat. Damit erkaufen wir uns noch ein Weilchen Ruhe. Quasi über Nacht wird diese frühe Zuckerzufuhr zu einer festen Institution im Urlaubsleben und jeden Morgen eingefordert. Neben dem Faktor Zeitschinden entpuppt sie sich nach wenigen Tagen als wunderbares abendliches Druckmittel im Sinne von: »Wenn jetzt nicht endlich Ruhe ist, gibt's morgen früh kein Guten-Morgen-Lecker!!« Funktioniert meistens prima.

Abgesehen davon entspricht das Guten-Morgen-Lecker wahrscheinlich nicht ganz den Regeln für eine gesunde Ernährung der Kinder gemäß der bekannten Nahrungsmittelpyramide. Aber es ist ja gerade keiner da, der das bemängeln kann. Wir jedenfalls hangeln uns mühsam in den Wachzustand, bis wir uns in der Lage fühlten, zwei Kinder – zum zweiten Mal? – zu wickeln, anzuziehen und den Frühstückstisch zu decken.

Vormittags unternehmen wir kleinere Ausflüge, manchmal auch nur zum Einkaufen. Dann folgt die obligatorische Mittagspause. Die ist indiskutabel, diktiert unseren Tagesablauf und schränkt ihn ein – ist aber tausendmal besser als hysterische Kinder! Nachmittags gehen wir ein Stündchen an den Strand, lernen »Guten Tag« und »Danke« auf Kroatisch, spielen am Bus. Oder wir wechseln uns ab bei der Betreuung unserer Kinder, damit der jeweils Freigestellte sich mit einem Buch irgendwohin verziehen kann, wo ihn die Kids nicht erwischen.

Mit soviel striktem Rhythmus ist die Zeit zum Erleben und Besichtigen um ein Vielfaches verringert. Statt an der Fülle der Vorschläge unseres Reiseführers orientieren wir uns an unseren gerade verfügbaren Möglichkeiten. Wenigstens sind wir noch unterwegs, das erscheint uns im Moment das Allerwichtigste. Wir stecken unsere Reiseziele vor Ort eher niedrig – quasi nur die kleine Rundtour durch Kroatien.

Besser als getragen werden: Joana entdeckt die Welt auf allen Vieren.

Zum gemütlichen Ritual vieler Urlaubsjahre wird das abendliche Vorlesen. Wenn unsere Mäuse bettfertig sind, kuschelt sich der nicht fürs Spülen und Aufräumen eingeteilte Elternteil mit ihnen in unser Bett und dann ist für mindestens zwanzig Minuten Vorlesen angesagt mit Gute-Nacht-Milchfläschchen. Die Kinder dürfen aussuchen und am liebsten hören sie immer wieder die gleichen Geschichten. Ganz hoch im Kurs steht »Max der Maulwurf«, vom Maulwurf, der seine Höhle verliert und sich auf die Suche nach einer neuen schönen Behausung macht. Ebenfalls beliebt: »Die Wilde Sieben«, von einer bunt zusammengesetzten Tiertruppe auf großer Fahrt und Mission. Beides irgendwie passend zum Reisen! Die Kinder haben Zeit, runterzufahren und zur Ruhe zu kommen, einzuschlafen fällt ihnen anschließend viel leichter. Wir genießen diese friedliche und intensive Nähe mit ihnen sehr. Die Nächte werden deutlich besser, immerhin schläft auch Joana jetzt meistens durch.

Unsere Erfahrungen bezüglich gesunder und schmackhafter Ernährung aus Sizilien und Elba verfeinern wir konsequent weiter: Gesund ist vor allem, halbwegs ausgeschlafen zu sein und die Nerven beieinander zu halten. Über Geschmack kann man ja sowieso nicht streiten. Also gibt's regelmäßig Kartoffelpüree aus der Tüte mit kleingeschnittenen Würstchen und Erbsen drin. Wem's zu fade ist, der kann schließlich Ketchup dazu nehmen! Die Vorteile dieses Familienmahls liegen auf der Hand: Erstens ist alles im Bus vorrätig, weil ohne Kühlung haltbar – hatte ich erwähnt, dass wir weder Kühlschrank noch Kühlbox haben? Zweitens ist das komplette Menü selbst mit dem Gaskartuschenkocher innerhalb von zehn Minuten fertig. Wenn man drittens geschnittene Würsten und Erbsen kalt unter das heiße Püree rührt, hat die Mischung die ideale Esstemperatur für Kinder. Viertens lieben die Kinder es...

Nicht, dass wir uns soweit begrenzen würden uns nur von Tütenpüree zu ernähren! Als geschmackvolle Abwechslung zum Beispiel gibt es Spaghetti Bolognese, gekocht aus einer Fertigpackung Nudeln mit Soße und frischem Hack dazu, das allerdings setzt mangels Kühlung einen Einkauf am gleichen Tag voraus. Auch kleine Kinder können Spaghetti halbwegs verlustfrei essen, wenn man nur die Nudeln ausreichend klein schneidet. Und schließlich der absolute Favorit vieler Urlaubsjahre und unser kulinarisches Highlight: Hähnchenschnitzel, zur Perfektion gebraten, an pfannengegartem Möhrengemüse mit cremiger Béarnaisesoße, dazu reichen wir ofenfrisches Baguette. Dabei ist wirklich alles frisch, beinahe einziger Unterschied zum Sternerestaurant: die Soße kommt aus dem Tetrapack. Dafür ist das Ambiente unschlagbar: so traumhaft, wie wir oft stehen, kann es in einem Restaurant gar nicht eingerichtet sein! Sterne sieht man dort in der Regel auch nur am Türschild...

Sie denken jetzt bestimmt ans Grillen, das gehört ja irgendwie zu Urlaub und Camping wie die Zitrone zum Fisch. Ja, haben wir auch schon von gehört, und viele Busfahrerjahre lang genossen, aber nach Sizilien rigoros aufgegeben. Nicht, weil es uns nicht schmecken würde, aber... wohin mit Grill und Kohle im sowieso schon bis in die letzte Ecke voll gepackten Bus? Der zudem für uns bewohnbar sein muss, ohne ständig aus- und umpacken zu müssen, zumindest wegen der Nächte an der Autobahn, aber eigentlich auch wegen unseres Weiterreisefiebers. Und wohin mit dem heißen Grill nach dem Event? Eine ziemliche Gefahrenquelle für zwei kleine Kinder. Wer kümmert sich am nächsten Tag um den Grill, denn den kann man nicht abends schnell abspülen? Lauter Minuspunkte. Also schaffen wir das Grillen vorläufig ab.

Eines Urlaubstages in Kroatien werden uns die Konsequenzen unserer neuen Tagesplanung ganz plastisch vor Augen geführt. Unser kleiner Campingplatz südlich von Senji liegt wunderschön unterhalb der Magistrale, der Küstenstraße, in einer engen, felsengesäumten Bucht, über der abends die Sonne untergeht. Am späten Nachmittag reist ein weiterer VW-Bus an. Wir ziehen unsere übliche Routine durch, Abendessen und Kinder ins Bett um 19 Uhr, da geht bei den beiden Jungs vom Nachbarbus die Musik an. Guter Geschmack – darüber brauchen wir nicht zu streiten – Rockmusik. Eine Weile genieße ich die Hintergrundbeschallung, hat schließlich auch was mit Freiheit zu tun! Langsam schleicht sich ein Gedanke in meinen Kopf: Was ist, wenn die gleich lauter stellen? Und unsere Kinder aufwachen?? Dann werde ich sofort meckern gehen, Betonung auf SOFORT! Ein zweiter Gedanke klopft an: Was ist, wenn die gleich so laut stellen, dass ICH nicht schlafen kann? Dann werde ich zur Furie! Durch meinen Kopf spukt der dritte Gedanke, dass das eventuell doch spießig sein könnte. Aber er verschwindet wieder, denn: Eltern haben Gründe, spießig zu sein!

Traumsonnenuntergang unterhalb der Magistrale – und die Kinder schlafen bereits!

Ich beende alle Gedankenspiele über Eventualitäten, stattdessen gehen wir mit dem Babyphon an den Strand und zu den Klippen, um mit einem oder zwei Bier dem Sonnenuntergang über dem Meer zuzuschauen. Hier sind wir ganz alleine und das ruhig plätschernde Meer und das Farbenspiel sind ein Traum! Als wir zurückkommen, ist die Lautstärke bei unseren Nachbarn immer noch sehr moderat und ich schlafe gut – bis 5.30 Uhr. Mühsames Wachwerden, löslicher Kaffee aus der Thermoskanne und Guten-Morgen-Lecker, Frühstück – »Kinder, nicht so laut, die anderen schlafen noch«. Dann der Vormittagsausflug nach Senji – heute stehen Schlendern auf der Strandpromenade und ein Eis für die Kinder auf dem Programm – mit der Maßgabe, spätestens um 12 Uhr zurück zu sein, damit nach dem Mittagessen pünktlich die obligatorische Mittagspause beginnen kann. Als wir also mittags zurückkommen, setzen sich die beiden »Rocker« gerade gemütlich an den Frühstückstisch. Déjà-vu… vielleicht hat sich ja doch was geändert.

Aber unsere Entwicklung ist sehr vielversprechend, denn wir kommen jetzt auch im Urlaub prima miteinander klar! Da wird es Zeit, endlich mal wieder richtig wandern zu gehen. Wir sind perfekt ausgerüstet, zwei hochwertige Wandertragen mit Fußschlaufen und Sonnenschutz haben wir dabei – unter anderem

Traumwege über Felsen im nördlichen Velebit

ist auch deswegen kein Platz mehr für einen Grill. Der nördliche Velebit oberhalb von Senji ist unser Ziel. Alpweiden, Macchia duftet, umgeben von den Felsgipfeln des Karstgebirges. Eine Landschaft, wie ich sie liebe! Geplant ist die große Runde – vier bis fünf Stunden – was auch sonst. Schon am Wanderparkplatz ist wenig los, kaum dass wir loslaufen, sind wir allein. In der Wanderkarte ist eine einsame Hirtenhütte verzeichnet, von dort soll es hochgehen auf eine abgeschiedene Ebene und zu einem Grat. Alle sind bester Laune, die Kinder sitzen im Schatten ihrer überdachten Tragen und dürfen genießen. Leider haben wir wieder mal vergessen, sie zu fragen. Im Speziellen: nicht sie sondern SIE. Hätten wir das getan, hätten wir gewusst, dass unser ausgesprochen willensstarkes Mädchen es inzwischen ziemlich doof findet, länger getragen zu werden. Nicht, dass Joana schon laufen könnte…

Getragen zu werden findet Joana so doof, dass es keine halbe Stunde dauert, bis sie zu protestieren beginnt. Wir versuchen es mit gut zureden, Schnuller, Keks. Das hilft kurzzeitig, ändert aber nichts am Problem: Joana will sich nicht tragen lassen. Das könnte ich natürlich einfach ignorieren. Aber wenn Sie sich die Kombination Trägerin mit Kind-in-Rückentrage bildlich vorstellen, dann erkennen sie, dass der Protest ziemlich genau auf meiner Ohrenhöhe stattfindet, etwa dreißig Zentimeter entfernt. Und versuchen Sie doch mal, die fantastische Aussicht, die Ruhe in der Natur, das Singen der Vögel, das Meditative des gleichmäßigen Vor-Sich-Hin-Gehens zu genießen, wenn permanent protestierend in ihr Ohr gekräht wird. Und das mit steigender Intensität.

Früher – also im Leben vor den Kindern – sind wir einige der großen Mehrtages-Wanderungen gegangen, die die Welt so bietet. Mit kompletter Zelt- und Lebensmittel-Ausrüstung haben wir Long Range Trail, Overland Track, Giant's Cup Trail, Tongariro Track und noch eine ganze Menge weiterer Wege erwandert. Dagegen ist ein bisschen Wandern mit Kind in der Trage geradezu ein Klacks. Bis heute habe ich also gedacht, dass es keinen Unterschied macht, ob ich nun einen Vierzehn-Kilogramm-Rucksack trage oder eine Kindertrage. Nur haben Sie schon mal von einem Rucksack gehört, der sich lautstark beschwert?? Meiner jedenfalls hat das nie getan: Egal ob es zu warm oder zu kalt war, zu steil oder der Tag zu lang, nicht mal, wenn ich ihn nach geschaffter Etappe einfach auf den Boden fallen ließ. Vielleicht habe ich das nie genug gewürdigt?

Jetzt jedenfalls schaffen wir es mit Mühe und unter großer Willensanstrengung bis zur Hirtenhütte, machen dort eine Rast. Mit Süßigkeiten über das kleine Wiesenstück laufend und krab-

Das Wichtigste beim Wandern werden jetzt die Pausen.

belnd sind plötzlich wieder alle zufrieden! Oh, wie gerne würde ich weiterlaufen! Welche Ausblicke werden sich hinter den nächsten Biegungen verstecken? Es ist so wundervoll einsam hier, wie wird es sich anfühlen, auf dem Weg über die Hochebene und zum Umkehrpunkt am Grat? So gerne würde ich es erfahren. Aber unsere Nerven sind schon jetzt sehr, sehr angekratzt... Alle diese Fragen werde ich nicht beantworten können, denn wir beschließen schweren Herzens, umzukehren. Auch für den Rückweg brauchen wir noch Nerven, denn Joana WILL sich NICHT tragen lassen.

Deutlich perplex ob des Widerstandes unserer Tochter starten wir einen zweiten Wanderversuch. Das war bestimmt nur ein Versehen von ihr, falscher Tag und falscher Fuß. Wir wollen im Massiv des Bozin kuk wandern, der Routenvorschlag auf zwei Aussichtsgipfel ist mit vier Stunden veranschlagt. Die Bergwiese, die wir nach fünfundvierzig Minuten erreichen, wählen wir notgedrungen als Rast- und Umkehrpunkt, der Tragen-Protest war wohl kein Versehen von Joana. Trotz allem Verzicht, unsere gemeinsame Zeit auf der Wiese bleibt in wunderschöner Erinnerung: romantische Einsamkeit, glücklich klettern unsere Kinder auf und über Lars, stolpern, krabbeln, rollen im warmen Sonnenschein durchs hohe Gras, wollen gekitzelt und in der Luft gedreht werden, gemeinsam knabbern wir unsere Picknickleckereien. So positiv gestimmt gelingt es mir den Rückweg trotz abgebrochener Wanderung zu genießen.

Natürlich sind wir wie früher mit dem entsprechenden Wanderführer eines bekannten Bergverlages unterwegs. Allerdings reduzieren wir die beschriebenen Wanderungen auf Bruchteile wegen des Wandertragen-Protestes. Die laufen wir möglichst schnell, um wenigstens ein bisschen was sehen zu können. Vielleicht klingt das für Sie jetzt gar nicht so schlimm, aber wie bitte sollen wir jetzt wandern gehen? Müssen wir uns auf bessere Spaziergänge beschränken? Am besten mit dem Touristenstrom? Was tun wir im Urlaub, wenn wir nicht wandern dürfen?

Romantische Aussicht an den Plitvicer Seen

Da stellt sich unweigerlich die Frage, ab wann eine Wanderung denn als solche benannt werden darf? Wieviele Kilometer sollten wir denn mindestens unterwegs sein, um eine Fortbewegung zu Fuß als Wanderung bezeichnen zu können? Der bei vielen beliebte Klassiker, vom Parkplatz zur nächsten Imbissbude, geht aus unserer Sicht maximal und wenn überhaupt als Spaziergang durch. Wir sind jedenfalls nicht mehr sicher, ob unsere Kurzstrecken wirklich die Bezeichnung »Wanderung« verdienen, aber in Ermangelung anderer Alternativen belassen wir es dabei. Inzwischen ist absehbar, dass der Elba-Höhenweg auf lange Zeit unsere letzte große Wanderung gewesen sein wird. Deprimierende Perspektive!

Bei unserer Rückfahrt durch Kroatien machen wir einen letzten Stopp an den Plitwitcer Seen. Auch hier sind wir mit den Tragen unterwegs – anders kann man die Kinder wohl auch kaum über die vielen Stege transportieren. Die Seen sind malerisch, viele kleine und größere Wasserfälle, Fische direkt unter den Stegen begeistern unsere Mäuse, die fürchterlich vielen Besucher schaffen wir zu ignorieren. Auf dem nahegelegenen Campingplatz kehrt inzwischen der Herbst ein, meine liebste Jahreszeit. Kühle Nächte, sonnige Tage, bunte Blätter fallen. Joana stellt sich das erste Mal auf ihre süßen Beine, an einem wackeligen Campingstuhl aufgestützt. Alles in allem sind wir glücklich – über unsere gesunden Kinder, als Familie und mit unserer Reise.

IM ALLTAG REDUZIEREN. ABER WO?

Die schönen gemeinsamen Erlebnisse tragen uns eine Weile gut durch den Alltag in Deutschland und in den Herbst. Zuhause kehrt nach zwei aufregenden Jahren mit zwei wundervollen neuen Menschen in unserem Leben so langsam wieder so etwas wie Routine ein. Das bedeutet neben der kalkulierbaren Regelmäßigkeit von Tages- und Wochenabläufen auch einen Abbau von Glückshormonen aller Art. Nicht, dass ich mit meinen Kindern nicht glücklich wäre, aber so langsam macht sich die Dauer-Doppelbelastung bemerkbar, sowohl beruflich wie auch privat. Erschwerend kommt eine latente Dauermüdigkeit von uns Eltern hinzu. Zwar schlafen beide Kinder theoretisch durch, aber bei Zweien bleibt die Chance, dass zumindest einer wach wird, hoch. Spätestens bei der kleinsten Erkrankung der Kinder ist es mit der Nachtruhe vorbei. Also wird morgendliches Aufstehen in der Regel für mich zur Qual, noch gesteigert dadurch, dass ich als erklärter Morgenmuffel, meistens noch bevor mein Wecker klingelt, von zwei quietschfidelen Kindern geweckt werde. Wenn ich es irgendwie zur Arbeit geschafft habe – hoffentlich in farblich halbwegs zueinander passenden Klamotten – versuche ich, zuerst eine Tasse Kaffee zu trinken. Es wird wahrscheinlich die einzige in Ruhe getrunkene am Tag. Dann muss ich mich sputen, um mit meiner wenigen Arbeitszeit die Projekte gut durchzubringen. Immer komme ich spät von der Arbeit weg und mache mich hektisch auf den Heimweg. Die letzten Gedanken zu meinen Projekten sind noch nicht zu Ende gedacht und schwirren noch durch meinen Kopf. Zuhause überfallen mich meine gerade aus der Mittagspause aufgewachten Kinder und damit ein deutlich anders geartetes Familienprogramm. Phasenweise wünsche ich mir Austauschfestplatten fürs Gehirn, vielleicht würde das thematische Umschalten damit leichter fallen.

Zusätzlich zu diesem Kinder-und-Job-Spagat fahren wir noch einen Kinder-und-Freizeit-Spagat. Schließlich soll laut Plan jeder von uns seinen Sport- und Freizeitvergnügen weiter treu bleiben dürfen. Da diese jetzt im Wechsel stattfinden müssen, sind alle Termine genau getaktet. Und wie im echten Leben hakt es regelmäßig, täglich wird unsere Planung von der Realität überholt. Ständig drücken wir uns Kinder und Klinke gegenseitig in die Hand, zu gemeinsamen Zeiten wie Schwimmen mit den Kindern schleppen wir uns manchmal mit letzter Kraft. Ruhe- und Pausenzeiten? Fehlanzeige. Familienleben habe ich mir anders vorgestellt als das, was wir gerade veranstalten, romantischer und friedlicher.

Das Gefühl, dass es so nicht weitergeht, verdichtet sich. Wir müssen wohl oder übel unseren Plan und unser Konzept neu überdenken. Dafür buchen wir kurzfristig im Februar 2007 eine Auszeit in einem Ferienpark in der Nähe. Wir fahren in die Eifel. Ja, sie haben jetzt richtig gelesen, so eine Unterkunft mit Animation und allem, was das Urlauberherz begehren soll.

AUSZEIT IM FERIENPARK

Für eine Wochenmitte bezahlen wir einen zweistelligen Preis, denn zusätzlich zum Last-Minute-Tarif bekomme ich einen Sonderrabatt, weil ich an einer Aktion »Ihr schönster Werbespruch für unsere Parks« teilgenommen hatte. Hihi, mit null Ferienparkerfahrung! Sogar die Dame bei der Buchung ist bass erstaunt ob des geringen Preises. Uns erwartet graues und trübes Wetter, schwermütige Eifelstimmung. Das Schwimmbad ist überfüllt und so kalt, dass für unsere kleinen Mäuse ein einmaliger Besuch reicht. Wenn es dämmrig wird, lassen wir Joshua manchmal im Indoor-Spielplatz toben. Jeden Tag stehen Spaziergänge außerhalb des Geländes auf dem Plan, wobei sich der Kinderwagen, den wir das erste und einzige Mal im Urlaub dabeihaben, im Gelände als suboptimal erweist. Allerdings kommt er Joanas Gesundheitszustand sehr entgegen, denn sie bekommt Drei-Tage-Fieber. Die Temperatur steigt immer weiter und wir machen die Erfahrung, dass medizinische Hilfe auch in Deutschland nicht immer spontan greifbar ist. Dazu brauchen wir gar nicht in die Ferne zu reisen! In der Nacht fährt Lars fast eine Stunde mit unserem fiebernden Kind durch die dunkle Sackeifel bis zum nächsten Krankenhaus.

Von dieser Nacht abgesehen verbringen wir unsere Abende mit Krisensitzungen. Alles, was in unserem Leben anliegt, schreiben wir auf Post-Its, kleben sie an die Wohnzimmertür und sind am Ende selbst erschrocken. Die langen Listen sind nicht an Feierabenden und Wochenenden unterzubringen. Zudem sollte Zeit bleiben für gemeinsames Familienabendessen, Zeit für uns als Paar. Gründlich reduzieren ist angesagt, wie auch schon im Urlaub. Der Rotstift kreist unerbittlich. Ihm fallen bei Lars gleich zwei Freizeitfreuden zum Opfer: Thai Chi und Wildwasserkajak. Mein Reiten überlebt die Kürzung, einmal pro Woche. Trotz dunklem, trübem Eifelwetter fahre ich mit der Hoffnung nach Hause, dass unser Familienleben sich demnächst auch häufiger als solches anfühlen wird.

ENTSPANNTE TAGE AUF SARDINIEN

Irgendwann kommt endlich das nächste Frühjahr. Die Tage werden länger und heller und die Stimmungslage besser, wenn morgens bereits die Vögel zwitschern. Zeit, an Urlaub zu denken, endlich wieder zu verschwinden! Im Mai 2007 sind wir auf dem Weg nach Sardinien. Joana ist jetzt fast eineinhalb Jahre alt, süß wie eh und je, und läuft selbst. Aber natürlich nicht ausreichend für größere Gebirgstouren. Der große Bruder Joshua wird bald drei Jahre alt und fährt zu Hause wie wild Laufrad. Irgendwie schaffen wir es, zusätzlich zu den zwei Wandertragen und allem anderen Gepäck auch noch das Bobbycar im Auto zu verstauen. Das Laufrad kommt auf den Fahrradträger, zusammen mit Lars' Rennrad. Hübsche Kombination! Für den Grill bleibt natürlich kein Platz.

Wieder ist Fähre fahren angesagt. Von Livorno nach Olbia sind es sechs anstrengende Stunden – allerdings tagsüber. Den ersten Campingplatz habe ich zwar nicht gebucht, aber nach ausgiebigen Recherchen schon zu Hause ausgesucht, damit wir nicht nach einer anstrengenden Anreise noch stundenlang suchen müssen. Hier werden wir bleiben für eine erste knappe Woche. Ja, wir haben es gelernt, weniger ist manchmal mehr!

Sardiniens Strände sind außergewöhnlich: hier die Bucht von Orosei, die wir am Ende unserer Reise besucht haben.

Nach längeren Diskussionen und zweimaligem Umparken auf dem Campingplatz stehen wir in erster Reihe an der Bucht. Mit unserem kleinen VW-Bus konnten wir uns gerade noch zwischen die großen Wohnmobile klemmen. Mein Gehirn bringt Zeiten in Erinnerung – früher! – wo ich solches Vorgehen für völlig distanzlos und das Allerdämlichste überhaupt gehalten hätte. Aber wir sind als Eltern viel mehr an unser Fahrzeug gebunden als alle unsere Nachbarn. Jetzt können wir aus dem Bus und bei jedem Essen auf die Bucht schauen und müssen abends für den

Stellplatz in erster Reihe mit Blick auf den Golf von Arzachena

Meerblick nicht mehr unsere Stühle durch die Gegend tragen. Also beruhige ich meine grauen Zellen damit, dass das so gehört für Eltern. Schließlich scheint tatsächlich nicht mehr alles so zu sein wie früher…

Auch unser konsequenter Tagesablauf gehört dazu und er erfüllt wieder seinen Zweck. Die ersten paar Mahlzeiten müssen die Kinder sich daran gewöhnen, dass rund um unseren Esstisch so sehr viel mehr passiert als zu Hause und die Hauptaufmerksamkeit trotzdem bitte beim Essen bleibt. Nach ein paar Tagen Übung klappt die Umsetzung ganz ordentlich.

Erste Kletterversuche am Capo d'Orso

Schon nach wenigen Tagen fängt Sardinien an, uns mit außergewöhnlichen Eindrücken zu verwöhnen. Bereits unser erster Ausflug wird ein Highlight. Wir fahren hoch in den Norden Sardiniens zum Capo Testa. Natürlich werden wir es nicht zu Fuß umrunden, wie im Wanderführer vorgeschlagen. Wir wollen schauen, wie weit wir vor der absehbaren Protestorgie mit den Tragen kommen und genießen die Sicht auf die ersten beiden Buchten am schmalen, steinigen Wanderweg, dann beginnt es zu regnen. Das wiederum stört unsere Kinder gar nicht, ebenso wenig wie der enge Durchschlupf unter den Felsen zur dritten Bucht. Auch wenn ich ziemlich Sorge um die Kinderköpfe oben auf den Tragen habe, sie finden vor allem den engen niedrigen Durchgang lustig und spannend und wollen mehrfach hin- und hergetragen werden. Anschließend verlassen wir den beschriebenen Weg – leider, meine Sehnsucht, weiterzugehen ist groß – und kehren zurück zum Ausgangspunkt.

Derweil hört es wieder auf zu regnen. Kurz vor dem Parkplatz wird es endlich Zeit für das obligatorische Picknick. Etwas entfernt vom Hauptweg und den dort wandernden größeren Menschengruppen setzen wir uns auf ein paar Felsblöcke und futtern Schokokekse. Überrascht fällt uns die von runden Felsen umgebene Blumenwiese um uns herum auf. Sie ist jetzt, nach dem kurzen Regenguss und im leuchtenden Sonnenschein, noch schöner als zuvor. Die Blumen strahlen in vielen Farben um die Wette. Ich kann sie nicht benennen, aber so eine bezaubernde Blumenwiese habe ich noch nie gesehen. Wir sitzen, knabbern Kekse und staunen. Eine außergewöhnliche Zeit an einem betörenden Ort, als wäre sie nur für uns geschaffen. Alle anderen laufen an diesem Wunder vorbei, so wie wir zu Beginn unserer Wanderung. Mit der wesentlichen Abkürzung der Tour bin ich weitgehend ausgesöhnt.

Nach mehreren Tagen Entspannung auf unserem Platz in der ersten Reihe wird es Zeit für Abenteuer und Wandern. Der Monte Pino im Inselinneren scheint ein angemessenes Ziel. Allerdings haben wir keine Lust, morgens möglichst früh hochzufahren, unsere Runde zu gehen, um dann am gleichen Tag zum nächsten Campingplatz weiterzufahren. Campingplätze gibt es auf Sardinien nur an der Küste. Also packen wir alles zusammen und besichtigen auf dem Weg das Gigantengrab Coddu Vecchiu – ein Abenteuer für die Kinder, die noch in den niedrigen Eingang passen. Am Monte Pino angekommen stellen wir fest, dass der Fahrweg an der Casa Forestale vorbei weiterführt. Wegen der aufziehenden Regenwolken fahren die letzten Besucher weg,

Unser Ausflug in Sardiniens Norden: Picknick an den bizarren Felsen des Capo Testa.

bald werden wir hier niemanden mehr stören. Einen knappen Kilometer oberhalb des Forsthäuschens stellen wir uns neben den Fahrweg. Das gilt jetzt eigentlich nicht als Wildcampen, sondern als Notunterkunft für verhinderte Langstreckenwanderer. Wir stehen an einem wildromantischen Plätzchen: Ein schmaler Wiesenstreifen und Granitfelsen säumen den Fahrweg, weit und breit kein Mensch. Die Kinder untersuchen neugierig die direkte Umgebung, schauen hinter Steine, pflücken ein paar Blümchen. Abendessen gibt's auf der Decke. Inzwischen hüllen uns die tief hängenden Wolken in Nebel. Die Atmosphäre mutet an wie bei den Elben in Mittelerde, verwunschen, geheimnisvoll, als würden sich hinter den Nebenschwaden unbekannte Gestalten aus einer anderen Zeit verbergen. In dieser einsamen, friedlichen Umgebung schlafen wir hervorragend und wachen am nächsten Morgen bei Regen auf. Damit wird diese Wanderung nicht kürzer als geplant, sondern gar nicht stattfinden. Auch eine Form von reduzieren – wenn auch ungeplant.

Die nächsten paar Tage verbringen wir im Westen der Insel mit Warten auf Wetterbesserung, um es dann am Montiferru erneut mit dem Wandern zu versuchen. Weil wir uns vormittags nicht entscheiden können, ob wir heute oder morgen wandern, kommen wir erst recht spät los. Also beschließen wir hinaufzufahren, einen Stellplatz zu suchen und die Wanderung auf den Morgen zu verschieben. Oben ist es immer noch ganz schön stürmisch, aber inzwischen immerhin fast wolkenlos und trocken. Die Straße, der Platz unterhalb der Sendeanlage, alles ist hier abschüssig und schräg, keine Möglichkeit, den Bus halbwegs gerade zu parken. Die Kinder haben Hunger, wir keinen Bock mehr. Also fahren wir weiter und auf der anderen Seite der Kuppe einen Forstweg hinunter. Alles zu steil zum Übernachten. Lars entscheidet sich – in Ermangelung besserer Optionen – für den überwachsenen Forstweg nach links und siehe da: Dieser mündet in eine kleine Wiese, ein ebener Stellplatz! Der absolu-

Ein Platz wie in Mittelerde: Picknick am Monte Pino.

te Hammer ist die Sicht, wir befinden uns wie auf einem Balkon gut sechshundert Meter über Mittelsardinien!

Zum Abendessen gibt's schnelle Spaghetti, die wir wegen des Windes im engen Bus essen. Als die Kinder bereits schlafen, schauen wir zu, wie langsam die Lichter in den Orten tief unter uns angehen. Schwache Leuchtflecken erscheinen in der weiten Ebene und jedes Dorf schickt ein kleines Funkeln zu uns hoch. Ein faszinierendes Bild. Wir fühlen uns wie ungesehene, weit entfernte Beobachter. Diese fantastische Aussicht wird tatsächlich vom nächsten Morgen getoppt. Wolken hängen über der Ebene, wir aber stehen mit klarer Sicht darüber. Als die Sonne aufgeht, strahlt die weiße Watte unter uns gleißend auf, verhüllt hell leuchtend das Tal und seine Dörfer. Wunderschön und unglaublich! Es gibt tatsächlich Tage, da ist es beeindruckend, sehr früh geweckt zu werden. Hier am Montiferru klappt es dann auch mit dem Wandern – natürlich wieder eine deutlich abgekürzte Variante. Auch dabei ist die Aussicht großartig, aber am eindrücklichsten bleiben die grandiosen Lichtspiele an

unserem Übernachtungsplatz in Erinnerung. Haben wir uns das verdient mit unseren anstrengenden Bemühungen um einen gemeinsamen Urlaubsmodus? Nein, verdienen kann man sich soviel Glück nicht, es ist wohl eher ein Geschenk an uns!

Trotz so vieler schöner Überraschungen ist Sardinien noch nicht fertig mit uns. Auf der Hochebene Su Golgo im Supramonte wollen wir die einsam dort stehende Kapelle Santo Pietro besichtigen. Von den kleinen Mönchsklausen sind die Kinder sehr beeindruckt. Uns bezaubert vor allem die archaische Landschaft der von Bergen umrahmten Ebene, fast menschenleer und von halbwilden Haustieren bevölkert. Hier bleiben? Es ist sowieso etwas spät, um wieder hinunterzufahren und einen Campingplatz in direkter Nähe gibt es noch nicht. An einer schmalen Fahrspur finden wir ein kleines Wiesenstück im Schatten zweier Bäume und unser grüner Bus passt sich gut in die Landschaft ein. Welch ein Traumplatz! Die Kinder spielen auf der Decke und drum herum. Als sie schlafen, sitzen wir auf einem Felsen nur wenige Meter entfernt und lassen die Dämmerung auf uns wirken. Grillen zirpen, manchmal raschelt ein Tier in der Nähe. Ansonsten nur Ruhe, wunderbare Ruhe. Nachts nicht ein Licht, abgesehen vom aufgehenden Mond.

Am nächsten Morgen wollen wir nach unserem obligatorischen Morgenprogramm früh zusammenpacken, schließlich dürfen wir hier offiziell wohl nicht stehen. Die Kinder sind noch nicht ganz angezogen, da raschelt es am Bus. Neben uns spaziert eine kleine Truppe halbwilder Hausschweine vorbei und beginnt, sich mit unserer Mülltüte auseinanderzusetzen. Diese lag nachts natürlich im Auto, aber heute Morgen nach dem ersten Windel-

wechseln haben wir sie neben das rechte Vorderrad gelegt. Joshua und Joana sind völlig begeistert: Tiere direkt vor unserem Bus, perfektes Kinderkino. Wir gönnen ihnen etwas Zeit zum Staunen und uns für ein Foto, dann allerdings müssen wir die Tiere verscheuchen und die Mülltüte wieder einpacken.

Kinderkino: vor dem Bus laufen halbwilde Schweine vorbei.

Um den Stress vor der Rückfahrt zu minimieren, entscheiden wir uns, die letzte halbe Woche auf einem Campingplatz bei Orosei in Nähe des Fährhafens an der Ostküste zu verbringen. Er ist fast leer, sehr angenehm für uns, und hat anscheinend gerade erst geöffnet. Wir stehen in direkter Nähe zum Strandtor. Die Kinder spielen mit ihren Fahrzeugen – und dann passiert es direkt beim ersten Frühstück. Joshua und Joana sind zum benachbarten, leerstehenden Wohnwagen unterwegs. Dort an der Deichsel muss Joana das Bobbycar – Entschuldigung, natürlich das Polizeiauto! – tanken, um anschließend zusammen mit Joshua auf seinem Motorrad die Welt zu retten, die sich zwischen mehreren Wohnwagen und unserem Bus befindet. Nach der erfolgreichen Krisenintervention wird wieder getankt und erneut ein globales Problem gelöst. Lars und ich unterhalten uns und genießen die Ruhe, keiner will was von uns! Und dann geschieht es wirklich: Das erste Mal seit wir mit Kindern Urlaub machen, trinke ich eine Tasse Kaffee komplett aus, ehe sie kalt wird!

Neben der Wohnwagentankstelle und der zu rettenden Welt bietet der Campingplatz noch ein weiteres Highlight: den Strand. Er liegt direkt vor dem Campingplatz und ist wirklich malerisch: lang und an beiden Enden von Felsen gerahmt, fast menschenleer und fällt ganz flach ins Wasser ab. Nachmittags spielen die Kinder in diesem riesengroßen Sandkasten: Burgen bauen, Höhlen graben, durch den Sand rollen, Kinder panieren und Füße einbuddeln. Ein Traum! Nicht mal Seenotrettung ist nötig wegen des extrem flachen Wassers. Wer braucht schon anstren-

gende Bergwanderungen, wenn man so schön am Strand entspannen kann? Ich – eigentlich ausgesprochener Strandmuffel – erkläre diesen Strand jedenfalls zu meinem Traumstrand! Weil die ganze Bucht so schön flach ist, erwärmt sich das Wasser selbst im Mai schon genug zum Schwimmen. Absolut perfekt. Hier wollen wir unsere letzten Urlaubstage zwischen festem Rhythmus, Tanken für die Weltrettung und dem Meer verbringen. Das beste: Es ist erholsam! So erholsam, dass wir doch noch einen letzten Tagesausflug in Richtung Berge starten. Die Punta Cupetti oberhalb von Siniscola ist unser Ziel. Die Wanderung ist mit viereinhalb Stunden angegeben. Wir wollen nur ein bisschen laufen und schauen, wie weit wir so kommen.

MACHTPROBE

Schon die Anfahrt ist etwas abenteuerlich. Ganz nach Beschreibung fahren wir einen steilen unbefestigten Waldweg hoch, parken in der engen Rechtskehre und steigen aus. Joana will nicht in die Trage. Joshua nutzt die folgende Diskussion, um an der Wegböschung zu klettern und abzurutschen. Ein paar kleinere Abschürfungen am Bauch, kein wirkliches Problem, aber jetzt haben wir nicht nur ein sehr trotziges, sondern auch noch ein weinendes Kind. Am besten einfach wieder ins Auto setzen und fahren – aber das würde sich doch extrem gescheitert anfühlen. Also trotzdem wandern.

Joana will sich immer noch nicht tragen lassen. Wenn's unbedingt sein muss, dann läuft sie lieber selber. Mühsam kommen wir zwei Wegkehren weit. Dort will sie auch nicht mehr laufen. Joana steht – mitten auf dem Weg und bewegt sich keinen Schritt weiter. Laut Beschreibung sind es vom Beginn der Wanderung zehn Minuten zur Quelle Funtana Grazianu. Diese scheint gerade unerreichbar weil weg. Wir beschließen, weiter zu gehen, Joana wird schon kommen. Direkt hinter der nächsten Kehre, keine hundert Meter weiter, warten wir. Joshua jammert leise, denn seine kleine Schwester können wir doch nicht einfach so stehen lassen! Joana rührt sich nicht vom Fleck. Joshua ist unglücklich. Joana steht.

Eine gefühlte Ewigkeit später fängt Joana an zu weinen. Lars tritt hinter der Kehre hervor, geht in die Hocke, ruft sie, breitet die Arme aus. Joana weint und steht. Soviel starker Wille – das wird irgendwann gut sein für sie, aber könnte sie den bitte, bitte erst mit achtzehn Jahren entwickeln?

Wieder eine gefühlte Ewigkeit später siegt der Herdentrieb, Joana weint und kommt zu uns – nicht gelaufen, sondern langsam geschlichen – aber sie kommt. Nach diesem nervenzehrenden Kräftemessen schaffen wir es mit guten Worten und Gummibärchen bis zur Quelle. Lars beschließt, dass es für heute reicht. Das kann doch nicht wahr sein! Wir wollten wandern! Mit viel gutem Willen könnte man den Ausflug als Spaziergang bezeichnen. Für die beschriebenen zehn Minuten haben wir fünfund-

vierzig Minuten gebraucht. Lars' Entscheidung steht, ein kurzes Picknick und dann wieder zurück. Ich weiß gar nicht, auf wen ich mehr sauer bin, auf meine Tochter oder auf meinen Mann. Aber es ändert nichts, wir setzen beide Kinder in die Tragen – jetzt ist das auf wundersame Weise auch für meine Tochter in Ordnung – und »wandern« wieder zum Auto. Ich bemühe mich, die auch hier schon absolut großartige Aussicht über Küstenebene und Meer im Schnelldurchgang zu genießen.

Noch ein Tag Strand, dann ist der Urlaub vorbei. Wir verbringen die letzte Nacht auf einem riesigen Parkplatz am Fährhafen, trinken abends ein Bier und ich versuche, meiner gemischten Gefühle Herr zu werden. Der Urlaub war erlebnisreich, er war erholsam. Wir haben unser Reiseprogramm sehr eingeschränkt, vieles Sehenswerte nicht gesehen, sind nur in Nord- und Mittelsardinien gewesen. Aber das was wir gesehen haben, war schön und entspannt. Ich habe gelernt, mich über die Kleinigkeiten zu freuen, die leuchtenden Blumen am Wegesrand, zufrieden spielende Kinder am Strand oder die fantastische Aussicht während unseres kurzen Rückweges der verpatzten letzten Wanderung. Wir sind unglaublich beschenkt worden mit der Nacht in Mittelerde oberhalb der Casa forestale, mit der Aussicht am Montiferru über Mittelsardinien, mit der archaischen Einsamkeit auf Su Golgo. Ich kann jetzt den Erholungswert von Stränden erkennen – zumindest wenn sie leer sind! Wie es mit dem Wandern weitergehen soll, weiß ich wirklich nicht. Ausgerechnet hier entsprechen unsere beiden den gängigen Klischees: Sie wandern nicht gerne.

AUTOFAHRTEN UND ANDERE KATASTROPHEN

Nach der Fährüberfahrt sind wir am frühen Nachmittag auf dem Festland und rollen Richtung Norden, wir wollen am Abend noch ein Stück nach Deutschland rein. Diesmal strafen unsere Kinder alle gängigen Weisheiten Lügen. Auch sonst schlafen sie in ihren Sitzen nur unruhig, heute schlafen sie erst gar nicht

Leider klappt Schlafen im Auto nicht immer so gut.

ein! Es ist schon lange dunkel und wir fahren durch die Schweiz. Jeden Urlaubsabend haben die Kinder spätestens um 19.30 Uhr geschlafen! Jetzt ist es bereits zwei Stunden später, sie sitzen in einem gleichmäßig schaukelnden und vibrierenden, ruhig vor sich hin rollenden Auto, und denken gar nicht ans Einschlafen. Stattdessen werden sie immer knatschiger.

Hände halten, schuckeln – nichts hilft. Ich will auch nicht die ganze Zeit neben ihrer Sitzbank hocken, schließlich sollten auch Eltern überwiegend angeschnallt reisen. Auf jeden Fall wollen wir weiter, wenigstens noch bis Deutschland, damit die Fahrtstrecke morgen nicht so weit ist. Ob ein letztes Milchfläschchen helfen würde? Aber bitte keine Pause, draußen in den Schweizer Bergen ist es richtig kalt und ein bisschen Frischluft durch eine geöffnete Schiebetür würde die Kinder jetzt so richtig puschen! Also erbarme ich mich, klettere wieder nach hinten, krame den Gaskartuschenkocher raus, und setze auf dem Fahrzeugboden Wasser auf. Abkochen wird total überbewertet und wäre wohl auch zu gefährlich – Hauptsache es wird trinkwarm. Derweil ziehen die Lampen in einem der langen Schweizer Tunnel in stetem Rhythmus am Fenster vorbei und erleuchten meine provisorische Küche. Wenige Minuten später sitzen die Kinder ruhig nuckelnd in ihren Sitzen. Und das Abend-Milchfläschchen-Ritual wirkt: Über ihrem warmen Betthupferl schlafen die beiden endlich ein! Von der CD ertönt Pink Floyd: »Shine on you crazy diamond…«

FERNWEH UND FAMILIENOASE

Der Sommer beginnt mit einem unangenehmen Paukenschlag: Ein lautes Krachen, dann bewegt unser VW-Bus sich nicht mehr von der Stelle. Dankbar registrieren wir, dass dieses Malheur wenigstens nicht im Urlaub, sondern in direkter Nähe zu unserem Wohnort passiert. In der Werkstatt stellt sich heraus, dass es sich um ein ausgewachsenes Malheur handelt: einen Getriebeschaden. Nun haben wir kein Auto mehr und statt dessen eine sehr teure Reparatur am Hals. Lars stürzt sich in die Suche, telefoniert im Umkreis von zweihundert Kilometern mit allen Schrotthändlern, findet tatsächlich ein gebrauchtes Austauschgetriebe. Um das zu holen, braucht man allerdings … ein Auto! Glücklicherweise haben wir hilfsbereite Freunde.

Eine Woche später ist eigentlich alles wieder in Butter. Wir fahren jetzt einen grünen VW-Bus mit weißem Hochdach und, nach einem Auffahrunfall vor einem Jahr, oranger Motorhaube. Er hat fast 280.000 Kilometer auf dem Tacho, ein Austauschgetriebe und weist er keinerlei handelsüblichen Luxus auf. Das entspricht nicht ganz den gängigen Vorstellungen von einem Familienfahrzeug für eine normal situierte Familie. Jedenfalls kenne ich niemanden außer uns, der so unterwegs ist. Aber für einen neueren Gebrauchten – dabei käme allerdings nur ein Bus infrage – reicht das Geld nicht. Nach der Reparatur noch weniger. Eigentlich – Betonung auf »eigentlich« – sind mir mein Image und der Luxus völlig egal, da stehe ich total drüber. Wirklich! Aber im Stillen hadere ich doch ein bisschen.

Dafür entdecken wir in den regionalen Nachrichten ein richtiges Highlight für uns: Ein neues Förderprogramm verspricht städtische Zuschüsse zur Kinderbetreuung! Endlich Unterstützung! Ich informiere mich und stelle sofort einen Antrag. Wochenlang passiert nichts. Dann endlich Post! Ich freue mich auf den Zuschuss, auf die Anerkennung unserer Leistung und unseres finanziellen Spagats und sehe darin auch eine Bestätigung, dass das, was wir machen, richtig und gewollt ist! Als ich den Brief lese, trifft mich der Schlag. Statt der erwarteten Angabe über die Höhe der anteiligen Unterstützung lese ich ungläubig eine Absage. Eine Absage, weil ich mich um meine Kinderbetreuung ja bereits gekümmert habe. Kann das wahr sein? Das Förderprogramm ist zwar gehaltsunabhängig, aber konzipiert für Mütter, die es nicht schaffen, Kinderbetreuung zu organisieren. Irgendwie bin ich echt zu blöd, mir den Spagat anzutun und arbeiten zu gehen und mich dann auch noch selbständig und rechtzeitig zu kümmern! Nach endlosen Telefonaten und Schriftstücken bekommen wir die anteilige Förderung für ein Jahr dann doch. Das ist zwar super, wäre aber ohne den Behörden-Hick-Hack deutlich schöner gewesen.

FERNWEH

Wenig später beginnen die Sommerferien. Zeit für Sommer, Sonne, Erholung. Im Planschbecken mit den Kindern, Eis schlecken, Spielen im Sandkasten, Besuche mit Freunden in unserem kleinen Freizeitpark. Wir unternehmen Ausflüge und Familienspaziergänge, zu zweit genießen wir lange Abende auf der Terrasse. Manchmal werde ich morgens von den Vögeln geweckt. Die Kinder entwickeln sich prima, und manche Anstrengung können sie mit einem einzigen Lachen wettmachen. Eine entspannte Zeit, die wir glücklich genießen!

Mitten in den Sommerferien hat unser Kindermädchen Urlaub, zweieinhalb Wochen. Wir aber wollen erst dann im Sommer mit den Massen wegfahren, wenn es gar nicht mehr anders geht. Also müssen wir beide arbeiten gehen und keiner kümmert sich um unsere Mäuse. Houston, wir haben ein Problem! Nun sind Probleme bekanntlich da, um gelöst zu werden – eine ganz alte Weisheit. Wir entscheiden uns für den »Du arbeitest vormittags und ich nachmittags«-Spagat. Ein paar Mal springen Onkel und Tante von Lars ein, obwohl das für sie ein ganz schöner Aufwand ist, denn sie haben jedes Mal eine Stunde Anfahrt. Gleichzeitig sind die Sommerferien die Zeit, wo jobmäßig alles nur halb so schnell geht wie sonst. Also sitze ich wegen des Kinderbetreuungs-Spagats abgehetzt in meinem Büro und warte auf Arbeitsschritte, die ich nicht selbst erledigen kann.

In solchen Situationen, in denen so einiges unrund läuft – Auto, Betreuungszuschuss, Job – tendieren meine Gedanken dazu, sich selbständig zu machen. Sie suchen sich ihre eigenen Ziele. Ein gern gewähltes Objekt: Reiseziele. Dabei handelt es sich um eine Spätfolge unserer Hochzeitsreise. Damals habe ich mir das bis dahin unbekannte Fernweh-Virus eingefangen. Fernweh ist unheilbar, jedenfalls habe ich bisher keine geeignete Therapiemethode gefunden. Auf Landkarten starren oder Reisereportagen gucken macht akute Schübe eigentlich nur schlimmer. Krisen jeglicher Art – in der Partnerschaft, im Job, mit der Familie – erhöhen das Risiko für einen Fernwehschub erheblich. Allerdings tritt Fernweh auch in allerbesten Zeiten auf, als ob diese noch schöner wären, würde man sie in weiter Ferne verbringen. Also sitze ich im Büro und meine Gedanken kreisen auf festen Umlaufbahnen und unaufhaltsam um Reiseziele, meine Blicke hängen am Globus, den mein Kollege netterweise – oder in mieser Absicht? – in unserem Büro aufgestellt hat. Australien, Westküste, Tauchen im Nigaloo Reef, mit dem Jeep durch die Bungle Bungles – den Traum hatte ich schon mal, als wir unseren Kinderwunsch wegen Erfolglosigkeit begraben hatten. Die Reiseroute war bereits ausgearbeitet. Daraus geworden ist nichts, denn dann kamen doch noch unsere Kinder dazwischen.

Aber jetzt? Mein Verstand meldet sich zu Wort. Hohe Flugkosten, mindestens vierundzwanzig Stunden im Flugzeug sitzen, zwölf Stunden Zeitverschiebung. Ob das Land unserer Träume mit völlig derangierten und aus dem Konzept geratenen Kindern wohl traumhaft ist? Wie weit würden wir wohl fahren können im Land? Wieviel wandern? Erholung? Und dann war da noch die Sache mit unseren knappen finanziellen Ressourcen, dem absehbar auszutauschenden Bus. Meine Gedanken und

Augen kreisen wieder – Südafrika! Da waren wir schon mal, ein faszinierendes Land. Die Flüge sind nicht so teuer und Joana wäre sogar umsonst. Keine Zeitverschiebung. Wir könnten viele erstaunliche Tiere sehen: mit langen, gedrehten Hörnern auf dem Kopf oder wuchtigen, spitzen Hörnern auf der Nase oder auch mit ganz langen Hälsen. Sowas gibt's sonst nur auf Fotos oder im Zoo. Online-Karten ermöglichen, schnell eine Reiseroute über ein paar Nationalparks zusammenzustellen, in weitem Bogen einmal rund um Lesotho. Erinnerungen werden wach, Sehnsuchtsbilder entstehen vor meinem inneren Auge: die traumhafte Steppe-mit-Akazien-Kulisse im Weenen-Nationalpark, weite Grasflächen und beeindruckend steile und schroffe Klippen in den Drakensbergen, stundenlange Autopirsch auf der Suche nach wilden Tieren im Krüger- und Pilanesberg-Nationalpark – alles erlebt vor zehn Jahren. Reisen mit Mietwagen und Zelt liegt ebenfalls in realistischerem Kostenrahmen. Der Verstand schiebt die Bilder mühsam ein wenig zur Seite und meldet sich mit Zweifeln: Zelt – mit zwei Aufdreh-Kindern? Hatten wir uns vor kurzem nicht genau dagegen entschieden? Würden zwei- und dreijährige Kinder realisieren, was sie da eigentlich sehen? Würden wir das erleben, erwandern, erfahren können, was wir uns vorstellen? Und auch wenn Südafrika nicht so weit und teuer ist wie Australien, es würde schon eine ganze Stange Geld dafür draufgehen. Preiswert? Erholung?

Welche Ziele gäbe es noch, gegen akutes und schlimmes Fernweh? Was bloß könnte die tiefe Sehnsucht nach Abenteuer befriedigen? Nicht Europa, aber bitte mit angemessenem Aufwand und Kosten und natürlich kindertauglich?!?

Inzwischen sind einige Tage vergangen, mein aktuelles Projekt auf der Arbeit kommt nur schleppend voran. Meine Augen und Gedanken kreisen weiter um die blaue Kugel in meinem Büro.

Marokko. Marokko – klingt irgendwie magisch. Magisch orientalisch, magisch fremde Kultur, etwas ganz Neues, Atlas und Antiatlas, die Magie der Wüste, magische Altstädte. Marokko fesselt mich. Ich recherchiere, was das Internet hergibt. Und das ist heutzutage viel: die Anreise ist ab Sete in Südfrankreich mit der Fähre möglich, um nicht zweitausendfünfhundert Kilometer bis zu Straße von Gibraltar fahren zu müssen. Im Fährpreis inbegriffen: Kabine und Halbpension! Wetterbedingungen und klimatische Daten im Winter: gar nicht so schlecht. Dieses Jahr würden Weihnachten und Silvester ideal mitten in der Woche liegen...

Dann lese ich mich durch verschiedene Blogs, vor allem Tagebücher von Winterreisen durch Marokko. Hier vielen Dank an alle, die ihre Erfahrungen kostenlos im Internet zur Verfügung stellen – einiges unserer Reisen mit Kindern wäre ohne diesen Wissensschatz nicht möglich gewesen! Ich erstelle Tabellen mit Klimavergleichen von Marokko im Januar, Elba im April, Sardinien im Mai – die letzteren beiden haben wir genau dann besucht – und Kostenaufstellungen mit Preisen von Anreise, Fähre, Diesel und Campingplätzen, einen Reiseroutenvorschlag über interessante Orte mit schönen Campingplätzen und nicht zu langen Reiseetappen dazwischen. Mein Mann kann sich mit meiner ganzen Planerei nicht so recht anfreunden. Vor allem die zugegeben fast täglichen neuen Erkenntnisse und kleinen Änderungen an meinen Ideen treiben ihn manchmal fast zum Wahnsinn. Meine Zukunftsspiele erscheinen ihm wie ein völlig undurchdringlicher Gedankendschungel. Außerdem sieht er es ganz nüchtern: Für dieses Jahr ist der Urlaub doch schon festgelegt, warum dann bitteschön überhaupt planen?

Inzwischen ist unser Kindermädchen zurückgekehrt und in der Arbeit wird gegen Ferienende wieder auf Normalbetrieb umgeschaltet. So rückt die fast komplett ausgearbeitete Reise einschließlich meines Fernwehs in den Hintergrund und der Alltag nimmt meine Gedanken wieder gefangen. Mein berufliches Projekt kommt jetzt zügig vorwärts und da wir ja bereits Mitte September nach Frankreich aufbrechen, ist das auch gut und richtig so. Die Kinder beanspruchen ihren Teil meiner Kraft, und nachdem das alles und Haus, Haushalt und Garten erledigt sind, bin ich es auch.

SPÄTSOMMER AM CHASSEZAC

Schnell wird es Mitte September. Im Packen fühlen wir uns inzwischen wie Profis: Großer Lebensmittelvorrat, wenig Klamotten, dafür Kindertragen, Wasserschuhe und Spielzeug.

Auch die Anreise verläuft unkompliziert. Wir starten nachmittags und fahren in die Nacht, mit Milchfläschchen, Liedern und kleine Hände streicheln schlafen die Kinder in ihren Sitzen ein. Gegen 22 Uhr beenden wir die erste Fahrtetappe an irgendeinem Rastplatz, rechtzeitig ehe die Kinder wieder aufwachen und knatschig werden. Am nächsten Tag erreichen wir nach Mittag unseren Lieblingscampingplatz am Chassezac. Hier ist im

September schon Ruhe eingekehrt und wir bekommen einen Platz direkt oberhalb des Flusses. Unser tägliches Rahmenprogramm, bestehend aus zu frühem Aufstehen, geregeltem Mittagessen, Mittagspause und frühem Abendprogramm, läuft wie geschmiert. Diesbezüglich sind wir inzwischen gut in Übung. Die Temperaturen sind angenehm: tagsüber haben wir sonniges warmes Wetter, abends kühlt es für eine gute Nachtruhe deutlich ab. Der Chassezac hat ein steiniges Ufer und die Kinder lieben es. Aus den Steinen bauen sie Burgen, Festungen, Wasserlöcher und Wehrmauern. Zwischen den Steinen im Flachwasserbereich entdecken sie völlig begeistert kleine Fische, denen sie mit ihren Keschern hinterherrennen. Sie sammeln Golfbälle, die irgendjemand in den Fluss geschossen hat und die uns die nächsten Urlaubsjahre als Murmelersatz begleiten werden. Überhaupt hat der Chassezac im Herbst wenig Wasser und das steinige Ufer zieht sich ganz flach weit ins Flussbett hinein. Ideal für uns Eltern, da unsere Kinder – natürlich trotzdem beaufsichtigt! – gefahrlos am Wasserrand spielen können. Hier reicht es zuzugucken. Lars oder ich müssen nicht ständig auf dem Sprung sein, um eines unserer Kinder vor gefährlichen Strömungen zu retten. Unsere Hängematte können wir prima zwischen den Bäumen befestigen und sie wird für die nächsten Tage ein echtes Multifunktionsmöbel: Oase für lesende und ruhesuchende Eltern, Spielplatz für Kinder, gemeinsame Kuschelecke, Ort zum Geschichten lesen und Rückenmalen. Entspannung pur.

Unsere Familienoase neben dem Campingbus. Eine Hängematte ist ein echtes Multifunktionsmöbel zum Lesen, Kuscheln, Spielen und Toben.

Nach so vielen kleinen Steinen wollen wir uns auch große Steine anschauen. Wir fahren die wenigen Kilometer zum Bois de Païolive. Dieses urtümliche Waldgebiet mit altem, knorrigem Eichenbestand liegt auf einem Karstplateau mit vielen ungewöhnlichen Gesteinsformationen. Auch hier waren wir schon häufiger und haben vor vielen Jahren an einem magischen Ort zwischen einer Felswand und einem Baumrondell übernachtet, ehe die Infrastruktur ausgebaut und überall Schilder »camping interdit« aufgestellt wurden.

Der Felsenpfad ist gut ausgeschildert und nur etwa eine Stunde lang. Er führt über Felsen, durch Felsengänge, zwischen Felstürme und unter Felsüberhänge. Unsere Kinder erleben ihn wie einen großen Abenteuerspielplatz. Alles ist so interessant, so spannend, so aufregend – da fällt gar nicht auf, dass wir uns zu Fuß bewegen. Und für meine Seele erscheint alles im Zwielicht der durch das lichte Blätterdach scheinenden Sonne. Joana will ständig Stöckchen und Steine mitnehmen. Total unsinnig, die gibt es hier schließlich überall. Sehr schnell gebe ich die Diskussion auf, denn immerhin – es grenzt an ein Wunder – sie läuft einen guten Teil der Strecke selbst! So schön und entspannend kann Urlaub mit Kindern sein! Eine gute Woche genießen wir unseren Stellplatz. Wir erwandern den Bois de Païolive auf seiner von der Straße aus gesehen nördlichen Seite bis zur zur Eremitage St. Eugene mit einer tollen Aussicht über den Chassezac, besuchen Joyeuse mit seinem riesigen Markt und un-

Große Steine im Bois de Païolive: Das Wandern zwischen den Felsen ist ein Abenteuer und die Kinder laufen begeistert mit.

serem Lieblingsrestaurant mit Teich und Fröschen im Garten und dem weltbesten Salade Chèvre Chaud. Dann kommt schleichend, aber unaufhaltsam das Abenteuerfieber, der Wunsch nach Weiterreisen.

Wandern am Mont Lozère – natürlich mit Picknick.

Schließlich verlassen wir diesen Ort der Ruhe, um ein kleines bisschen in die Cevennen zu fahren. Schauen, wo es uns hintreibt, wie weit wir kommen. Nach gut eineinhalb Stunden erreichen wir den Mont Lozère. Ihn haben wir vor vielen Jahren auf einer dreitägigen Mountainbiketour erobert. Heute suchen wir uns auf der Wanderkarte einen kurzen Weg heraus, um die Natur hier oben genießen zu können. Am Col de Finiels kreuzt der GR 7, der hier auf einer alten Römerstraße verläuft. Start und Ziel der GR 7-Etappe interessieren uns nicht, wir wollen nur ein halbes, dreiviertel Stündchen laufen. Einfach raus ins Grüne. Der Weg stellt sich in natura als eine breite

Schneise heraus, eine tolle Mischung aus bemerkenswerter Heideflora und umgebendem Wald. Die Kinder laufen munter mit, sammeln Stöckchen und Steine und bewundern die Schmetterlinge. Der Weg ist das Ziel und der ist wirklich schön.

Schließlich stehen wir überrascht an einem alten Erd- und Geröllrutsch mit unglaublicher Aussicht. Weit reicht der Blick über die westlichen Berge des Massif Central – immerhin sind wir auf fast tausendsechshundert Metern Höhe. Tief durchatmen, staunen und genießen. Die Kinder spielen zwischen den Felsblöcken, denn hier erscheint uns alles ungefährlich, keine akute Absturzgefahr. Später genießen wir unser obligatorisches Picknick: Minisalami, Fertig-Waffeln, Äpfel, Gummibärchen. Bei der Aussicht ist es sowieso egal, auch ein Gourmet-Picknick hätte es nicht besser machen können.

Nur ungern trennen wir uns nach über einer Stunde von diesem wundervollen Plätzchen Erde. In der Herberge in Gipfelnähe, die damals unsere erste Station der Mountainbike-Tour war, würden Lars und ich gerne zu Abend essen. Deswegen erledigen wir unser Kinder-Abendprogramm auf dem Wanderparkplatz. Heute geht alles beschwingt und ganz leicht, die Aussicht strahlt in uns weiter. Ich bin so dankbar für diese Überraschung und dafür, dass der Tag mit den Kindern so schön und harmonisch verlaufen ist, wie bereits viele in diesem Urlaub. Als es dämmrig wird, fahren wir die wenigen Kilometer zur Herberge, parken den Bus und legen unsere Mäuse schlafen. Auch das klappt heute problemlos. Anschließend machen wir uns mit dem Babyphon auf zu unserem Abendessen, genießen das französische Menu mit einem trockenen Weißwein und unseren Abend zu zweit.

Unseren Übernachtungsplatz finden wir kaum tausend Meter weiter, die ehemalige Straßentrasse haben wir bereits nachmittags entdeckt. Weiter hätten wir auch nicht fahren dürfen, wegen des Weins und der oben schlafenden Kinder, die wir natürlich nicht geweckt und angeschnallt haben. Nachts am Mont Lozère ist aber sowieso gar nichts mehr los. Die Nacht wird sehr kalt, unsere Schlafsäcke reichen so gerade. Morgens haben wir Eisblumen am Fenster, draußen geht die Sonne auf und wir stehen mit dem Blick nach Osten. Gleißendes Licht strahlt über die Berge und durch unsere Scheiben. Wir verlängern die morgendliche Kuschelzeit, während wir und unser Auto so langsam auftauen, und beschließen, dass wir genau hier frühstücken müssen, denn in der Sonne wird es bald angenehm werden. Bei

einem einfachen Frühstück auf der Decke genießen wir die Bergwelt und unsere Freiheit hier oben. Vereinzelt rollen erste Autos über die angrenzende Straße, aber wer stört sich schon an einer picknickenden Familie?

Das Glück bleibt uns weiter hold. Wir fahren hinunter Richtung Tarn, für Lars und mich terra inkognita. Am Ende eines kurzen, unbefestigten Weges finden wir einen lauschigen Platz direkt am Fluss für unsere Mittagsrast: Verwunschen und mit reichlich Schatten für unseren Bus, davor das breite, flache, steinige und sonnenbeschienene Ufer des Tarn. Wieder sind es kleine Steine, mit denen Dämme und Mauern gebaut werden, wieder kommt die Decke raus fürs Mittagessen, gefolgt von einer erholsamen Mittagspause im kühlen Bus. Eine kurze Nachmittagsfahrt-Etappe bringt uns ein Stück tarnabwärts, zu einem Campingplatz, der aber bereits geschlossen hat. Wie dumm! Da Weiterfahren jetzt zu stressig würde, stellen wir uns neben den Campingplatz auf einem hier endenden Feldweg ans Flussufer. Mit den Kindern erkunden wir ein Stück des Ufers, drehen Steine um, schauen unter Schwemmholz und werfen Kiesel. Als Joshua und Joana dann friedlich schlafen, sitzen wir noch lange am Ufer und schauen, wie der Mond sich in den Wellen spiegelt, staunen, genießen mit ein paar Flaschen Bier, Chips- und Schokosnacks die Ruhe und Abgeschiedenheit in der Schlucht. Fantastisch.

Auch der nächste Tag folgt diesem Rhythmus. Nachmittags queren wir die Causse Méjean, ein einsames Hochplateau der südlichen Cevennen, und so langsam wird es Zeit für eine Pause. Erst sieht es schlecht aus: mehrere einzelne Gehöfte und kein einsamer Platz für uns. Es ist früher Nachmittag, heute ausnahmsweise ohne Mittagspause, so langsam werden alle müde. Die Stimmung droht zu kippen, da entdecken wir einen Fahrweg

am Rand einer Wiese, außerhalb der Sicht des letzten Gehöftes. Platz für die Kinder zum Spielen, Ruhe und Weite für uns. Die geplante kurze Wanderung zu einem in der Karte eingezeichneten Dolmen verschieben wir auf morgen, es ist gerade so entspannt.

Am nächsten Morgen, nach einem kurzen Frühstück, starten wir am Rande des Hochplateaus zu Fuß weitgehend weglos durch Geröll und niedriges Gestrüpp. Bald stehen wir am Rand der Hochebene, fast sechshundert Meter oberhalb des Tarn bei Florac. Hier ist es völlig einsam, weit und breit kein Mensch. Als fast vor unseren Füßen ein Steinadler startet und dann knapp unter uns seine Kreise über dem tief unter uns liegenden Tal zieht, sind wir alle fasziniert und begeistert. Den Dolmen, ein steinzeitliches Grab, finden wir erst ganz zum Schluss. Er ist völlig unspektakulär, vor allem verglichen mit den morgendlichen Lichtfacetten und Gerüchen, dem Adler und der Aussicht. Mit

Unerwartete Traumsicht am Mont Lozère

Gleich gibt es Mittagessen: Pausenplatz am Ufer des Tarn.

dieser morgendlichen Wanderung beenden wir unsere Cevennen-Tour. Vier Tage waren wir unterwegs, drei Nächte haben wir an wunderbaren Orten wild übernachtet. Freie Oasen für uns, für meine Seele. Ich bin zutiefst dankbar für die wunderschönen Plätze, die wir eher zufällig, ohne langes Suchen gefunden haben. Hatten wir das Wild-Übernachten nicht für beendet erklärt? Es geht doch! Und wie!!

Für die letzten Urlaubstage fahren wir zurück zu unserem Campingplatz am Chassezac, für uns ein echter Ruhepol. Von dort machen wir uns dann auf den Heimweg. Es ist heiß im Auto und die Kinder quengeln, aber wir wollen die knapp tausend Kilometer nach Hause durchfahren. Autobildschirme für die Kinder haben wir nicht und wollen sie auch nicht. Urlaub findet ohne Technik statt! Übrigens auch für uns. Ich drehe mich auf dem Beifahrersitz nach hinten – suboptimal, da mir selbst schnell schlecht wird – und spiele Theater mit unseren Kuscheltieren und den Tüchern, die sich die Kinder auf dem Markt in Joyeuse aussuchen durften. Nach wenigen kurzen Pausen kommen wir am späten Abend zuhause an. Uns bleibt noch eine halbe Urlaubswoche zuhause. Und das erhebende Gefühl, dass dieser Urlaub großartig war: viel Spaß mit den Kindern, entspannt, Freiheit für uns, tolle Landschaften. Wirklich rundum perfekt.

Zurück zu Hause holt der Alltag uns wieder ein. Alles nimmt seinen gewohnten Gang. Joshua hat zu seinem dritten Geburtstag einen Kindergartenplatz bekommen. Joana allerdings nicht, denn Kindergartenplätze für Unter-Dreijährige werden politisch gerade zum Ziel erklärt, sind aber in der Realität und bei uns

Der Chassezac: viele kleine Steine für die Kinder, weite Sicht für die Eltern.

auf dem Land noch nicht angekommen. Entsprechende Plätze beim so hochgelobten Elternverein meines Arbeitgebers werden handverlesen und unter dubiosen Umständen vergeben. Also kommt an zwei Vormittagen in der Woche weiter unser Kindermädchen. In Konsequenz bezahlen wir jetzt zusätzlich zu ihrem Gehalt auch noch den Kindergarten, finanziell keine win-win-Situation, für Joshuas soziale Entwicklung aber wichtig.

Mein Projekt auf der Arbeit kommt gut vorwärts und es ist viel zu tun. Nach meinen zwei halben Arbeitstagen komme ich meist abgehetzt nach Hause – gerade pünktlich, ehe die Kinder aus ihrer Mittagspause aufwachen und unser Kindermädchen Feierabend hat. Freitags übernimmt Lars das Regiment und ich gehe den ganzen Tag arbeiten. Alles gut eingespielt, aber nicht wirklich stressfrei. Wer hat eigentlich behauptet, frau bräuchte nur Kinderbetreuung, dann wäre Arbeiten gehen kein Problem?

Wochenenden halten wir uns möglichst frei für Familienausflüge. Gerade sehr beliebt: Der Weg zur Laufenburg. Es sind nur gut eineinhalb Kilometer bis oben und dort gibt es Limo für die Kinder und einfaches, leckeres Essen. Erinnert an die Gaststätten-Spaziergänger, auf die wir gerne abfällig herabsahen. Wieder schmeiße ich eine Überzeugung über Bord. Hauptsache die Kinder gewöhnen sich daran, zu Fuß unterwegs zu sein. Spannend bleibt die Laufenburg auch nach ungezählten Besuchen, denn wir finden viele unterschiedliche Wege zur Ruine mit der kleinen Gaststätte: Trampelpfade, Hohlwege, durch Schonungen, mitten durch den hohen Wald und quer über den sumpfigen kleinen Bachlauf.

MAGISCHES ABENTEUER MIT MASSIG SPIELZEIT

Eines Morgens im Herbst erblicke ich bei Sonnenaufgang ein Bild, wie ein Déjá-vu nach unendlich langer Zeit: weite, einsame, bewaldete Hänge erheben sich kontrastreich über letzten Nebelschwaden, und vor dem strahlend blauem Himmel leuchten die herbstlich gelben und bunt gefärbten Bäume hell in der Morgensonne – ich sehe die Ufer des Yukon! Wenn ich überhaupt irgendetwas zu meinem schönsten Urlaubserlebnis küren könnte, dann wäre es die Yukon-Tour, auf die wir uns völlig spontan kurz vor Ende unseres Nordamerika-Aufenthaltes gewagt haben: Zwei Wochen und achthundert Kilometer mit dem Kanu von Whitehorse nach Dawson City. Eine Fahrt durch absolute Wildnis und Einsamkeit und ein großes Abenteuer. Jetzt erblicke ich die Ufer wie wirklich vor mir.

Lebhafte Erinnerung, blühende Phantasie, Wahrnehmungsstörung? Tatsächlich bin ich mit dem Rad auf dem Weg zur Arbeit, und niemand außer mir wird die vor mir liegende Aussicht mit dem Yukon in Verbindung bringen. Banale Realität vor meinen Augen ist die Sophienhöhe, der große Abraumberg des Braunkohlentagebaues hinter unserem Dorf. Es hat mich also erwischt, das absolut akute, völlig wirklichkeitsfremde Fernweh-Virus. Es erinnert mich an meine Marokko-Recherchen. Magisches Marokko…

Sofort schicke ich Lars eine e-mail mit einem wenig anheimelnden Foto einer Innenkabine der alten marokkanischen Fähre Marrakech und dem Klimavergleich unter dem Titel »Die abgesagte Reise« – als ob wir diese Reise jemals zugesagt hätten. Mein Herz will nur noch weg, weit weg, Abenteuer, Freiheit,

Ungebundenheit – jetzt, wo reisen mit den Kindern so gut klappt. Und tatsächlich, Lars' Abenteuerlust ist schnell geweckt. Er fängt an, meinen Plänen ziemlich viel abzugewinnen!

Jetzt schaltet sich mein Kopf ein und warnt, dass wir mit zwei kleinen Kindern reisen und alle Sicherheitsrisiken berücksichtigen sollten. Verantwortungsbewusstsein nennt man das wohl, melden die grauen Zellen. Ich bin nicht mehr nur für mein Vergnügen zuständig, viel wichtiger ist die Sicherheit meiner Kinder. Diese Tatsache ändert unendlich viel. Das Gefühl von Verantwortung wird mich bei allen auch nur etwas ausgefalleneren Touren, die wir mit den Kindern planen, verfolgen. Vor allem abends, wenn es ruhig wird, drehen sich die Gedanken: Abwegige Ängste und notwendige Sorgen – nicht immer leicht auseinanderzuhalten. Dass man bekannterweise auch auf dem Sofa sterben kann, bringt keinerlei Abhilfe.

Also fange ich an, alles zu recherchieren, was für die Sicherheit unserer Kinder wichtig sein könnte. Angefangen bei Reiseerfahrung der zuständigen Eltern: bringen wir reichlich mit. Verständigung: auf Französisch, Arabisch, Berber, zumindest die erste Sprache spreche ich ein wenig. Gesundheit der Kinder: mit kurzen Ausnahmen gut und stabil. Falls sich Joanas einmaliger Pseudokrupp-Anfall wiederholen sollte, haben wir Notfallmedikamente. Krankenhäuser: in den Städten auf gutem Niveau. Apotheken: sehr gut ausgestattet. Ansteckende Krankheiten: bei entsprechender Vorsicht kein Problem. Risiko eines Überfalls: wie überall. Wegen des weit verbreiteten islamischen Glaubens ist das Risiko eines Raubüberfalls sogar eher gering. Nachfrage beim Auswärtigen Amt: mit Ausnahme einer kleinen Region in den Rif-Bergen alles sicher. Die Menschen: freundlich, hilfsbereit und sehr kinderlieb. Also alles roger! Trotzdem zögert mein Verstand. Der letzte Einwand meines Kopfes – mit zwei kleinen Kindern, du bist total bekloppt! – verfolgt mich leise warnend. Aber das Herz und mit ihm das Fernweh siegt.

UNTERWEGS NACH MAROKKO

Zweieinhalb Monate später, am 25.12.2007 nachmittags, stehen wir in Sète in der Warteschlange für die marokkanische Fähre Marrakech. Damit wir rechtzeitig hier sein können, haben wir Weihnachten bereits am 23.12. gefeiert. Am 24.12. sind wir losgefahren mit einer Zwischenübernachtung in Lyon auf einem

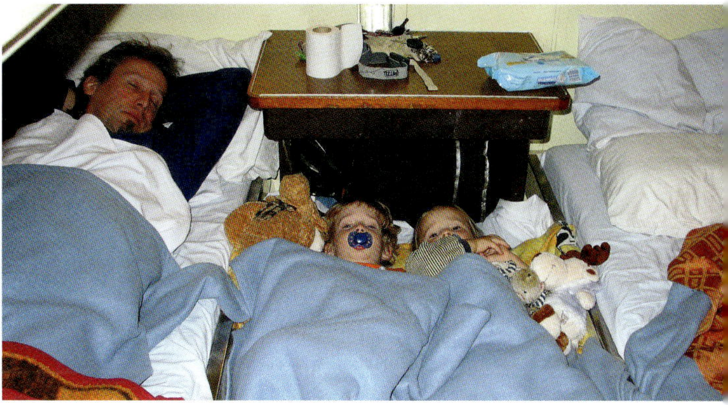

Kabine für Vier: da Absturzsicherungen fehlen, legen wir eine Matratze auf den Boden.

Campingplatz, da wir mangels Standheizung einen kleinen Boots-Heizlüfter gekauft haben und dafür Strom benötigen. Vor uns liegen fünf Wochen in Marokko. Schon irgendwie magisch! In unseren VW-Bus lagert so ziemlich alles, was wir brauchen: haltbare Lebensmittel für fünf Wochen, Windeln in zwei Größen, wenn auch für Joshua nur noch für nachts, Kleidung auch für winterliche Temperaturen, zwei Wandertragen, Laufrad und Bobbycar. Notfallmedikamente, Homöopathie, Verbandszeug. Spiel- und Bastelsachen, Bücher. Wochen vorher habe ich mit dem Packen begonnen und versucht, jede noch so kleine Ecke in unserem Bus zu nutzen. Und tatsächlich, auf wundersame Weise ist alles so verstaut, dass wir in dem Fahrzeug leben können. Außerdem gibt es eine ausgearbeitete Reiseroute mit Campingplätzen und sehenswerten Orten, jeweils möglichst im zwei Stunden Fahrt-Abstand, an die wir allerdings nicht gebunden sind.

Auf der Fähre haben wir wieder ein Survival-Paket dabei: Lebensmittel, zwei Fleecedecken, Wechselsachen für die Kinder und Spielzeug – immerhin werden wir fast vierzig Stunden, respektive zwei Nächte, unterwegs sein. Als wir auf das Schiff dürfen, ist alles wie beim ersten Mal: hektisch, wuselig, stickig, alle suchen irgendwas. Wir auch. Diesmal unsere Kabine! Wir finden sie. Hier herrscht Ruhe und der Motorenlärm ist weit weg. In Ermangelung von Absturzsicherungen legen wir eine Matratze in den schmalen Durchgang zwischen den Betten auf den Boden, der Platz reicht gerade für unsere Zwei. Anschließend melden wir uns für das Abendessen an. Gegessen wird auf der Marrakech in zwei Schichten und wir ergattern einen Platz in der ersten Schicht um 19 Uhr, absolut notwendig für den

Rhythmus unserer Kinder. Da haben wir doch was dazugelernt in zweieinhalb Jahren Reisen mit Kindern, oder? Allerdings ist bei dieser Fährüberfahrt mit der Marrakech Halbpension automatisch inklusive, was unsere Lernleistung etwas schmälert. Fähre fahren ist trotzdem nicht mein Ding, es bleibt schaukelig, eng und nervig. Aber in der Kombination Kabine mit Halbpension überstehen wir die Zeit gut.

EINDRÜCKE AUS EINER ANDEREN WELT

Der Esel ist ein allgegenwärtiges Transportmittel in Marokko

In Tanger angekommen, spuckt der erste Geldautomat tatsächlich Dirham aus und Diesel ist sehr billig. Wir fahren an der Mittelmeerküste in Richtung Osten. Im Küstenörtchen Oued Laou wollen wir die ersten paar Tage verbringen.

Noch nicht aus Tanger raus, kommen uns die ersten Menschen auf Eseln entgegen. Damit habe ich nicht gerechnet, wir sind doch so nah an Europa! Ich traue meinen Augen kaum, fühle mich in eine Reisereportage versetzt mit Bildern aus einer anderen Zeit. Aber was meine Augen mir zeigen, ist Realität: Menschen mit Eseln, die gesammeltes Futter und Holz transportieren oder Karren ziehen, Esel als Reittiere – kein zufällig erhaschter Eindruck, sondern anscheinend allgegenwärtig. Mich trifft eine Art innerer Kulturschock! Da habe ich doch das ganze Jahr mit verschiedenen Dingen gehadert: mit unserem VW-Bus und der Getriebereparatur, mit der schwierigen und teuren Betreuungssituation für unsere Kinder, dem Spagat, zu zweit arbeiten zu gehen. Jetzt, auf der Ausfallstraße von Tanger und mit den Eseln im Blick, fühle ich mich, als ob mir gründlich der Kopf gewaschen wird. Wo war eigentlich mein Problem? Dass ich gut ausgebildet bin, einen qualifizierten Job habe, den ich mit Kindern problemlos auf eine halbe Stelle verkürzen konnte? Dass wir die Kinderbetreuung bezahlen können, auch wenn sie teuer ist? Dass wir einen fahrbaren Untersatz haben, der erstens eindeutig funktioniert und zweitens so groß ist, dass er vier Schlafplätze beinhaltet und uns damit das Reisen ermöglicht? Dass wir beide mit Fahrrad und Zug zur Arbeit kommen und deswegen nur ein Auto, also unseren Bus, brauchen? Dass wir Zeit und Geld fürs Reisen haben? Ein wichtiges Ergebnis unserer Marokko-Reise wird sein, dass ich die in unserem Umfeld gelebten Maßstäbe hinterfrage und Dankbarkeit empfinde für die vielen kleinen und großen Dinge, die so schnell völlig selbstverständlich erscheinen.

Aber noch sind wir an der Küste unterwegs. Die Straße wird enger und kurviger. Wegen Schwierigkeiten mit Lars' Einreisestempel – die Personen-Nummer war doppelt vergeben – erreichen wir erst am Nachmittag Oued Laou. Hier scheint die Zeit vollends stehen geblieben zu sein. Die Straßen sind nicht asphaltiert, es gibt Teeläden mit Resopal-Tischen, einen Barbier und Geschäfte mit wenigen Quadratmetern Ladenfläche.

Wir bewundern das Mittelmeer und ziehen uns auf den Campingplatz zurück. Unser Stellplatz unter alten Olivenbäumen, strahlender Sonnenschein und die frühlingshaften Temperaturen lassen sofort angenehme Urlaubsgefühle aufkommen. Die Sanitäranlagen scheinen zwar ungereinigt, Laub liegt auf dem Boden verteilt, aber offensichtlich hält jeder Benutzer sie sauber. Die Duschen sind kalt, aber damit habe ich gerechnet. Die Kinder bekommen das strikte Verbot, den sehr improvisiert wirkenden Stromkasten zu öffnen, stattdessen bemalen sie ihn und alle Steine drum herum mit Kreide. Außer uns sind nur wenige Gäste hier und es herrscht entspannte Ruhe. Tagsüber ist es schön warm, abends wird es kalt – ideal für uns.

Am ersten Abend erklingen Trommeln aus dem Dorf und ich will mich auf die Suche machen. Es kann nur einer von uns gehen, denn die Kinder liegen bereits im Bett und am Kinder-Abendprogramm wird nicht gerüttelt. Es ist fast dunkel und schnell bemerke ich, dass ich die einzige Frau auf der Straße bin. Unverkennbar Touristin, denn selbst die Männer tragen hier lange Umhänge. Ich halte mich in der Straßenmitte, versuche, niemanden direkt anzuschauen, niemanden zu zwingen, mir auszuweichen und gebe dann den Versuch auf, den Ursprung der fremden Trommelmusik zu finden. Hier gehöre ich zumindest abends und alleine nicht hin.

Tagsüber erkunden wir gemeinsam den Strand, die nächsten Küstenorte, einen Markt nur wenige Kilometer im Landesinneren. Unglaublich exotisch wirkt dieses Land auf uns, so nah an Europa und doch so anders. Frauen mit Kopftüchern, Männern in langen Umhängen, wichtigstes Transportmittel ist der Esel. Fünf Mal am Tag erinnert der Muezzin uns daran, dass wir uns in einem islamischen Land befinden.

Joshua und Joana nehmen ihr Umfeld gelassen, weil wir ihnen vermitteln, dass alles in Ordnung ist. Aber zu realisieren, wo wir eigentlich sind, damit sind sie meilenweit überfordert. Logisch für Zwei- und Dreijährige. Dieser Umstand war uns vorher bewusst. Für die Kinder hätten wir auch an die Nordsee fahren können! Dies ist eine Reise für Lars und mich, gegen unser Fernweh und für unsere Abenteuerlust. Ganz egoistisch und doch realitätsnah denke ich, dass Joshua und Joana vor allem davon profitieren, dass es uns gut geht. Denn unsere Stimmung überträgt sich auf die Kinder, soviel ist sicher. Da wir aber nicht nur selbstsüchtig reisen wollen, behalten wir unseren bewährten Reisestil strikt bei und schränken uns damit bei Besichtigungen und Reiseroute massiv ein. Auf jedem Campingplatz wollen wir mindestens ein oder zwei Pausentage verbringen, ohne das Auto zu bewegen. Statt Besichtigungsstress nehmen wir uns viel Zeit zum Spielen und Basteln, Lesen und zu gemeinsamen kurzen Spaziergängen. Dazu kommt das morgendliche Kuschel- und abendliche Lese-Ritual. Von unserer reichlichen Aufmerksamkeit auf dieser Reise profitieren die Kinder auf jeden Fall. Darüber hinaus hoffe ich, dass bei unseren Mäusen zumindest ein vages Gefühl übrig bleibt, dass Marokko ein großartiges Land und seine Menschen freundlich und liebenswert sind, obwohl sie so ganz anders wirken als unser heimatliches Umfeld.

Unsere Station für Silvester: Chefchaouen, die blaue Stadt, im Abendlicht.

DURCHS RIFGEBIRGE NACH FES

Von Oued Laou setzen wir unsere Reise fort und fahren durchs Rifgebirge. Pferde ziehen Holzpflüge über die Felder und die Ölmühlen in den Dörfern werden mit Eseln betrieben – hier im Rifgebirge könnte es sich aber auch um Haschischmühlen handeln. Unglaublich für unsere Augen, als wäre die Zeit zurückgedreht. An Silvester sind wir in Chefchaouen. Wir entfachen mit den Kindern ein Feuer und genießen die Sicht auf das weite Tal. Um Mitternacht schlafen wir alle schon. In Fes entschließen wir uns aus Sicherheitsgründen zu einer geführten Tour und der Kinder zuliebe für die Halbtagsvariante. Unser Deutsch sprechender Guide geht freundlich auf die Kinder ein, zeigt uns den Königspalast, geleitet uns sicher durch das völlig undurchschaubare Labyrinth aus Straßen, Sträßchen und Gassen. Dieser vergleichsweise kurze Eindruck muss reichen. Allerdings wird er ganz praktisch ergänzt, als wir versuchen, einen der beiden westlichen Supermärkte in der Millionenstadt Fes zu finden. Der Stadtplan im Reiseführer hilft nur mit viel Intuition, denn die realen Straßenschilder sind arabisch. Gut, dass es so viele Polizisten gibt. Ohne ihre Wegweisung hätten wir aufgegeben.

WINTEREINBRUCH AM MITTLEREN ATLAS

Unser nächster Stopp soll im Mittleren Atlas liegen. Azrou hat einen Campingplatz und die Fahrtzeit von Fes beträgt kindertaugliche zwei Stunden. Unsere Fahrtzeiten legen wir immer in den Morgen, sofort nach dem Frühstück, damit die Kinder auf dem nächsten Campingplatz noch vor Mittagessen und Mittagspause ein bisschen Zeit für Spiel und Bewegung haben.

Wir sind noch nicht weit gekommen, da fängt es an zu schneien. Schnell entwickelt sich das weiße Treiben zu einem echten Schneegestöber. Wir schaffen es bis Ifrane kurz vor Azrou, um dann vor Straßensperren zu stehen. Wegen der katastrophalen Wetterbedingungen sind für heute alle weiterführenden Straßen gesperrt, erfahren wir. Auch zum Campingplatz ist kein Durchkommen mehr möglich. Wir müssen also zurück. Keine halbe Stunde später geht dann gar nichts mehr. An einem Hang auf der zweispurigen Straße ohne Standstreifen stehen in beiden Richtungen Autos quer. Ein LKW hängt halb im Graben.

Nichts bewegt sich. Die Straße ist eine der beiden einzigen Verbindungen über den mittleren Atlas in den Süden.

Ich unterhalte mich, soweit das mit meinen eingeschränkten Französischkenntnissen möglich ist, mit anderen Autofahrern, die anscheinend entspannt zusammenstehen und darauf warten, dass der Schneepflug kommt. Halbwegs vernünftiges Profil auf den Reifen hat hier niemand. Wir ziehen zum ersten Mal unsere Schneeketten auf. Die Kinder bekommen Brot und Gummibärchen. Dann kommt endlich der Schneepflug den Hügel hinunter. Direkt hinter ihm folgen alle Autos, die noch von der Stelle kommen. Also sind wieder beide Fahrspuren belegt und das gleich für länger, weil hinter uns der LKW die linke Fahrspur blockiert. Irgendwann löst sich auch dieser Stau und eine Fahrspur wird frei. Wir schieben uns mit unseren Schneeketten an den vielen festhängenden Fahrzeugen vorbei. Nach fast eineinhalb Stunden Wartezeit geht es weiter. Auf dem Weg zurück in Richtung Fes nehmen wir ein paar Schülerinnen mit, die durch den Schnee stapfen und einen alten Mann, der in eine Art Sack gehüllt ist. Dann biegen wir ab nach Sefrou, das an der zweiten Strasse über den Hohen Atlas liegt. Diese verläuft etwas niedriger, vielleicht kommen wir morgen dort weiter. Als wir am Campingplatz in Sefrou ankommen, sind wir kaum vorwärts gekommen, aber seit über sechs Stunden unterwegs. Die Kinder haben unglaublich gut durchgehalten, fast die ganze Zeit an ihre Sitze gebunden. Falls wir morgen wirklich über den Atlas kommen, wird es noch anstrengender, denn auf dieser zweiten Strecke gibt es Campingplätze erst südlich der Berge. Die Strecke ist zwar auch nur etwa dreihundert Kilometer lang, aber das ist bei diesen Straßenbedingungen ein weiter Weg.

In Sefrou ist es saukalt. Der Campingplatzaufseher, ein freundlicher, runzeliger und leicht gebeugter alter Mann, bietet uns ganz kleine Mandarinchen an, und so unscheinbar sie auch aus-

sehen, sie schmecken unglaublich intensiv. Dann bittet er uns in das Wärterhäuschen und deutet auf die Formulare, die wir bitte ausfüllen sollen. Ob er selbst schreiben kann? Im Wärterhäuschen, einem Raum mit nackten Wänden, stehen ein kleiner Tisch mit Fernseher und zwei Stühle, ein alter, klappriger Schrank und in der Ecke liegen zwei Matratzen aufeinander. Wolldecken sind ordentlich daraufgelegt. Geheizt ist es nicht und es gibt auch nichts, womit man heizen könnte. Auch wenn es für uns nur sehr schwer vorstellbar ist, der alte Mann lebt offensichtlich hier. Wo war eigentlich mein Problem im letzten Jahr?

Am nächsten Morgen brechen wir direkt nach dem Aufstehen auf. Frühstücksbrote schmiere ich im bereits fahrenden Auto. Bald erreichen wir wieder den Schnee und scheinen die einzigen zu sein, die hier unterwegs sind. Die Straße ist geräumt, aber glatt und die Aussicht ist traumhaft. Die flachen Berge sind tief verschneit und darüber scheint am tiefblauen Himmel die Sonne. Welch ein unglaubliches Wetter nach dem dichten Schneetreiben gestern! Wir fühlen uns, als wären wir die ersten Menschen, die diesen Anblick genießen dürfen. An den Hängen sehen wir manchmal verschneite winzige Hütten, vielleicht Sommerunterkünfte für Hirten. Als in einiger Entfernung eine dunkle Figur vor eine der Hütten tritt, erkennen wir mit Schrecken, dass auch hier Menschen leben. Ohne fließendes Wasser, ohne Strom. Langsam und ruhig gleiten wir weiter durch diese Winterwunderwelt. Ich bin froh, dass Lars fährt. Den passenden Schwung zu finden, um an den leichten Hängen nicht auf dem glatten Untergrund stehen zu bleiben, aber auch nicht aus den Kurven zu fliegen, ist sicher nicht einfach.

Unglaubliche Weite und Einsamkeit: Winterwunderwelt im Mittleren Atlas

Wir sind schon eine ganz Weile unterwegs, da erkennen wir mit Schrecken eine Straßensperre, anscheinend mitten im Nichts. Ein paar andere Autos warten hier schon. Müssen wir wieder zurück, so wie gestern? Zu unserer Erleichterung erfahren wir, dass die Strecke wegen des Schnees nur einspurig und direkt hinter dem Schneepflug befahren werden darf. Der braucht für den gesperrten Bereich 45 Minuten und ist vor etwa fünfzehn Minuten von hier gestartet. Wir müssen also eine gute Stunde warten. Die Kinder werden dick eingepackt und spielen im Schnee, freundlich belächelt von den Marokkanern. Wir bestaunen die für uns fast unwirkliche Winterwelt Marokkos und streichen zum Mittagsessen wieder Brote. Schließlich kommt der Pflug, und bei der Weiterfahrt verstehen wir die Maßnahme, denn die Straße wird kurvenreicher und die Hänge steiler. Hier ist es lebensgefährlich, von der Straße zu rutschen. Als wir endlich den Campingplatz im Ziz Tal erreichen, sind wir seit sieben Stunden unterwegs – mit unglaublich tapferen Kindern. Wegen unseres frühen Aufbruchs können wir jetzt die Nachmittagssonne unter Palmen genießen und die Bilder der einsamen Schneelandschaft in unserem Kopf Revue passieren laasen. Eine großartige Fahrt.

UNTER PALMEN UND IN DER WÜSTE

Aber auch unser jetziger Campingplatz hat etwas ganz Besonderes: er strahlt einen tiefen Frieden und eine unglaubliche Ruhe aus, die uns sofort in ihren Bann zieht. Alles ist auf das

Frieden und Ruhe in der Palmenoase im Ziz-Tal

Wesentliche reduziert, nur das Jetzt zählt. Die Zeit scheint stillzustehen, einzig der Esel, der von Zeit zu Zeit laut schreit, erinnert daran, dass es mehr gibt auf der Welt. Die leuchtend grünen Palmwedel heben sich kontrastreich von den umgebenden roten Felsen und dem stahlblauen Himmel ab. Wir bleiben zwei ganze Tage hier, tun vor allem nichts und das ganz ruhig. Ich hole die Bastelsachen für die Kinder raus, Mahlzeiten müssen zubereitet werden, wir gehen im wunderschönen Palmengarten spazieren. Überhaupt werden wir in Marokko nur spazieren gehen: durch Medinas und alte Lehmburgen, auf kleinere Sandhügel, durch Palmengarten. Viele Strecken sind so kurz, dass die Kinder sie selbst laufen können. In den engen und hektischen Medinas sind wir froh, sie sicher auf unseren Rücken zu tragen, denn dort können sie nicht verloren gehen.

Wandern könnten wir auch in Marokko, dort gibt es richtig ausgewachsene Bergtouren, so anspruchsvoll, dass wir nicht mal darüber nachdenken, ein Stückchen davon zu gehen. Probleme, die mit dem Wandern verbunden sind, können auf dieser Reise also erst gar nicht auftreten! Am zweiten Tag auf dem Oasencampingplatz fällt kurz vor Mittag eine Gruppe mit Hummern – exquisiten Geländewagen – ein. Sie wirken ein bisschen unwirklich, wie aliens von einem anderen Planeten. Es handelt sich um eine deutsche Gruppe auf Firmenreise, erfahren wir im Gespräch. Dies ist der social part der Reise mit Mittagessen im Palmengarten. Als sie wieder abgerauscht sind, bittet uns der Campingplatzbesitzer, uns von den reichlichen Resten des leckeren Mittagessens zu bedienen. Abends bestellen wir Essen, einzig mit der pünktlichen frühen Zubereitung für unsere Kin-

Frühstück mit Zaungast: ein Dromedar schaut zu.

der klappt es nicht so recht, wohl der anderen Kultur geschuldet. Anschließend sitzen wir an einem Feuer aus Palmwedeln, Lars bringt zwischendrin die Kinder ins Bett.

Ich unterhalte mich mit Ibrahim, der hier in den Bergen groß geworden ist, was mit meinem bruchstückhaften Französisch erstaunlich gut klappt. Gelernt hat er nichts, aber vor kurzem die Anstellung auf dem Campingplatz bekommen. Jetzt will er mit Touristen arbeiten und, wenn alles gut läuft, eine Familie gründen. Ich schenke ihm die Welt- und Europakarte aus meinem Kalender, und er hält sie fest, als ob er noch nicht so oft Karten in der Hand gehabt hätte. Dann zeige ich ihm, wo wir herkommen. Er freut sich, kann er doch jetzt die Herkunftsländer »seiner« Touristen besser zuordnen. Während unseres Gesprächs hat er mit viel Geschick aus Palmwedel-Streifen ein kleines Dromedar geflochten, sein Geschenk an uns. Es hängt heute noch in unserer Küche. Ob er weiß, welche Freude er uns mit diesem Erinnerungsstück gemacht hat?

Nach den zwei Ruhetagen zieht es uns weiter in den Süden, zum Erg Chebbi. Wir wollen die Wüste sehen. Unser Campingplatz grenzt direkt an die Dünen, und zum ersten Mal werden wir mit duftendem marokkanischen Tee begrüßt. Beim Frühstück schauen uns die Dromedare zu, die an den Dünen auf Reitgäste warten. So wie vieles, was wir erleben, wirkt auch dieses Szenario etwas irreal: Dromedare als Zaungäste beim Frühstück. Wir sind bezaubert von diesen Eindrücken. Als Familie unternehmen wir

Viel Platz für Ralleyfahrer und Dünenstürmer beim Erg Chebbi.

kurze Spaziergänge in die Sandlandschaft, die Kinder krabbeln kleine Sandhügel hoch und lassen sich jauchzend hinunterrollen. Den anstrengenden Aufstieg aufs Erg Chebbi überlassen wir Lars.

Dann entschließen wir uns, noch ein bisschen weiter in die Einsamkeit zu fahren, zum Nomad Palace näher an der algerischen Grenze. Eine große, ebene Schotterfläche bildet hier den Campingplatz und viel Platz für Bobbycar- und Laufradabenteuer, denn wir sind die einzigen Gäste. Strom für unsere kleine Busheizung zu legen wird abenteuerlich. Mangels ausreichender Verlängerungen umwickelt der Besitzer die beiden Metallstifte unseres Steckers mit den offenen Drähten eines Stromkabels. Erst fliegt immer eine Sicherung raus, dann wiederholt er die Prozedur mit einem anderen Kabel und letztlich haben wir Strom.

Hier sind wir wirklich draußen in der Wüste. Die Autos, die am Tag vorbeifahren, können wir an einer Hand abzählen. Nördlich von uns beginnt die Sandwüste, südlich die Steinwüste. Neben unserem Platz liegt ein großer schwarzer Hügel. Der Aufstieg

Joana im riesigen Sandkasten

gestaltet sich recht einfach über eine Piste. Die Aussicht von oben ist atemberaubend. Die weit entfernten Felsklippen im Osten könnten schon zu Algerien gehören, im Norden sieht man zwei Camps in den Sanddünen, Richtung Süden erstreckt sich die Steinwüste und im Westen liegt diesige Spätnachmittagsstimmung über einer weiten Ebene. Nur das Rauschen des Windes dringt an unsere Ohren. Stille, Einsamkeit und Weite. Wahnsinn.

Auf der weiteren Fahrt staunen wir über die vielen unterschiedlichen Landschaftseindrücke, die faszinierenden Farben und das besondere Licht in der Wüste. Ich bin so dankbar, dass wir noch zwei Tage vor Abreise den gebrauchten Body einer digitalen Nikon-Spiegelreflex-Kamera aus der Familie geschenkt bekommen haben, auf den die Objektive unserer alten analogen Nikon passten. Aus Kostengründen hätten wir hier sonst mit einer Kompaktkamera gestanden. In vielen Ecken der Welt kann man auch damit durchaus gute Fotos machen, sie haben sogar schon unsere veröffentlichten Reiseberichte geziert. Aber hier in der Wüste ist die Landschaft so formatsprengend, wie sollten man diese Bilder mit den geringen Möglichkeiten einer einfachen Kompaktkamera erfassen? Selbst mit der großen habe ich das Gefühl, nur Bruchteile dessen festhalten zu können.

Stellplatz unter Palmen in Z

Da wir bisher gut durch Marokko gekommen sind, beschließen wir, im Drâa-Tal noch mal Richtung Süden zu fahren, vorbei an kleinen Ortschaften und trutzigen Kasbahs. In Zagora am unteren Drâa erwischt es Lars: Darmkrämpfe, sein altes Leiden. Die bewährten homöopathischen Mittel helfen nicht. Wir telefonieren mit unserem Homöopathen, der auch ein genau jetzt passendes Mittel vorschlägt, was wir aber nicht dabei haben und hier nicht bekommen. Da Lars bei der alternativ-medizinischen Behandlung bleiben möchte, liegen zwei Tage Leiden vor ihm. Ich kann nichts machen, außer Tee mit Zucker kochen, Cola und Salzstangen kaufen, Lakritze aus dem Busvorrat kramen. Stundenlang spielen die Kinder im Bus telefonieren

Stöcke und Steine, um ein Feuer zu bauen: Joshua und Joana spielen vor dem Bus.

und verarzten: »Papa krank, muss Arzt rufen«. Wenn sie keine Lust mehr haben, matschen sie vor dem Bus im Dreck. Nachmittags gehe ich mit ihnen durch die Palmengärten an den Drâa, von dem hier nur das Flussbett übrig ist. Gegenüber säumen die Lehmmauern der Häuser und Gärten das trockene Ufer, nach Norden verläuft eine niedrige Bergkette entlang des jetzt unterirdischen Flusslaufes. Genau so habe ich mir Wüste vorgestellt, ein Bild in warmen, gelben und braunen Pastelltönen, aufgelockert von den grünen Tupfern der Palmwipfel unter blauem Himmel. Um das Wüstenklischee vollständig zu machen, ziehen auf der anderen Seite des Flussbettes einige Dromedare vorbei. Die Kinder bauen aus Steinen und Stöckchen ein Feuer und ich muss nichts tun, außer mich an meinen glücklich spielenden Kindern und der fantastischen Landschaft um uns herum zu erfreuen. Welch ein Segen! So genieße ich die Tage in Zagora sehr, trotz des Wissens, dass mein Mann ziemlich leidet.

ÜBER AGADIR ZURÜCK ZUR FÄHRE

Nach einigen weiteren Stationen landen wir bei Agadir auf dem besten Campingplatz Marokkos – so in einem einschlägigen Campingplatzführer betitelt, der uns bisher gute Dienste geleistet hat. Ein echter Kulturschock. Hier stehen mehrere hundert Wohnmobile überwinternder Europäer, alle weiß und groß, eins neben dem anderen aufgereiht. Wohnmobil, Markise, Wohnmobil, Markise... Dazu haufenweise europäische Rentner in knapper und knappster Sommerkleidung. Nachdem wir so viel halbwegs authentisches Marokko erlebt haben, wirkt die Bekleidung auf mich nahezu halbnackt. Wissend, dass ich in ein islamisches Land fahre, reicht auch meine kürzeste Hose über die Knie und meine T-Shirts haben alle mindestens kurze Ärmel. Soviel Rücksicht auf die andere Kultur, dachte ich mir, sollte schon sein. Und jetzt das hier. Wir bitten um einen ruhigen Platz und landen direkt am Campingplatzzaun zwischen den Mobilheimen auf einer noch nicht bebauten Parzelle. Der Stellplatz ist wahrscheinlich der beste, den wir hier bekommen konnten. So genießen wir zwei ruhige Tage mit nachmittäglichen Besuchen des nur vierhundert Meter entfernten Strandes. In Agadir ist es auch mitten im Winter so warm, dass wir erstmalig nachts unseren kleinen Heizlüfter nicht benötigen. An einem Vormittag laufen wir auf Trampelpfaden den Hügel seitlich des Campingplatzes hinauf und bestaunen die riesige Wohnmobil-Ansammlung von oben. Zumindest bezahlen alle diese Menschen dafür, dass sie sich in Marokko aufhalten. Solche Wohnmobil-Ansammlungen soll es auch an manchen Stränden geben – zum kostenlosen Überwintern im teuren Edelwohnmobil. So gerne ich wild übernachte, in einem armen Land wie Marokko erscheint es mir das Mindeste, durch korrekte Übernachtung den Menschen Arbeit und Geld zu bringen.

Für uns wird es Zeit, wieder Richtung Norden und Fähre aufzubrechen. Der Weg ist noch weit und, soweit es möglich ist, wollen wir lange Fahrtage vermeiden. Die katastrophalsten Sanitäranlagen ever erleben wir in Salé. Die Stehklos sind so siffig, dass man sich eigentlich nicht mal drauf stellen will. Zum Sichtschutz könnte man einen zerfledderten Vorhang vorziehen, den man sich kaum anzufassen traut. Das PVC, das den Waschbeckentisch abdeckt, ist zerrissen und beherbergt größere Ameisenkolonien. Wie gut, dass zumindest unsere Kinder keine Sanitäranlagen brauchen. Joana hat ihre Windeln, Joshua sein Töpfchen. Zähne werden neben dem Bus geputzt!

Die Medina von Salé wirkt übersichtlich und sehr authentisch, ganz anders als das gepflegte touristische Chefchaouen und das alle Regeln von Straßenführung und Übersichtlichkeit verweigernde Fes. Wir schlendern durch die Gassen und staunen über Farben und Gerüche, jeder mit einem Kind auf dem Rücken. Bis wir zu einem Hähnchenstand kommen. In Ermangelung von Kühlung werden die Hähnchen hier lebend gehalten und bei

Orientalische Farben und Gerüche in der Medina von Salé

Bedarf geschlachtet. So weit war uns das ja auch schon klar. Aber an diesem Stand findet das Entfernen der Federn auch gleich im Angesicht des Käufers statt. Dazu werden die toten Hähnchen über ein umlaufendes raues Band gehalten, welches die Federn rausreißt. Sie flattern quasi ihren letzten Flug über das Band. Auch wenn ich sehr dafür bin, dass Kinder wissen, dass Fleisch nicht portioniert in Plastikschalen im Supermarkt wächst, dieses Bild übersteigt deutlich den aus meiner Sicht nötigen Informationsbedarf. Ich schiebe Lars, der das Schauspiel belustigt betrachtet, mit Nachdruck weiter. Dann will er auch noch eine Erklärung von mir! Die Kinder haben's glücklicherweise nicht gesehen, zu viele andere Dinge in der bunten, engen Medina haben ihre Aufmerksamkeit gefesselt.

Unsere letzten Tage in Marokko verbringen wir an der Lagune von Moulay Bousselham auf einer riesengroßen, baumbestandenen Campingplatz-Wiese. Wegen anhaltend tollen Wetters und sommerlicher Temperaturen klemmen wir uns in den Schatten unter einen Baum. Zum kleinen Sandstrand an der Lagune

führt ein abgeschlossenes Tor. Als wir in der Rezeption nachfragen, wann dieses geöffnet sei, bekommen wir den einzigen Schlüssel ausgehändigt – wir hätten doch schließlich Kinder! Am Strand warten zwei kaputte Boote. Joshua wird zum Kapitän und Joana zur Bootsfrau. Als wir eine richtige Bootsfahrt vereinbaren, nimmt der Bootsführer ungläubig auf, dass wir nicht zwei Stunden fahren wollen: dann könnten wir doch die Flamingos nicht sehen, derentwegen die Lagune unter Schutz steht! Aber wir beschließen, dass eine Stunde reicht. Oft genug mussten die Kinder in den letzten Tagen und Wochen im Auto stillsitzen. In Moulay Bousselham findet unserer Reise einen wirklich schönen, entspannten Abschluss mit viel Ruhe, fröhlich spielenden Kindern und traumhaften Sonnenuntergängen.

An einem Mittwochabend stehen wir wieder an der Reling der alten Fähre Marrakech. Um die Minarette von Tanger fliegen Schwärme von Staren in wilden Formationsflügen. Sie sehen aus wie Wolken, die mal schmal, mal breit werden, sich teilen und wieder zusammenfinden. Ein wunderschönes Schauspiel vor langsam dunkler werdendem Abendhimmel. Unser marokkanisches Abschiedsgeschenk.

Die Rückfahrt wird leider zur Tortur, wir haben wohl doch noch nicht genug gelernt. Statt der Touristen-Erste-Klasse-Kabine haben wir für die Rückfahrt eine Kabine Zweiter Klasse genommen. Das sparte immerhin einhundertfünfzig Euro. Nach Schlussrechnung sind das sieben Prozent der Gesamtreisekosten. Hätten wir sie doch besser investiert! Die Gemeinschafts-Sanitärräume wären jetzt nicht mal das Problem, auch wenn in der Damendusche vier unterschiedliche Renovierungslagen von der Wand blättern und nach kurzer Duschzeit das Wasser in der Wanne steht – damit kann ich leben. Aber in unserem Schuhkarton versteht man jedes Wort der Nachbarn, wobei »hört« es

wegen der sprachlichen Barriere besser trifft. Zudem haben unsere Nachbarn eine völlig andere Vorstellung von Nachtruhe. Die Lüftung funktioniert so gut wie gar nicht. Ich beanstande dies, die Mechaniker wollen sich bemühen, aber können mir keinen Erfolg versprechen. Auf Deutsch: Die Lüftung ist kaputt. Also wird das nichts mit der Nachtruhe für die zwei Nächte auf der Fähre. In einer der Nachbarkabinen wird diskutiert bis nach Mitternacht und als es dann endlich still ist, ist die minimale Menge Sauerstoff, die sich durch die Lüftung schleicht, vollständig aufgebraucht. Ich fange an zu schwitzen und kann nicht mehr schlafen. Stundenweise lassen wir die Tür offen stehen, in Anbetracht von Fotoapparat, Geld und Papieren sorgt auch das nicht für ruhigen Schlaf. Irgendwie selber schuld.

Nach zwei weitgehend schlaflosen Nächten fahren wir von der Fähre und anschließend ohne weitere Übernachtung nach Hause. Ohne Campingplatz, respektive Strom für unseren Heizlüfter, ist es im europäischen Winter nachts zu kalt. Die Kinder nehmen die lange Rückfahrt mit minimalsten Pausen verhältnismäßig gelassen. Es dämmert, als wir auf einem Rastplatz in Luxemburg feststellen, dass Lars seinen Ehering verloren hat. Im inzwischen völlig chaotischen Bus finden wir ihn nicht wieder. Lars holt sogar die Mülltüte aus dem Eimer – vielleicht hat er ihn beim Kinderwickeln abgestreift? Dann fahren wir weiter. Als wir die deutsche Grenze überqueren, ist es bereits dunkel. Kurze Zeit später, am Aachener Kreuz, kracht es einmal und Lars kann den fünften Gang nicht mehr einlegen. Nach einer Reise von fast 4500 Kilometern passiert das zwanzig Kilometer vor unserer Haustür. Welch ein Segen! Wir sind tief dankbar, dass unser Auto so lange durchgehalten hat. Mit achtzig Stundenkilometern im vierten Gang schaffen wir auch noch die letzten paar Kilometer.

Am nächsten Morgen wachen wir zuhause auf. Kein Muezzin ruft, keine Grillen zirpen, keine Vögel singen, wir hörren kein Meeresrauschen und weder der Duft nach Wüste oder Strand noch der würzige oder strenge Geruch der Medinas ist wahrzunehmen. Beim Einkaufen finde ich die Menschen komisch angezogen, nicht ein Mann trägt ein langes Gewand mit Kapuze. Einhundert Quadratmeter Platz zum Wohnen statt zwölf Kubikmeter. Platz um Dinge einfach mal liegen zu lassen, ohne dass sofort totales Chaos entsteht. Platz zum Zurückziehen, eine Toilette »indoor« ohne weite Wege, ein Kühlschrank und ein Herd mit mehr als einer Feuerstelle. Ich weiß nicht, wo ich gerade lieber wäre und muss innerlich den Kopf schütteln. Haben wir uns das wirklich getraut? Mit zwei kleinen Kindern fünfeinhalb Wochen durch Marokko? Traumbilder tauchen auf: quirlige Medinas, einsame Berge im Schnee, weite Wüste, die Aussicht beim Erg Chebbi, Lehmburgen im Drâa-Tal, die Kinder glücklich auf den alten Booten als Kapitän und Bootsfrau. Ja, wir waren dort, gemeinsam als Familie und ich bin dankbar für das Erlebte. Den Kindern wird davon nicht viel in Erinnerung bleiben, dies war eine Reise vor allem für uns Erwachsene. Gegen das Fernweh. Wir haben nur versucht, sie so zu gestalten, dass auch die Kinder ihre Zeit hatten, zum Basteln, zum Kuscheln, zum Erleben der kleinen Dinge in der großen Welt.

Alle anderen Probleme lösen sich. Der Hochzeitsring taucht wieder auf, er war in die Hängetasche am Beifahrersitz gefallen. Die Getriebereparatur läuft über Ersatzteilgarantie. Da inzwischen die Steuerrückzahlung vom Finanzamt gekommen ist, nehmen wir das Projekt »Neuer Gebrauchter« wieder in Angriff und verbringen den Frühsommer mit dem Ausbau eines VW-Transporters, diesmal mit langem Radstand. Unseren alten verkaufen wir an einen Autoschrauber. Unser etwas hektisches und anstrengendes, aber auch schönes Alltagsleben hat uns wieder. Zwischendrin staune ich immer wieder über unseren Mut, über das Erlebte, über die Gnade, dass der Bus durchhielt, über all den Segen.

Auf kurzen Beinen erobert Joshua die weite Wüste

WASSERSPASS, WANDERSPIELE UND EIN FESTER WILLE

Unser neues Reisemobil verfügt über etwas mehr PS und durch den langen Radstand über mehr Innenraum. Bei aufgebautem Bett können wir einen Tisch hineinstellen und somit einfacher drinnen basteln und essen. Außerdem haben wir ein kleines Waschbecken mit Zehn-Liter-Tank eingebaut. Sein einziger Zweck: Abendliches Kinderzähneputzen ermöglichen, ohne die Kinder vor den Bus oder in Sanitäranlagen schicken zu müssen. Unser Abendritual soll nämlich konsequent im Bus stattfinden, zum Runterkommen und Abdrehen. Das Kinderbett im Dach ist natürlich wieder mit Absturzsicherung und Vorhang versehen, die Dachluke befindet sich im kleinen »Wohnbereich« davor. Im Herbst wollen wir diese Neuerungen ausprobieren. Außerdem wird es Zeit, erneut Wanderversuche mit Kindern zu starten.

WANDERURLAUB IN DER PROVENCE

Unser Ziel ist Apt in der Provence. Unser erster Campingplatz, die Empfehlung einer Freundin, liegt auf dem direkten Weg dorthin. Er verfügt über einen beheizten Swimmingpool, vielleicht ganz nett für unsere Wasserratten? Jetzt, Anfang September, bekommen wir spontan und unangemeldet einen Stellplatz und können diesen sogar aussuchen. Wir parken unseren Bus natürlich am Rand, in einer Ecke. Seitlich von uns ziehen sich Reihen von Reben den Hang hinauf, eine unverbaute Aussicht! Wir kommen wieder in unseren Urlaubsmodus: löslicher Kaffee und Guten-Morgen-Lecker, Spielen oder Ausflug, schnelles Mittagessen und Mittagspause für alle. Nach einem ruhigen Nachmittag folgt ein Stündchen am Pool, möglichst wenn die meisten anderen Poolgäste schon gegangen sind. Und siehe da: die Kinder lieben ihn! Dann frühes Abendessen und Nachtruhe. Auch in unserem neuen Bus funktioniert das prima und auch das Waschbecken bewährt sich.

Beim Spaziergang um den Campingplatz entdecken die Kinder einen alten Trecker und erklären ihn zum Abenteuerspielplatz. Der benachbarte Ort Vaison-la-Romaine und seine Festung sind die Besichtigung definitiv wert. Aber am intensivsten wird mir der Weinberg in Erinnerung bleiben. Nicht wegen seiner schmackhaften Weintrauben, sie sehen noch nicht ganz reif aus und wir probieren sie nicht einmal. Einer anderen Verlockung können wir am zweiten Mittag nicht widerstehen: Wir nehmen die Decke, die Kinder tragen Brot und Spielzeug, den Rest vom einfachen Mittagessen packen wir in unseren Korb, und dann stiefeln wir alle den Weinberg hinauf, der eigentlich eher ein Hügel ist. Es ist nicht weit, vielleicht zweihundert Meter. Es ist auch nicht die Aussicht, denn man schaut auf den Campingplatz. Es ist irgendetwas anderes. Draußen sein? Frei sein? Weg sein? Auf jeden Fall ist es ungeheuer befreiend mit Baguette, Käse und Tomaten zwischen den Reben zu sitzen, die Kinder bauen irgendwas mit ein paar Steinen und die Welt kann uns mal.

Unser Reiseplan sieht vor, dass wir uns von hier aus Richtung Süden ins Herz der Provence aufmachen. Eine Nacht stehen wir auf einem geschotterten Platz mitten in den Dentelles de

Montmirail, am nächsten Morgen starten wir zu einer kleinen Wanderung. Den Weg haben wir in der Karte rausgesucht. Nichts Spektakuläres, nur auf Fahrwegen ein bisschen am Hang hoch und dann am selbigen zurückqueren. Einfach ein knappes Stündchen gehen. Fasziniert entdecken die Kinder eine Gottesanbeterin im Gras, bestaunen sie von allen Seiten und lassen sich das Tier von uns erklären. Die Gelegenheit nutze ich und weise wiederholt auf den Wert von Wanderungen im besonderen und allgemeinen hin: »Joshua, Joana, so ein tolles Tier hätten wir nicht gesehen, würden wir nicht wandern!« Diesen Spruch werde ich in den nächsten Jahren beliebig oft wiederholen, wobei man »tolles Tier« durch so ziemlich alles am Wegesrand ersetzen kann: »fantastischen Sonnenuntergang«, »grandiose Aussicht«, »glitzernde Regentropfen«, »wunderschönen Specht«. Ob das Wandern mit Kindern so funktioniert?

Allerdings ist die aufregende Entdeckung schon wenige hundert Meter weiter vergessen. Plötzlich übertönt Lars die leisen Töne der Natur aus voller Kehle mit »Hey, Pippilotta Viktualia Pfefferminzia…« Ich glaub, ich fress 'nen Besen. Bis gerade war's doch noch so schön! Joana stimmt sofort ein. Joshua trabt auf Lars anderer Seite mit. Nach einer Weile ist Ruhe, doch sobald »Ich kaaaaann…« erklingt, übertönt Lars das folgende »…nicht mehr« mit Pippi Langstrumpf. Ein etwas nerviges Ablenkungsmanöver, aber es funktioniert. Zwar bekomme ich nicht gerade mein Lieblingslied dargeboten, aber ich darf hin terher traben und die Aussicht auf die Dentelles genießen. Kann es etwas Besseres geben? Tags darauf wollen wir zu einem

Ein Städtchen zum Schlendern: Pernes-les-Fontaines.

Aussichtspunkt. So weit es geht, fahren wir mit dem Auto, schließlich ist so ein Bus ja fast geländetauglich. Dann ist es nur noch ein kurzes Stück Weg. Joana will ihre Puppe mitnehmen. Und nu? Wenigstens ist es ein »will« anstatt von »will nicht«. Ich improvisiere, mache ihr aus dem Schultertragegurt unserer Fototasche einen Rückentragegurt für Püppi. Ganz stolz ist Joana, schließlich ist sie jetzt groß genug, um selbst jemanden zu tragen! Auf diesen Fortschritt müssen wir sie mehrfach hinweisen auf dem steilen und felsigen Weg nach oben. Und auch darauf, dass Püppi bestimmt die Aussicht von oben genießen möchte. Es hilft und Joana schafft es auf ihren eigenen Beinen auf den Berg. Die Aussicht reicht von den Dentelles weit über das Rhône-Tal und ist wirklich sehr beeindruckend. Wir bestaunen und genießen die beeindruckende Fernsicht und versüßen sie den Kindern mit ein paar zuckerhaltigen Kleinigkeiten. Auf

Zwar ohne Absturzsicherung, dafür mit Traumsicht: hoch über den Dentelles de Montmirail

dem Rückweg thront Püppi oben auf Joanas Schultern, die wiederum von Papas Schultern auf die Welt herabblickt. Ich frage mich, wie mein Mann das bloß bewerkstelligt, der Weg ist nämlich so steil, dass ich schon ohne Kind auf den Schultern an manchen Stellen Schwierigkeiten habe. Zum gerechten Ausgleich loben wir Joshua wie die Weltmeister, wie super er den schwierigen Weg alleine hinunter geht, wie selbstständig er das macht, wie groß er schon ist.

Steil und steinig: für Lars und die Kinder kein Problem

Einige Tage später erreichen wir Apt. Mit Apt verbinde ich viele wunderschöne Erinnerungen: weite Lavendelfelder, einen urgemütlichen und lebhaften Markt, abwechslungsreiche Mountainbiketouren, einen aussichtsreichen Stellplatz oberhalb des Ortes und eine wildromantische Wiese mit verfallenen Steinmauern und bemoosten Bauminseln. Eine einsame Oase, deren Zufahrt wir vor Jahren zufällig fanden.

Zum ersten Mal entscheiden wir uns für den Camping municipal in der Stadt. Bis hierher hat die Romantik es nicht geschafft. Dafür ist er kostengünstig, es gibt es eine kleine Kletterwand für die Kinder mit Weichbodenmatten, viel Platz zum Toben und wir können zu Fuß zum städtischen Markt gehen. Hier feiern wir Joshuas vierten Geburtstag – sein Geschenk, ein Kettcar noch im Karton verpackt, haben wir irgendwie auch noch in den Bus

Geburtstags-Kettcar-Fahrer mit Sozius – da ist ein ebenes Campinggelände ein Segen.

bekommen – hinten unter unserem Bett. Spätestens jetzt erweist sich unsere Campingplatzwahl als richtig. Glücklich dreht Joshua weite Runden mit Joana als Sozius hinten stehend. Das wäre auf keinem der anderen romantischen Campingplätze möglich: Sie liegen alle am Hang. Wir genießen unsere Zeit zusammen, aber ein bisschen sehnt mein Herz sich nach dem Aussichtspunkt und nach der Wiese. Deshalb fahren wir hoch zum Schauen und gönnen uns ein Picknick auf den Betontischen. Dann laufen wir über die immer noch genauso wunderschöne, einsame Wiese, durch deren überwachsene Zufahrt wir mit dem Hochdach sowieso nicht kämen. Anschließend geht's wieder runter in die zivilisierte Campingplatzwelt, mit Dusche, Spülbecken und WC für die Erwachsenen. Weil's einfacher ist.

Eines Morgens ereignet sich hier der ultimative Kampf um das Guten-Morgen-Lecker. Weil es morgens immer noch viel zu früh ist und ein bisschen Ruhe ja so gut tut, erkaufen wir uns die inzwischen manchmal mit einem Kindermilchriegel – wobei ich natürlich weiß, dass der vor allem Zucker enthält und es die Milch besser zum Frühstück im Glas gibt. Joana genießt diese frühe Zuckerzufuhr so sehr, dass sie eines Morgens einfach einen zweiten Riegel fordert. In meinem noch schläfrigen Gehirn gehen ein paar Warnlampen an, es schaltet auf Wachstatus und aus irgendeiner Ecke kommt der Gedanke gesprungen, dass das wirklich nicht gesund sein kann. Logisch folgerichtig sage ich: »Nein, Joana, ein Milchriegel reicht.« Leider kann sie meiner Logik nicht folgen und stimmt heftige Proteste an. Hatten wir eigentlich jemals ein allgemeingültiges Recht auf Milchriegel am frühen Morgen erteilt, am besten in unbegrenzter Menge?

Ich kann mich nicht daran erinnern! Also bestärke ich nochmal mein Nein und verweise auf das Frühstück, das es bald gibt. Joana wird so zickig wie wahrscheinlich nur Mädchen zickig werden können und schimpft wie ein Kesselflicker. Weil ich auch ein Mädchen bin, werde ich ebenfalls zickig und beschließe, dass Joana bis zum Frühstück oben in ihrem Bett warten soll. Gesagt, getan, Kind hochgepackt. Das wiederum beeindruckt meine Tochter dermaßen, dass sie anfängt, lauthals zu brüllen. Es ist inzwischen 8.15 Uhr – die Zeit, in der wir uns früher meistens noch mal auf die andere Seite gedreht haben. Wir sitzen total entnervt auf der Stufe unseres Busses und Joana brüllt. Ausgerechnet jetzt flanieren die ersten Rentner in Bademänteln – übrigens eine sehr lustige Aussicht! Nie käme ich auf die Idee, in einem Bademantel über einen Campingplatz zu laufen, nicht mal an Karneval! Also, sie flanieren in Bademänteln an unserem Bus und damit an unserem hysterisch brüllenden Kind vorbei. Soll ich jetzt ein Schild hochhalten, auf dem steht »Wir haben ihr keinen zweiten Kindermilchriegel gegeben?« Glaubt mir eh keiner. Ich warte auf den Moment, wo einer der zumeist deutschen Mitcamper das Wort »Jugendamt« fallenlässt. Zumindest fühle ich mich ziemlich inquisitorisch angeblickt. Prima. Fühlt sich echt ätzend an. Irgendwann verstummt das Protestgeschrei und wir gehen über zum gemeinsamen Frühstück. Ohne zweiten Milchriegel.

Zu einer meiner großartigsten Mountainbike-Erinnerungen gehört das Tal des Aigue Brun, nicht weit entfernt von Apt. Vor Jahren sind wir hier zu einer Tagestour gestartet, erst auf engen Wegen durch das einsame Tal, dann über wilde Hochflächen. Dort wollen wir heute wieder hin. Zu einem Platz, an dessen Schluchtwänden Kletterer hängen und an dem es eine kleine Bar gibt, die das Ziel unseres geplanten kurzen Wanderausfluges werden soll. Wir finden einen Parkplatz ganz am Ende der Straße, so dass wir von hier aus direkt in den Wald starten können. Eine wirklich kurze Strecke haben wir rausgesucht, knappe drei Kilometer, schließlich wollen wir unsere Kinder nicht quälen, sondern sie langsam ans Marschieren gewöhnen. Feste Schuhe anzuziehen deutet sofort darauf hin, dass wir wandern wollen, das können wir schlecht verheimlichen. Als wir diese erste Hürde überwunden haben, indem wir die Frage der Schuhe nicht diskutiert, sondern durchgesetzt haben, starten wir fröhlich. Allerdings sind wir noch keine fünfzig Meter weit, das Auto ist noch in Sicht, als Joana beschließt, dass sie nicht wandern will. Sie will nicht in eine Trage. Sie will nicht Lieder singen. Sie will

nicht tolle Tiere finden. Sie will nicht auf Papas Schultern. Sie will nicht Püppi tragen. Abrupt endet unser Marokko-Höhenflug – »wir haben das im Griff mit dem Urlaub mit unseren Kindern« – und wir landen hart auf dem Boden der Tatsachen. Joana will NICHT. Sie mutiert in Windeseile zu einer Art Gremlin und verweigert einfach alles! Ihr wachsen spitze Zähne und Fledermausohren, der Blick wird wütend, sie zerstört unsere zarten Hoffnungen aufs Wandern mit Vehemenz. Wenigstens frisst sie uns nicht auf. Joshua will übrigens auch nicht, was aber nichts daran ändert, dass er – wenn's denn unbedingt sein muss – trotzdem mitkommen würde. Vielleicht war manches im Leben vor den Kindern doch einfacher?

Erinnerungen an unsere Mountainbike-Tour erscheinen vor meinem inneren Auge. Von hier aus wird die Landschaft so einsam, so wild, so romantisch. Joana brüllt und das ist alles, aber nicht romantisch. SO EINE SCHEISSE! Es folgt ein langer, geistiger Kampf der Giganten, bis Joana schließlich die scharfen Fangzähne einzieht, den gefährlichen Blick etwas entspannt und sehr widerwillig mitgeht. Langsam, schließlich will sie ja nicht. Wenigstens schreibt sie das »nicht« jetzt nicht mehr groß. Zäh geht es weiter. Hatte mal jemand gesagt, dass wandern Spaß macht? Wir erkämpfen uns unsere Tour quasi in Fünfzig-Meter-Häppchen und das ist sehr anstrengend. Eine Bergbesteigung nix dagegen.

Äh, ab wann ist wandern eigentlich wandern…? Weil's so beschissen läuft, beschließt Lars, die Knapp-Drei-Kilometer-Gewalttour abzukürzen, auf etwa eineinhalb Kilometer, also unter Spaziergangsniveau… Ich könnte kotzen. Die in der Karte eingezeichnete Abkürzung verpassen wir fast. Sie ist ganz schmal und führt als erstes ein paar größere Felsen hinunter. Dabei muss Papa helfen, die Felsstufen sind viel zu hoch für kurze Beine. Jetzt wird es abenteuerlich. Ich habe plötzlich nicht mehr das Problem mit einem völlig widerwilligen Kind, dafür aber Angst um zwei Kinder wegen der vielen Stolperfallen und

Steine. Joana vergisst darüber das »nicht«. Eigentlich findet sie es jetzt sogar ganz spaßig, auf dem schmalen Pfad hüpft sie mit Joshua um die Wette von Stein zu Stein. Es dauert nicht lange, und wir sind in einer kleinen Schlucht gelandet, gesäumt von ungewöhnlichen, wabenartigen Felsen. Rechts sprudelt der Aigue Brun über Steine, plätschert mehrere Kaskaden hinunter, erweitert sich zu einem kleinen Teich. Diesen müssen wir auf einzelnen Steinen umgehen, für unsere kurzbeinigen Kinder ein großes Abenteuer. Durch die feuchte Luft hat sich hier so etwas wie ein Mini-Urwald gebildet und die Büsche wachsen unter-, durch- und übereinander. Alles ist unglaublich grün und dicht und wir hören nichts außer dem Plätschern des Wassers.

Ich fühle mich wie in eine andere Welt versetzt, vielleicht in »Lost World« – mit dem Unterschied, dass wir nicht auf einem Tepui in Südamerika unterwegs sind, sondern nur einige hundert Meter von der nächsten Bar entfernt, und uns glücklicherweise auch keine Dinosaurier begegnen. Noch immer schmerzt die Erinnerung an unsere großartige Biketour, aber das Staunen über dieses Kleinod überwiegt. Hier sind wir damals vorbeigefahren, auf dem Weg ins große Abenteuer haben wir das kleine Wunder übersehen. Als wir einige Zeit später bei Limo und Bier in der Bar sitzen, bin ich vor allem dankbar.

Neben dem eigentlichen Wanderweg entdecken wir eine kleine wilde Wunderwelt.

Die Gorges du Régalon sind ein aufregendes Wanderterrain für unsere Kinder.

Wenige Tage später in der engen Regalon-Schlucht südlich von Apt müssen wir über Fortbewegung zu Fuß nicht lange diskutieren. Durch eine Schlucht zu wandern, klingt an sich schon spannend, das will Joana sehen. Dass »nicht« ein wichtiger Bestandteil ihres Wortschatzes ist, vergisst sie einfach. Dann wird der Weg sehr schnell wirklich aufregend: eng zusammenstehende Felswände, Höhlen und Grotten, Steine und Geröll. An manchen Stellen wird die Schlucht so schmal, dass zumindest Lars beide Seiten gleichzeitig mit den Händen berühren kann. Noch Fragen? Die Kinder laufen eifrig mit!

Wie jeder Urlaub geht auch dieser zu Ende. An einem Vormittag bewältigen wir die letzten paar Hundert Kilometer durch Deutschland auf einer vollen Autobahn. Joshua betrachtet die vielen PKW um uns herum und zählt Farben auf. Dann erklärt er besorgt: »Mama, die ganzen Menschen mit den kleinen Autos können doch nie Urlaub machen!«

DER TRICK MIT DEM KALENDER

Es folgt ein langer, sogar bei uns im Rheinland schneereicher Winter. Lustige Schlittenspaziergänge mit den Kindern, Iglu bauen und Schneeballschlachten sind die schönen Folgen. Doch in diesem Winter bekomme ich auch die ersten Konsequenzen des ach so einfachen Kinder-und-Job-Spagats zu spüren. Eigentlich klappt alles prima. Die Kinder entwickeln sich super, wir verbringen viel Zeit mit ihnen, unternehmen kleinere Ausflüge an den Wochenenden. Nachmittags treffe ich mich regelmäßig mit Freundinnen, damit meine Kinder mit anderen Kindern spielen können. Die Projekte auf der Arbeit sind aufwendig und verlaufen erfolgreich. Da uns die Schwimmfähigkeit von Kindern sehr am Herzen liegt und bei unseren Urlaubsvorstellungen extrem wichtig ist, haben wir wegen Ausbildermangel einen ehrenamtlichen Job bei einem Schwimmverein übernommen. Nach wie vor pflegen wir einen großen Freundeskreis, sind regelmäßig auf Geburtstagen eingeladen und haben immer wieder Besuch bei uns zu Hause. Lars' Familie wohnt in Braunschweig. Um guten Kontakt zu halten, sind wir mehrfach im Jahr auf der echt qualvollen Route über die A1 und A2 unterwegs – die Stauumfahrung bei Rehren kenne ich inzwischen auswendig. Auch in unserer Kirchengemeinde sind wir aktiv, indem wir sonntags die Kirchenlieder begleiten. Ach ja, und dann sind da immer noch ein paar kleinere Baustellen am Haus. Irgendwie passen wir wahrscheinlich rundherum ins gesellschaftliche Bild: jung – zumindest gefühlt – und dynamisch, Kinder und Jobs, im normalen Leben erfolgreich, alles im Griff. Vielleicht etwa so, wie eine spätere Verteidigungsministerin das verkörpert, nur finanziell auf wesentlich niedrigerem Niveau.

Eine bleibt dabei auf der Strecke, und das bin ich. Die Beteiligung an meinem Pflegepferd habe ich vor fast einem Jahr aufgegeben, um endlich wieder Ausdauersport machen zu können und mich halbwegs fit zu fühlen. Doch dazu bin ich leider nicht gekommen. Wenn ich mit meinem Programm durch bin – Job, Kinder, Haushalt und alles weitere – dann bin ich durch. Dann brauche ich keinen Sport mehr.

Drei Tage vor Weihnachten werde ich mit unerträglichen Bauchschmerzen ins Krankenhaus gebracht. Ich flehe die Ärzte an um irgendein Hammer-Schmerzmittel, dabei nehme ich sonst nicht mal normale Schmerztabletten. Mehrere Untersuchungen und eine Magenspiegelung später steht fest: Ich habe eine Magenschleimhautentzündung. Im Prinzip harmlos, aber es dauert ein paar Wochen, bis sie ausheilt. Ich darf derweil nur Schonkost essen und auch davon nur wenig. Zu Weihnachten gibt es also Kartoffelpüree aus der Tüte, für die übrigen Familienmitglieder noch Würstchen und Erbsen und Möhren dazu. Ein Menu fast wie im Urlaub.

Ein paar Wochen später ist das Leben wieder normal. Mit ein paar kleinen Änderungen, denn so etwas will ich wirklich nicht chronisch haben. Ich habe die bereits gekauften Einlegeblätter für meinen A5-Ringbuchkalender weggeworfen und mir stattdessen einen kleinen A6-Kalender gekauft. Frei nach dem Motto: Wenn nicht so viel Platz im Kalender ist, kann ich auch nicht so viele Termine rein schreiben. Sie dürfen jetzt ruhig lachen, macht nichts, funktioniert hat es trotzdem! Mein kleiner Kalender erinnert mich ständig daran, dass jeder Tag nur 24 Stunden hat. Außerdem sind schweren Herzens ein paar Freunde hinten runter gefallen, auch wenn wir wirklich schöne Zeiten mit ihnen erlebt haben. Aber auf allen Hochzeiten kann ich nicht mehr tanzen. Und auch wenn es sehr spießig klingt, dass ich die Wäsche und den Haushalt erledigen muss, genau aus diesem Grund werde ich mich nachmittags viel weniger verabreden. Spießig hin oder her, es ist schlicht Realität. Diese Maßnahmen zusammen mit einer guten Dosis Homöopathie führen immerhin dazu, dass ich keine Magenschleimhautentzündung mehr bekomme.

FRÜHSOMMER AUF SARDINIEN

Erst im folgenden Mai gehen wir wieder auf Reisen, und da wir Entspannung suchen und unser Traumstrand es uns wirklich angetan hat, fahren wir noch mal nach Sardinien. Wieder bewaffnet mit dem Wanderführer für Höhen- und Talwanderungen und dem Entschluss, dass es ohne Wandern nicht geht. Damit wir uns auch wirklich erholen können, wollen wir am Campingplatz mit Traumstrand beginnen und enden und zwischendrin eine Rundtour mit ein paar Etappen über die Insel unternehmen. Alles in allem ein echt guter und vor allem realistischer Plan, oder? Abends schleicht sich immer wieder aus dem Hinterhalt meine schlimmste Albtraumvorstellung an: Ein Kind könnte auf

Badestrand und unser abendlicher Sitzplatz am Traumstrand bei Orosei

einer Fähre über Bord gehen. Der absolute Super-Gau! Dann referiert mein Verstand wie ein Mantra an mein Angstzentrum: »Viele Kinder fahren Fähre und Unfälle in dieser Art sind dir nicht bekannt geworden! Außerdem kannst du gut auf die Kinder aufpassen.«

Wir kommen jedenfalls unfallfrei auf Sardinien an! Der Traumstrand erfüllt seinen Zweck: alle entspannen, fahren runter, entschleunigen. Morgens kann ich meinen Kaffee in der Regel austrinken, die Kinder spielen oft zufrieden mit dem, was sie gerade finden. Mittags ist Mittagspause angesagt, am späteren Nachmittag Strand und anschließend duschen für alle. In große Handtücher gewickelt rennen die Kinder danach zum Bus und werden zwecks ge-

Flaches, warmes Wasser und viel Sand – perfekt für die Kinder. Was will man mehr?

mütlichem Abendprogramm und Runterkommen nicht mehr rausgelassen. Abends sitzen wir mit Babyphon am Strand, unseren Bus wegen der Pinien außer Sichtweite. In meinem Kopf tauchen Erinnerungen an ein kürzlich in einem Touristendorf verschwundenes Kind auf. Ich will gar nicht daran denken, was das bedeuten mag.

Nach mehreren Tagen Ruhe wird es dann Zeit für uns, wir brechen auf in Richtung Westküste. Wir wollen noch mal zum Montiferru, der Berg mit dem Sonnenaufgang über den Wolken. Aber diesmal ist eine Wanderung an seinem Hang angesagt, da wir ja seit unserem letzten Urlaub wissen, dass Wandern, wenn überhaupt, nur auf möglichst schwierigen Pfaden geht. Allerdings wird der Weg spannender, als wir das vorgesehen hatten. Es sollte nur eine kleine Abkürzung werden, von einem Aussichtsplatz quer durch den Wald den Hang hinunter bis zum nächsten Querweg. Nur der ist nicht da, wo wir ihn vermuten. Und nu? Alles wieder retour? Lars glaubt zu wissen, wo es lang geht, also weiter. Für die Kinder sind wir einfach auf neuen Wegen unterwegs, Worte wie »verlaufen« erzeugen Angst, das wollen wir auf jeden Fall vermeiden. Wir laufen also querfeldein, einen Bach entlang, an bemoosten Felsen vorbei, über einen ehemaligen Köhlerplatz. Ich werde so langsam unruhig, vielleicht doch alles nicht so optimal mit den Kindern? Und wenn wir den Weg nicht finden?? Der Sonnenstand hilft uns nicht, weil es völlig bedeckt ist. Trotzdem verkneife ich mir jede aufgeregte Diskussion. Bei unseren Aktionen will ich den Kindern Geborgenheit und Sicherheit vermitteln. Mit einem ärgerlichen und besorgten Disput würde ich jetzt genau das Gegenteil erreichen. So geht's eine ganze Strecke querfeldein weiter und zumindest über langweilige Wege muss sich keiner beklagen. Die Kinder laufen mit, Joana diesmal mit Teddy Timmi in der Rückentrage. Und schließlich finden wir zurück, kurz ehe alle wirklich keinen Bock mehr haben. Diesmal sind die Kinder wirklich gut und lange gelaufen! Allerdings möchte ich mich dafür nicht jedes Mal verlaufen müssen …

Damit es Teddy Timmi im Rucksack nicht zu langweilig wird, darf er zur Abwechslung auf Joanas Schultern reiten

Als nächsten Versuch entscheiden wir uns wieder für eine Schluchtwanderung. Aber bitte nur die spannenden Wege! Also fahren wir die beschriebenen ersten vierzig Minuten auf einem Waldweg mit dem Auto und parken an der Hängebrücke über den Riu Oridda. Zu Fuß wären wir nicht mal bis hierher gekom-

Blick zum Felsentor »Sa Preta Istampata« bei Galtelli

men. Dann wird es abenteuerlich: Bachüberquerungen über große Steine, klettern über Felsstufen und auf Felsbändern. Eine kleine, aber großartige Granitschlucht bildet das Terrain. An allen Schlüsselstellen brauchen die Kinder Hilfe. Lars klemmt jeweils einen unter einen Arm, um sie über die Steine auf die andere Flussseite zu bringen. Er nimmt ihre Hand, um sie auf den schmalen Felsbändern zu sichern. Er stützt ihre Füße, wenn es große Felsblöcke zu überwinden gilt. Ich bin selber nicht trittsicher genug, um ihnen hier mit gutem Gefühl weiterhelfen zu können. Immer wieder heißt es zu dem wartenden Kind »Du bleibst genau da stehen und rührst Dich nicht vom Fleck!« Das ist keine Bitte, sondern eine Anweisung und die Kinder gehorchen – allermeistens. Täten sie es nicht, könnten wir solche Wege nicht mit ihnen gehen. Als sie anfangen, zu diskutieren, würge ich das sofort ab. Erst als wir am ersten Wasserfall sit-

Unterwegs in der Schlucht des Riu Oridda

zen, der in das Felsenbecken fast fünf Meter unter uns fällt, erkläre ich ihnen – mal wieder – in Ruhe, warum sie sich bei solchen Strecken an unsere Weisungen halten müssen. Es ist nicht unsere erste schwierigere Stelle, aber bisher die gefährlichste. Lars sieht das Ganze etwas entspannter als ich, aber im Grunde sehr ähnlich. Wenn wir hier eine unterschiedliche Meinung vertreten würden, würden wir den Kindern weder Sicherheit vermitteln noch eine klare Handlungsrichtlinie geben.

Auf einem Felsband über dem Riu Oridda

Nun sitzen wir also über dem Wasserfall mit Gummibärchen und Apfelschorle, um uns rund geschliffene und scharfkantige Felsen in einer engen Schlucht, durchsetzt mit einzelnen Büschen und Gestrüpp. Und das nach nur dreißig Minuten Fußweg, die sich mit Kindern schon fast wie eine Expedition anfühlen. Wie genial! Auf dem Weg hierher sind wir nicht einem anderen Menschen begegnet. Auf den Steinen im Wasser bilden sich komische dunkle ovale Flecken, was ist das bloß? Eine Weile raten wir, bis wir die Wasserläufer sehen, die die Schatten erzeugen mit ihren Füßen durch die kleine Einbuchtung des Wassers. Joshua und Joana betrachten sie hingerissen. »Würden wir nicht wandern gehen,...« Schließlich brechen wir auf, bis zur Schlüsselstelle, einem Fünfzehn-Meter Wasserfall, kann es nicht mehr weit sein. Als wir diesen erreichen, will Lars noch gerade um die nächsten zwei Kehren gucken. Kein Problem. Ich bleibe mit den Kindern am flachen Ufer am kiesigen Pool unterhalb des Wasserfalls sitzen. Wir kühlen unsere Füße, bauen Dämme und essen Kekse. Nach zwanzig Minuten werde ich langsam nervös. Als die Kinder fragen, sage ich »Papa kommt bestimmt gleich!«. Nach dreißig Minuten fange ich an, mir Gedanken zu machen, was passiert sein könnte. Und wie ich hier mit den Kindern wieder raus komme, ohne Lars. Und wie ich Hilfe zu ihm bringe, denn wir haben immer noch niemanden gesehen. Ob er irgendwo abgerutscht ist, den Knöchel verstaucht oder gebrochen hat und nicht mehr zurückkommen kann? Nach vierzig Minuten drücke ich den Kindern zwei Tütchen Gummibärchen in die Hand, sage ihnen, dass ich Papa rufen müsse, er wisse bestimmt nicht, dass wir auf ihn warten. Außerdem sage ich ihnen deutlich, dass sie einen Moment auf mich warten müssen und sich nicht vom Fleck rühren dürfen. Dann gehe auch ich seitlich am Wasserfall hoch, denn rufen macht wegen des Lärms erst oben Sinn. Wenigstens kann ich die Kinder die ganze Zeit sehen! Oben rufe ich zweimal, dann kommt mein Mann ganz entspannt um die Ecke: »Was ist denn los?« Ohhhh, Mannnnn! Ohne Uhr hatte er kein Gefühl dafür, wie viel Zeit vergangen ist. Dafür habe ich richtig Nerven gelassen. Auf dem Rückweg, genauso aufregend und unwegsam wie in die Schlucht hinein, beruhigt sich mein Nervenkostüm in der wunderschönen Umgebung so langsam wieder.

Unser neues Konzept sieht vor, Wanderungen per Auto soweit abzukürzen, dass die Kinder erstens nicht zu viel und zweitens nur auf wirklich spannenden Wegen laufen müssen. Dies optimieren wir ultimativ am Monte Arcuentu. Der beschriebene Wanderweg ist nicht abgesperrt, es handelt sich um einen geschotterten Fahrweg in die Berge. Hier zu laufen wäre für die Kinder total langweilig und was das bedeutet, haben wir ja schon erlebt. Kein Bock auf Gremlins! Also fahren wir noch ein Stückchen. Und falls uns irgendjemand anhalten sollte, haben

Am Monte Arcuentu treffen wir auf einen Hirten, der uns den richtigen Weg und seine Ziegen zeigt.

wir ja als Entschuldigung unsere zwei süßen Kinder dabei. An einer Weggabelung werden wir unsicher, in welche Richtung wir uns halten müssen. Just hier weidet ein Ziegenhirte seine Herde. Wir bleiben stehen, um ihn zu fragen, etwas verschüchtert, schließlich ist das hier ja keine öffentliche Straße. Er dagegen scheint es überhaupt nicht komisch zu finden, dass wir mit einem VW-Bus mitten in den Bergen erscheinen. Er greift sich eine Ziege, damit die Kinder sie streicheln können, und zeigt das Melken. Mit Händen und Füßen verständigen wir uns über die Richtung. Bei der Weiterfahrt winkt er freundlich.

Immer noch rollen wir auf einem breiten, geschotterten Weg, irgendwo hatte wohl der beschriebene Pfad abzweigen müssen. Plötzlich taucht vor uns eine Hütte auf. Wir parken den Bus an einer etwas breiteren Wegstelle und erkunden sie. Es scheint sich um eine Wanderhütte zu handeln, verschlossen. Auf der Rückseite befindet sich eine Terrasse, von der Mittagssonne angestrahlt, mit traumhafter Sicht über die Bucht von Oristano. Da es sowieso Zeit für Mittagessen wird, holen wir die Reste vom Vortag und machen es uns auf unserer Decke gemütlich.

Nachdem sie satt sind, erobern die Kinder den sie umgebenden Naturspielplatz: Sie spielen Räuber und Gendarm an der Stützmauer unterhalb der Terrasse, Wir-retten-die-Welt im kleinen Hof der Hütte, Wir-bauen-Eidechsenbetten-mit-Moos in Steinlücken rund um die Terrasse. Die Kinder sind beschäftigt. Nur als sie auf einer Stützmauer bis zur Hüttenecke vorgehen wollen, muss ich sie zurückholen. Dieses Abenteuer braucht Begleitung von Papa. Inzwischen hat Lars für uns zwei Bier aus

einem der kühleren Winkel unseres Autos gezaubert sowie Kekse für die Kinder und wir genießen Sonne und Traumsicht, Ruhe und Einsamkeit. Irgendwann im Laufe des Nachmittags kommen drei Moped-Fahrer vorbei. Das war's auch schon. Langsam sinkt die Sonne tiefer in die Bucht, die Farben ändern sich, die Aussicht ist magisch, als wäre sie heute nur für uns dahin gezaubert. Nach dem zweiten Bier beschließen wir, dass weiterfahren eine echte Schande wäre. Irgendwann ersetzen wir die Kekse durch ein einfaches Abendessen, Brot mit Cabanossi und Käse. Nach einem heute relativ kurzen Kinderabendprogramm sitzen wir mit Babyphon auf unserer Terrasse, die von den vielen Sonnenstunden noch gut aufgewärmt ist, und bewundern den Sonnenuntergang über dem Meer. Was für ein Geschenk!

Am nächsten Morgen nach dem Frühstück an einer Picknickbank fahren wir den Schotterweg mit dem Auto wieder zurück. Das hat jetzt wohl wirklich nicht den Begriff »Wanderung« verdient, war aber absolut fantastisch!

Als wir nachmittags die Hochebene der Giara di Gesturi erreichen, bekannt für ihre Wildpferdeherde, ist der dortige Parkplatz schon fast leergefegt. Unerwarteterweise kommen Parkwächter auf uns zu. Mist, eigentlich wollten wir uns hier für die Nacht hinstellen. Zum nächstliegenden Campingplatz ist es ein weiter Weg zurück, das fehlt uns gerade noch. Also stellen wir uns unwissend und fragen, wo wir denn hier übernachten könnten, um am nächsten Morgen mit den Kindern die Pferde

anschauen zu gehen. Die beiden diskutieren kurz und ich sehe uns schon die nächste Stunde im Auto sitzen. Dann die überraschende Antwort: Ja, hier auf dem Parkplatz wäre das vielleicht nicht gut und einen Campingplatz gibt es hier nicht. Auf dem Fahrweg ein Stückchen hinter der Schranke, da gäbe es einen schönen Platz, da haben kürzlich auch Leute übernachtet und jetzt, außerhalb der Saison … Ich kann es kaum glauben! Mit offizieller Erlaubnis dürfen wir ins Naturschutzgebiet fahren. Ob wir die Info auch ohne Kinder bekommen hätten? Für uns öffnet sich die Schranke, die Wärter winken fröhlich und wün-

Blumenmeer im See: An diesen Teichen grasen die kleinen Pferde auf der Giara di Gesturi

Noch sind die Schuhe etwas groß, aber mit dem Wandern klappt es langsam besser.

schen uns eine schöne Zeit. Auf einer wundervollen Blumenwiese finden wir einen schattigen Stellplatz unter Bäumen. Zwischen den Büschen reicht die Sicht weit in die Ebene vor uns. Ein Traum, wie aus einem anderen Land. Feen, die im Kleid von Schmetterlingen um uns herumflattern, Elfen die mit ihren zarten Stimmchen in den Büschen zwitschern. Phantasie trifft Realität. Nach dem üblichen Picknick auf der Decke basteln die Kinder, passend zur Umgebung, kleine Phantasie-Vögel aus dem Material eines Bastelkastens. Am nächsten Vormittag suchen und entdecken wir die Wildpferde in einem Tümpel und später sogar noch eine kleine Gruppe mit Fohlen. Die Kinder sind völlig aus dem Häuschen, dürfen wegen der besseren Sicht wechselweise auf Papas Arm. Um allem Ärger vorzubeugen bestreiten sie beide den Rückweg auf Schultern – Joshua auf Papas, Joana auf meinen. Nur gut für mich, dass der Weg nicht allzu weit ist und keine Steigung aufweist! Weil unser Plätzchen so märchenhaft schön ist, bleiben wir noch eine Nacht und hoffen, dass keiner kommt und meckert, wo die Parkwächter uns doch so freundlich mit dem Auto in den Park gelassen haben.

Auf dem Heimweg überfällt mich der übliche Urlaubs-End-Blues. Aber die Aussichten sind gut, denn es geht in drei Monaten schon wieder on tour – die Fähre nach Korsika ist bereits gebucht.

Nach den Sommerferien bekommt Joana endlich einen Kindergartenplatz, mit fast 3 ¾. Damit bezahlen wir nur noch einmal Kindergartengebühren, denn das zweite Kind ist umsonst!!! Die Hälfte vom freiwerdenden Geld lege ich per Dauerauftrag an – unter dem Titel »Südafrika«. Man weiß ja nie, vielleicht wird irgendwann doch mal was daraus und dann wäre wenigstens das Geld dafür da.

WASSERSPASS AUF KORSIKA

Auf Korsika gibt es zwei Neuerungen. Erstens führen wir ein neues Kriterium für den idealen Campingplatz ein: ein Pool. Nie hätte ich mir das früher träumen lassen! Joshua kann schon ein bisschen schwimmen und beide Kinder lieben Wasser. Strand ist auch toll für unsere Kinder, aber das Meerwasser ist salzig und die Brandung nicht ungefährlich. Irgendwie scheinen sie das auch so zu empfinden und lieben daher Swimmingpools. Allerdings führt dieses neue Kriterium zu einigen Komplikationen: »Möglichst ruhig« und »mit Pool« sind eher gegensätzliche Eigenschaften. Im September auf Korsika finden wir aber mehrfach ruhige Stellplätze irgendwo im Randbereich der großen Campingplätze. Wenn wir am Pool auftauchen ist es bereits später Nachmittag und die »Morgens-die-Liege-Reservieren«-Fraktion größtenteils auf dem Heimweg. Und tatsächlich, ein Pool kann richtig Spaß machen! Wasserspritzen, Springen, Wettpaddeln, Ringe werfen zum Tauchen, oder zur Abwechslung auch mal Kinder werfen. Kennen Sie den Spruch? »Wenn es den Kindern gut geht, geht es auch den Eltern gut!« Der bewahrheitet sich zu hundert Prozent während unserer Nachmittags-Pool-Stunde.

Außerdem muss der Pool als neues Argument herhalten, denn Urlaub soll schließlich für uns alle sein. Wenn wir also nachmittags mit unseren Kindern an den Pool gehen, dürfen sie vormittags mit uns wandern gehen. Ist ja nur gerecht!

Familienfrühstück unterhalb des Monte d'Oro

Hier macht sich sehr vorteilhaft bemerkbar, dass unsere Tochter jetzt mit 3 ¾ ihre erste Trotzphase etwas beigelegt hat und rein kognitiv unsere Argumentation grundsätzlich zu verstehen scheint. Gleichzeitig zeigt ihr Verhalten nachvollziehbarere, rationalere Züge – aus unserer Sicht. Konkret bedeutet das zum Beispiel, dass sie anscheinend inzwischen einsieht, dass es ziemlich blöd ist, als knapp Vierjährige alleine im Wald zu stehen. Daraus folgt, dass sie zwar immer noch nicht wandern will, sich aber im Zweifel eher in ihr Schicksal fügt und mitgeht.

So haben wir inzwischen ein ganzes Repertoire an Überzeugungsmanövern, um die Kinder zum Gehen zu bewegen. Passende Routenwahl: aufregende, abwechslungsreiche Pfade suchen, kurze Strecken, Picknick einplanen, teilweise selbst laufen lassen, teilweise tragen. Ablenkung: Lieder singen, Natur bewundern – »Das hätten wir nicht gesehen, …« –, Püppi oder Timmi tragen lassen, die Kinder zu pathfindern erklären – denn Wegmarkierungen zu suchen ist aufregender als wandern. Argumentieren und Durchsetzen: erklären, begründen, bitten, und wenn das nicht hilft, mit elterlicher Autorität und Konsequenz darauf bestehen. Und schließlich und als Allerwichtigstes: Motivieren. Regelmäßig und ausgiebig loben, loben, loben, wenn sie gut mitlaufen!

Unsere Auswahl kurzer Strecken hat im September auf Korsika leider den Nachteil, dass wir sie mit vielen anderen Wanderern teilen müssen. Eigentlich ganz und gar nicht unser Ding. Früh sind wir im Restonica-Tal und begeben uns auf die knapp drei Kilometer hoch zum Melo See, eine der beliebtesten Wanderungen Korsikas. Trotz des zeitigen Starts sind wir umgeben von Wanderergruppen. Die Motivation der Kinder neigt sich deutlich dem Ende entgegen, aber kurz ehe sie wirklich keinen Bock mehr haben, beginnen die mit Seilen gesicherten Stellen. Sofort schlägt die Stimmung um, Joshua und Joana sind begeistert, meine Sorgen ob der gefährlichen Felsstufen werden in den Wind geschlagen und Lars hilft ihnen einzeln über die jeweilige Passage. Für den Rückweg lassen beide sich tragen, bei den reichlichen Felsstufen nicht ideal für Knie und Rücken der Träger. Zurück am Auto verstehen wir das im Reiseführer beschriebene Parkplatzproblem. Wahnsinn, was hier los ist!

Die Calanche im Westen der Insel, eine bizarre rote Felslandschaft direkt am Meer, ist ebenfalls ein beliebtes Wanderziel. Wir entscheiden uns gegen die Hauptwanderrouten und für eine von den Massen vergessene Nebenstrecke. »Ich will nicht« wird von Lars sofort übertönt mit »Wir sind Piraten und müssen uns verstecken!« Also erstmal ein Stück den schmalen Pfad hoch, unter einem umgestürzten Baum und zwischen viel Gestrüpp durch. Dann kommen uns tatsächlich Wanderer entgegen, so-

»Wir sind Piraten und müssen uns verstecken…«

Mit dem Palettenschiff auf großer Fahrt. Korsikas Flüsse sind ein Badeparadies.

fort huschen wir leise flüsternd hinter Büsche. Bei der Aussicht von oben auf eine blaue Bucht tief unter uns malen wir uns aus, wie da unten unser Piratenschiff auf uns wartet. Es ist Lars Phantasie, die hier die Kinder weiter laufen lässt, ich darf genüsslich mittraben.

An den Cascades des Anglais, einem Bachlauf über blank geschliffenen Felsen im Buchenwald, ignorieren wir die Kioske und genießen stattdessen eine Sonnenstunde weiter oben auf den sonnenbeschienenen Felsen, während die Kinder Pflanzen und Tiere in den Senken untersuchen. Wir genießen Tour und Natur und sehen vor allen Dingen das Positive: »Wandern« klappt mit unseren zwei Mäusen jetzt halbwegs zuverlässig, die Kinder scheinen auch diese Form von Urlaub nicht nur zu akzeptieren, sondern zumindest teilweise zu genießen. Über weite Strecken machen diese Ausflüge zu Fuß inzwischen Spaß und Gremlins gehören der Vergangenheit an. Unsere letzten zweieinhalb Tage auf Korsika verbringen wir tatsächlich nur noch mit Meer-Gucken und Pool-Entspannen und gemeinsam spielen.

ALLES WIE FRÜHER?

Voll krass schlägt nach soviel Zusammenraufen die Behauptung von Lars' Schwester zum Thema Urlaub ein: »Ihr macht das ja noch genauso wie früher.« Punkt. Hä?? Mein Gehirn rekapituliert den Satz. Habe ich richtig gehört, habe ich da etwas nicht mitbekommen? Sprechen wir die gleiche Sprache? Gut, wir haben mit den Kindern einen gemeinsamen Weg gefunden, Urlaub zu machen, aber so wie früher? Da sind gefühlt Welten dazwischen! Gut, keine Galaxien, immerhin reisen wir immer noch individuell als Selbstversorger über Campingplätze und manchmal wild und nicht All-Inclusive mit deutschsprachiger Reiseleitung. Naja, Pool-Liegen haben wir auch gerade geübt, jetzt fehlt ja eigentlich nur noch die Nummer mit dem Handtuch morgens. Aber früher, das war ganz anders! Früher hatte ich null Verantwortung, brauchte nicht darüber nachzudenken, ob irgendwer irgendwas Dummes oder Gefährliches tun könnte. Früher war Feierabend, wenn uns danach war. Und der konnte auch mal 'ne ganze Nacht lang dauern, denn wir durften ausschlafen so lange wir wollten. Vor allem aber bedeutete Urlaub früher weite Touren in die Wildnis, mit dem Rad, dem Kanu oder zu Fuß, am besten gleich mehrere Tage mit Rucksack und Zelt. Und unter gar keinen Umständen dahin, wo alle anderen schon sind. Also irgendwie funktioniert Urlaub jetzt völlig anders als früher! Was übrigens nicht ganz dem Plan – Sie wissen schon – entspricht. Aber, nachdem mein Gehirn verarbeitet hat, dass die Bemerkung wohl ernst gemeint war, folgt daraus langsam die Erkenntnis, dass diese für uns so gravierenden Unterschiede für andere völlig irrelevant erscheinen. Selbstwahrnehmung und Fremdwahrnehmung? Oder nur völlig unterschiedliche Vorstellungen davon, was Urlaub ausmacht?

Ob wir das »wie früher« noch mal hinbekommen, eh die Kinder groß sind? Oder ob wir vielleicht aus dem »wie früher«-Alter raus sind, wenn es soweit ist??

EIN RÜCKEN ERFORDERT RÜCKSICHT

Auf dem Weg zum »wie früher« werde ich Anfang Februar 2010 katastrophal weit zurückgeworfen. Seit einer Woche schmerzt morgens ein Nerv im linken Bein, aber nach Warmlaufen geht das immer weg. Solange, bis warmlaufen nicht mehr hilft. Dann entwickelt es sich ganz schnell: Innerhalb weniger Tage gibt es keine einzige Position mehr, in der ich nicht fürchterliche Rücken- und Beinschmerzen habe und bewegen kann ich mich fast gar nicht mehr. Das CT eine Woche später bestätigt den Verdacht: Bandscheibenvorfall, ein Prolaps, eine Bandscheibe ist geplatzt. Die Orthopäden haben keine Zeit für mich, überfüllte Notfallsprechstunden, wo ich doch gar nicht sitzen kann. Termine in vier Monaten. Entsprechende Telefonate sind noch gruseliger als meine bisherigen Erfahrungen mit Orthopäden und die waren schon unterirdisch. Also Krankengymnastik und Akupunktur.

Derweil übernimmt Lars alles. Einmal pro Tag schaffe ich den Wechsel vom Bett aufs Sofa – sie befinden sich auf der gleichen Etage – mehr geht nicht. Nach ein paar Wochen erledige ich sehr, sehr langsam wenigstens die wichtigsten Dinge im Haushalt wieder selbst, wenn Lars mir vorher zum Beispiel die Wäsche dahin getragen hat, wo ich sie falten kann. Sobald es geht, bringe ich die Kinder zum Kindergarten und hole sie ab. Für die paar Hundert Meter durchs Dorf muss ich das Auto nehmen, denn schon das kurze Stück Fußweg vom Auto zur Einrichtung wird eine Herausforderung. Dort angekommen muss ich mich zu allererst setzen. Nach zehn Wochen gehe ich wieder arbeiten, denn ich halte das nutzlose Nichtstun nicht mehr aus.

Nie hätte ich mir geträumt, so lange krank zu sein, so was trifft nur die anderen! »Wiedereingliederung« heißt die stufenweise Annäherung an meine Teilzeitstelle. Allerdings brauche ich zum Stehenbleiben noch eine Wand, an die ich mich lehnen kann. Jegliche Gedanken an Wandern sind verblichen und in weite Ferne gerückt. Statt hochfliegender Träume bin ich froh, wenn ich einen eingeschränkten Alltag mit erträglichen Schmerzen bestehe.

Ende Juni fahren wir für eine Woche in den Solling, einen Höhenzug im Weserbergland. Spielen mit den Kindern, Baden im veralgten Bergsee, Radfahren, natürlich jeder für sich, denn einer muss ja bei den Kids bleiben. Ich habe mein neues Crossrad dabei, mein Geburtstaggeschenk – Technik pur, schwarz und mit XT-Ausstattung!!! Radfahren ist neben Schwimmen die einzige Form von Sport und manchmal auch Bewegung überhaupt, die halbwegs schmerzfrei geht. Mein altes cooles Mountainbike werde ich in den nächsten Jahren wegen der wenig rückenschonenden Haltung nicht fahren können. Wie dem auch sei, mit dem Crossrad schaffe ich die langsam ansteigende Strecke von unserem Campingplatz zu einem Aussichtsturm... weite Sicht über tiefe Wälder, endlich wieder das Gefühl »es geht was«, frei atmen! Mit vorsichtiger Hoffnung und schmerzlich vermissten Glückshormonen kehre ich zu meiner Familie und anschließend nach Hause zurück.

Über den Bandscheibenvorfall und seine Konsequenzen denke ich jetzt zwangsläufig regelmäßig nach. Ob ich schlauer hätte sein können? Oder wenigstens jetzt so schlau sein kann, dass mir so was nie wieder passiert? Vielleicht hätte ich mehr Rücksicht auf mich nehmen sollen? Mich häufiger in den Mittelpunkt stellen? Ich kann wohl doch nicht alles schultern, was mir über den Weg läuft. Manchmal ist das Projekt »Alles vereinbar, alles kein Problem« anscheinend mindestens eine Hausnummer zu groß. Seit einem halben Jahr hat Joana einen Kindergartenplatz. Ab jetzt gehören meine freien Montagvormittage mir – und nicht mehr wie bisher den liegengebliebenen Familienprojekten. Mit meinem Cross-Rad fahre ich, was der Rücken hergibt. Das ist ziemlich wenig verglichen mit früher. Aber ich habe wieder Wind um die Nase und das Gefühl, etwas nur für mich zu tun. Leider wird mein Rücken mich in den nächsten Jahren regelmäßig an diese Einsicht erinnern.

Noch ist alles schwierig. Alles geht langsam und manchmal fühle ich mich wie meine Oma. Alle müssen Rücksicht auf mich nehmen. Die Kinder dürfen mir nicht mehr schwungvoll in die Arme laufen, erst recht nicht an mir hochspringen. Dinge vom Boden, und seien sie noch so klein, muss möglichst jemand anders aufheben. Wäschekörbe trägt Lars. Meine Schuhe zu binden geht, wenn überhaupt, nur mit einem Knie auf dem Boden und ist auch dann eine motorische Herausforderung.

ABENTEUER UND ERHOLUNG AM CHASSEZAC

Ob im Urlaub alles gut wird? Im September reisen wir für vier Wochen nach Südfrankreich, an den Chassezac. Getreu den neuen Campingplatz-Kriterien suchen wir zuvor im Internet anstatt unseres schon öfter besuchten Lieblingsplatzes nach einem anderen Domizil und werden fündig. Eine große Campinganlage mit Wasserlandschaft und überdachtem Schwimmbecken direkt am Chassezac, in der Nachsaison gut bezahlbar. Wegen schlechten Wetters in Deutschland fällt das geplante Wochenende mit unseren Freunden aus und so erreichen wir den Chassezac bereits am letzten August-Wochenende.

Der Campingplatz ist kaum auszuhalten: riesig und wahnsinnig voll. Wir bekommen trotzdem einen Platz, durch ein paar Hecken etwas abgeschieden vom Trubel. Macht es den vielen anderen Campern eigentlich gar nichts aus, ohne jegliche Abtrennung direkt am Weg und den Nachbarn zu stehen? Hinter unserer Hecke erholen wir uns ein wenig von der anstrengenden Fahrt, spielen am Spätnachmittag mit den Kindern in der Wasserlandschaft. Dann folgt das bereits bekannte Abendprogramm: nach dem Essen noch aufs Töpfchen, auch wenn sie langsam etwas alt dafür werden ist das alle Male besser, als noch mal zu den Sanitäranlagen zu laufen. Zähneputzen im Bus, Buch vorlesen und kuscheln, Mäuse nach oben schieben, ohne viel Theater schlafen sie zügig ein. Wir setzen uns gemütlich neben unseren Bus in unser kleines Stückchen Grün und genießen den Abend. Beziehungsweise wollen den Abend genießen. Denn dann passiert es: Animation! Musik in voller Lautstärke und zwischendrin französischen Kommentare. Das kann doch nicht wahr sein. FÜRCHTERLICH!!! Da helfen auch unsere Hecken nicht, es ist nicht auszuhalten. Was ist mit den hunderten oder tausenden anderen Menschen hier? Wollen die das so? Sind die freiwillig hier??? Einfach unglaublich, nicht zu fassen. Selbst im Bett kriegen wir keine Ruhe, weil das Geplärre so ohrenbetäubend laut ist. Irgendwann hört der Lärm endlich auf und für uns ist klar: hier bleiben wir nicht eine Nacht länger!

Am nächsten Morgen fragen wir an der Rezeption nach einem freien, ruhigen Plätzchen und machen uns dann auf die Suche nach dem möglichst allerentlegensten Stellplatz in dieser Anlage. Und wir werden tatsächlich fündig! An den Zeltwiesen vorbei, auf dem Weg zum Chassezac runter, befindet sich unterhalb des Sportplatzes eine große schattige Fläche, gerahmt von den riesigen Felsbrocken der Sportplatzstützmauer und einer natürlichen Felswand. Nach unten nur noch ein paar Büsche, ein schmaler Fußweg und der freie Blick auf den Chassezac. Das wäre doch mal was ganz anderes!

Wir fragen in der Rezeption. Ob wir da wirklich hinwollen, kommt die erstaunte Rückfrage. Ob wir da reinkämen mit unserem Bus? Da gäbe es keinen Strom! Alles egal, der Bus passt

Von unserem Stellplatz schauen wir direkt auf den Chassezac.

Kinderabenteuer am Chassezac und zwischen den Felsen des Bois de Païolive

gerade so eben zwischen Felsblock und Baum durch und uns gehört ein wunderschönes, fast verwunschenes Fleckchen weit weg vom Trubel. Hier bleiben wir! Morgens können wir die Nebelschwaden über dem Chassezac bewundern. Ein bisschen wandern, über den Markt in Joyeuse schlendern und dort den bereits erwähnten besten Salade Chèvre Chaud essen. Nach Les Vans fahren und das Felsenmeer des Bois de Païolive durchstreifen, nachmittags im Pool spielen und ein mit den Kindern paar Bahnen schwimmen üben. Abends liegen Lars und ich in der Hängematte – wobei der Weg in die und aus der Hängematte für mich Bewegungslegastheniker in eine herausfordernde gymnastische Übung ausartet und zudem ein Kopfkissen als weiche Unterlage voraussetzt.

Joshua packt mit an, schließlich muss Mama sich schonen.

Die Baumwipfel sind vom Sportplatzlicht angestrahlt, die Blätter funkeln grün im Dunkel der Nacht, die Felsen rundherum erheben sich düster und zugleich schützend. Die da oben auf dem Platz wissen gar nicht, wie romantisch es hier unten ist. Ich träume davon, mal einen Halbmarathon auf Mallorca zu laufen! Gleichzeitig allerdings macht sich mein Ischiasnerv ziemlich deutlich bemerkbar und holt mich in die Realität zurück. Der Weg zu den Sanitäranlagen ist weit, und besagter Nerv fühlt sich nach ein paar Schritten an wie eine Messerklinge in meinem Bein. Nicht gut. Allerdings wird's beim Gehen wenigstens nicht schlimmer, was nach den Erfahrungen der letzten Monate regelrecht positiv ist. Ans Rücksichtnehmen ist meine Familie inzwischen gewöhnt. Ich habe gelernt, Hilfe einzufordern: beim Tisch decken, beim Aufräumen, beim Zusammenpacken. Manche Aufgaben fasse ich erst gar nicht an, da müssen Stärkere oder Gelenkigere ran. Meine Familie wartet auf mich, wenn ich aufstehen muss, vor allem von einer Decke vom Boden, oder wenn ich aus dem Bus klettere. Joshua der Große fragt, ob ich Hilfe brauche bei einer Stufe. Kochen übernimmt oft Lars und die Kinder packen mit an, denn der am Boden stehende Gaskartuschenkocher ist eine Herausforderung für mich. Bei aller Rücksichtnahme versuche ich, den körperlich üblen Zustand zu ignorieren und das Beste daraus zu machen.

Nach fünf Tagen Entspannung wäre es eigentlich Zeit für uns, aufzubrechen. Aber eigentlich hat keiner Lust dazu. Unser Plätzchen ist auch wirklich abgelegen und großartig! Also beschließen wir, noch einen oder zwei Tag zu bleiben. Diese Überlegung wiederholt sich regelmäßig. Wir genießen unser ruhiges

Das Holzgeländer am Rastplatz ist ein beliebtes Spiel- und Sportgerät.

Urlaubsleben und das zauberhaft einsame Plätzchen auf dem Riesencampingplatz so sehr, dass wir ganze zehn Tage bleiben. Das ist uns noch nie passiert.

Schließlich brechen wir doch auf, fahren noch mal nach Joyeuse, um dann vor der Weiterfahrt Richtung südliche Cevennen in den Bergen zu übernachten. Abends auf dem Rückweg, fast schon wieder beim Campingplatz, finden wir ein ruhiges Plätzchen in einem flachen Talkessel. Das Wetter verschlechtert sich zusehends. Aber es fängt ganz passend erst nach dem Abendessen an zu regnen. Egal, wir verkrümeln uns in den Bus. Das Wetter wird immer schlechter und der Himmel immer dunkler und bedrohlicher. Als die Kinder bereits schlafen, beginnt das Gewitter. Erst sind es nur wenige Blitze – bizarr und beeindruckend! Dann zuckt das helle Leuchten in immer schnellerer Folge über den Himmel. Dazu donnert es tief und heftig. Ich kann nicht umhin, zu registrieren, dass wir recht hoch stehen. Zwar sind die Ränder des Tales noch um einiges höher, aber welchen Weg mag sich so ein Blitz suchen? Unser Bus mit dem nachgerüsteten Hochdach ist bestimmt kein Faradayscher Käfig mehr. Erst recht nicht oben, wo die Kinder liegen! Ich liebe Gewitter, aber natürlich nur als sicherer Beobachter. Draußen wütet die Natur so lautstark, dass unsere Kinder irgendwann weinend aufwachen. Schnell holen wir sie runter in unser Bett. Immerhin ist jetzt das Problem mit dem Faradayschen Käfig geringer. Dafür sind die Kinder total verängstigt. Der schnellen Folge von Blitzen und knallendem Donner über uns können sie rein gar nichts abgewinnen. Sie kuscheln sich zwischen uns und damit wird es ziemlich eng. Aber egal. Mit ein bisschen Zureden und

Schuckeln beruhigen sie sich wieder. Es dauert keine fünf Minuten und Joshua und Joana schlafen wieder ein. Draußen tobt weiter das Gewitter und die Blitze zucken auf ihren Gesichtern, aber hier zwischen uns stört sie das anscheinend nicht. Hier zwischen uns fühlen sie sich sicher, egal was draußen passiert. Irgendwie unglaublich. Ich betrachte meine süßen, schlafenden Kinder und staune, wie viel Sicherheit es ausmacht, nur achtzig Zentimeter tiefer, aber dafür zwischen uns zu liegen. Es ist ein tiefes und erhebendes Gefühl, der Anker in Gewitter-Zeit und –Raum für unsere Kinder zu sein.

Am nächsten Morgen glitzert die Wiese in der durchbrechenden Sonne. Dafür ist das Rinnsal im Taleinschnitt zu einem tosenden Bach geschwollen. Trotz Straßensperrung fahren wir weiter, schauen von einer Brücke in die unglaublichen, schäumenden Wassermengen, wo gestern fast nur blank geschliffener Fels war. Jetzt wissen wir, warum er so glatt bearbeitet ist. Dann erreichen wir den Grund der Sperrung: für mehrere Hundert Meter erstreckt sich vor uns ein flacher See. Irgendwann traut sich von der Gegenseite ein etwas größerer PKW durch. Also schaffen wir im VW-Bus das auch! Allerdings scheint bei der Durchquerung das Wasser bis an die Tür zu stehen. Die amphibische Fahrt kostet uns, wie wir später feststellen, das vordere Kennzeichen. Wir bleiben noch eine Nacht in der Gegend und finden es am nächsten Morgen tatsächlich am Straßenrand wieder, dort, wo noch am Vortag der See war.

Endlich geht es Richtung Süden, an den Gardon. Wir verbringen die Tage mit kurzen Wanderungen, Basteln mit den Kindern, Spielen und Plantschen am Fluss. Mein Nerv nervt weiterhin.

Der Morgen nach dem Gewitter in den Bergen oberhalb der Jonte-Schlucht

Am Tisch vor dem Bus wird gemalt und gebastelt.

Beim Wandern geht Lars mit den Kindern immer wieder vor, so dass ich mit gleichmäßigem Schritt hinterherkommen kann, mich auf das Singen der Vögel, die fantastische Aussicht, die Sonnenspiele in den Blättern konzentrieren kann. Dadurch versuche ich, das lang gezogene Skalpell in meinem Bein, dort wo wohl der Tschiasnerv sitzt, einfach wegzudenken. Das funktioniert so halbwegs, entspricht aber in keinster Weise dem Bild, das ich von mir habe, und den Zielen, die ich in einem früheren Leben erreichen wollte. So ist das kein Zustand.

Gekrönt wird unser Urlaub schließlich von ein paar fantastischen Wildübernachtungsplätzen, die wir einen nach dem anderen per Zufall finden. War die Wiese in der Nähe einer Kapelle schon schön, so mutet der nächste Platz oberhalb der Tarnschlucht in einem lichten Nadelwald mit Moosen und Heidekraut beinahe an wie Kanada und gefällt uns noch viel besser.

Kanada-Feeling oberhalb der Jonte-Schlucht

Um den Zusammenfluss von Jonte und Tarn zu erreichen, kürzen wir nach bewährter Manier eine Wanderung mit dem Auto ab und schlängeln uns auf einem Forstweg zwischen seitlichen Büschen und überhängenden Ästen hindurch. Als wir echte Wanderer nach dem richtigen Weg fragen, ist es mir wirklich peinlich. Wie dämlich würde ich Leute finden, die mitten im Wald mit einem Auto unterwegs und zu faul zum Laufen sind! Jetzt die Schlussfolgerung zu ziehen, dass Kinder dämlich machen, finde ich trotzdem nicht angemessen. Am Ende des Weges bestaunen wir den Zusammenschluss der beiden großartigen Schluchten. Der freie Platz gleich in der Nähe an einer wenige Jahre alten Kiefernschonung fällt uns bei der Rückfahrt auf. Bis Mitternacht sitzen Lars und ich draußen, schauen in den Sternenhimmel, sinnieren über den Sinn von was auch immer. Am folgenden Tag fahren wir Richtung Mont Aigoual. Es ist früher Nachmittag, als uns ein Wiesenweg ins Auge fällt. Trotz einiger großer Schlammpfützen testet Lars die grasige Spur. Sie führt auf einem Hügel, trockenes Weideland mit wilden Buchsbaumhecken. Oben überrascht uns die Traumsicht auf eine namenlose Bergkette. Ich darf mich auf einer Decke in der Sonne ausstrecken, mache zusammen mit Joana meine Rückenübungen und spüre die warmen Sonnenstrahlen im schmerzenden Kreuz. Abends genießen Lars und ich lange die Aussicht, den aufgehenden Mond und die Stille. Wilde Traumplätze, so unterschiedlich und alle wunderschön!

An unserem letzten Urlaubsabend – wir sitzen mit Babyphon am Campingplatzstrand bei Sete – sprechen wir über Kinder,

Betreuung und Schule. So sehr ich meinen Job mag, so richtig ich meine Pro-Job-Entscheidung finde, ich sehne mich nach zwei oder drei Monaten »nur« Mutter-Sein. Mal etwas in Ruhe erledigen können, nicht schon beim Aufstehen gegen die Uhr hetzen, nicht immer alles möglichst schnell und gleichzeitig tun müssen. Mein Traum: Drei Monate Auszeit. Über unbezahlte Elternzeit sollte das möglich sein. Lars dagegen schlägt vor, jeden Sommer ein paar Wochen unbezahlt frei zu nehmen, um die demnächst dreizehn schulfreien Wochen pro Jahr abzudecken. Joshua ist noch nicht so weit, dass wir ihn bedenkenlos zu Kinderfreizeiten schicken könnten. Mama und Papa und die Geborgenheit der Familie sind sehr wichtig für ihn.

Darüber kommen wir auf Joshuas Schulstart nächstes Jahr zu sprechen und das Betreuungsangebot bis 14 Uhr. Ich freue mich auf etwas Entlastung durch die Betreuung an zwei Tagen pro Woche. Lars dagegen stellt sich das völlig anders vor. Er selbst konnte jeden Tag direkt nach der Schule nach Hause kommen, da erscheint ihm ein Tag Betreuung bis 14 Uhr genug. Er würde zur Not auch einen Nachmittag zusätzlich zu Hause bleiben, nur weiß ich nicht, wie das funktionieren soll. Schließlich bin ich nicht die einzige Überlastete bei uns. Jeder von uns verharrt auf seiner Position und fühlt sich angegriffen. Inzwischen ist es spät geworden, das Meer rauscht, ein milder Spätsommerabend in Südfrankreich. Statt ihn zu genießen beginnen wir einen kernigen Streit. Ein gemeinsamer Nenner rückt in weite Ferne, stattdessen fliegen verbale Fetzen. Im Streit gehen wir ins Bett und machen uns am nächsten Morgen wortkarg und zerstritten auf den Heimweg. Dieser letzte Abend ist richtig blöd gelaufen, dabei hatte unser Urlaub so viele wunderschöne Überraschungen für uns! Wieso haben wir es so versaut?

Schließlich können wir uns zu einem Zwischenstopp in Dahn im Pfälzer Wald durchringen. Der Ort ist uns gut bekannt, denn hier fahren wir immer wieder mal für ein verlängertes Wochenende hin. Spaziergänge durch hohen Buchenwald, Erbsensuppe an der Dahner Waldhütte, ein gemeinsamer Abend mit Babyphon auf den Felsen – so schaffen wir es, den Streit beizulegen und in Frieden zuhause anzukommen.

Letztlich werde ich mich für Lars Vorschlag entscheiden: Statt einer größeren Auszeit für mich werde ich in den nächsten Jahren kürzere unbezahlte Freistellungen zur Kinderbetreuung während der Sommerferien nehmen – die für Kinder und Familie bessere Variante.

DER RUF DES GÖTTERBERGES

Im Februar 2011 passieren drei Dinge fast gleichzeitig. In Fukushima havariert ein Atomreaktor nach einer Tsunami-Welle und tausende Menschen sterben oder müssen fliehen. Die abschreckenden Berichte füllen Nachrichten und Sondersendungen. Bei Lars, der seit Jahren unter einer Mobbing-Situation in seiner Abteilung leidet, eskaliert die Situation. Er wird vom Aufgabenfeld massiv degradiert. Das tut sehr weh nach dem Engagement und der fachlich guten Arbeit, die er geleistet hat und nach den vielen Versuchen, vermittelnd zu sein und sich selbst zurückzunehmen.

Bei mir bricht eines meiner Lebensprojekte zusammen. Seit ich vor langer Zeit erwachsen wurde, wünschte ich mir, zu meiner irgendwann vielleicht existierenden Familie ein oder zwei Pflegekinder aufzunehmen und ihnen einen liebevolles Zuhause zu geben. Nach der Geburt unserer zwei Mäuse gingen Lars und ich dieses Ziel gemeinsam an. Bereits zwei Anfragen sind sehr kurzfristig gescheitert an Umständen, die nichts mit uns zu tun hatten. So langsam läuft unsere Zeit ab, denn die Kleinkindphase wollen wir wegen unseres Alters irgendwann hinter uns lassen. Aber jetzt ist eigentlich alles klar, ein kleines Mädchen braucht dringend eine Familie, alles nur noch eine Frage von Tagen. Wartend sitze ich zuhause, im Fernseher laufen Fukushima-Berichte. Dann kommt die Absage. Völlig unerwartet und unverständlich für alle direkt Beteiligten. Das Mädchen wird vermittelt, aber aufgrund eines Zuständigkeitsstreites zwischen zwei Ämtern nicht wie abgesprochen zu uns, sondern in eine andere Familie. Ich weiß, dass es um das Wohl des Kindes geht und nicht um die aufnehmende Familie. Aber in meinem Herz war alles bereit, mein Verstand kann mir nicht mehr helfen, ich leide und trauere sehr.

Um uns abzulenken und das viele sehr Positive in unserem Leben nicht aus dem Blick zu verlieren, unternehmen wir an den Wochenenden lange Ausflüge mit den Kindern. Diese gemeinsame Zeit macht uns dankbar für unsere Familie und den Halt, den wir uns alle geben. Traurig und verletzt sind wir trotzdem.

Nur zwei Monate später, immer noch sehr angeschlagen, fahren wir nach Griechenland. Geplant war das schon länger. Wir können dieses Jahr das letzte Mal außerhalb der Saison fahren, denn im Sommer wird Joshua eingeschult. Dann ist endgültig Schluss mit lustig. Schnell stand fest, dass wir Abenteuer wollen, und Griechenland erschien uns da gerade richtig. Jetzt schleppen wir uns mit hängenden Köpfen nach Venedig, wo Lars erstmal krank wird. Zwei Tage später bringt uns eine Camping-on-Board Fähre nach Igoumenitsa. Lars ist immer noch krank und die Nacht auf der Fähre wird total stickig. Wie gut, dass unsere Kinder inzwischen oft – vor allem wenn es am dringendsten nötig ist – so rücksichts- und verständnisvoll reagieren.

Wie inzwischen eingeübt, beginnen wir mit einigen Strandtagen zum Erholen. Langsam werden wir ruhiger. Wir sind weit weg, fast zweitausendfünfhundert Kilometer von zuhause. An-

Hoch über dem Meer auf der venezianischen Festung von Párga

Blick in die einsame und großartige Vikos-Schlucht

scheinend haben unsere Probleme den weiten Weg hierher nur teilweise geschafft. Sie sind immer noch da, beständig, aber gedämpfter, nicht mehr so akut. Wir bemühen uns sehr, den aktuellen Tag zu sehen, das Jetzt, unsere Beziehung, die uns schon so lange sowohl fordert wie auch trägt und natürlich unsere fantastischen Kinder.

Nach einigen Strandtagen brechen wir auf Richtung Pindos-Gebirge und Vikos-Schlucht. Sie liegen im Norden des Landes und sind so ganz anders als die klassischen Bilder aus Urlaubsprospekten: raue Berge, einsame Landschaft und weite frühlingsgrüne Hochgebirgswälder. Zwischen den dicken grauen Wolken gibt es auch Sonnenlücken und auf den Berggipfeln liegt noch Schnee. Hier soll es Wölfe und Bären geben. Campingplätze dagegen gibt's hier oben nicht und auch kaum andere Touristen, also übernachten wir auf einer Wiese. Bei einer abendlichen Erkundungstour um unseren Stellplatz finden wir reichlich Ma-

terial zur anatomischen Bildung unserer Kinder: von einzelnen Knochen über die Unterkiefer und Hörner verschiedener Herdentiere bis zu Wirbelsäulenstücken kleinerer Tiere. Die Kinder wollen am liebsten alles mitnehmen. Wir können durchsetzen, dass der komplette Kuhschädel bleibt, wo er ist. Die Hörner dagegen kochen wir ab, sie werden später die Türrahmen der Kinderzimmer zieren. Ob die Wölfe im Winter bis hier herunter kommen? Als ich in der Dämmerung noch mal Richtung Toilette, also in den gegenüberliegenden bewaldeten Hang muss, gehen mir die Wölfe nicht mehr aus dem Kopf. Würde ich sie hören oder sehen in den tiefen Schatten des verschwindenden Lichtes? Wie gut, dass die Kinder nur aufs Töpfchen und nicht in den Wald gehen!

Die Schlucht selbst ist ob ihrer Größe extrem beeindruckend, bis zu tausend Meter tief und sehr steil. Wir wählen den kurzen Weg zum Aussichtspunkt Oxia. Trotz der Kürze ist er mit Kindern nervenzehrend, denn schon am Weg, erst recht am Aussichtspunkt geht es völlig ungesichert mehrere hundert Meter fast

Unser Platz in den Bergen, anatomisches Lehrmaterial inklusive

Unser Abenteuerspielplatz am Bach

senkrecht in die Tiefe. Mit deutlichen Worten »binden« wir die Kinder an der schluchtabseitigen Wegseite fest – gut, dass sie wissen, dass wir das jetzt genau so und sehr ernst meinen!

Sie sollen ein paar Minuten Steinhäuschen bauen und Gummibärchen essen. Die Sicht in die Tiefe und die Ferne ist fantastisch: weite Wildnis und Einsamkeit, überragt von einigen schneebedeckten Kuppen. Trotzdem machen wir uns schnell auf den Rückweg und ich bin sehr froh, als wieder mehr Gestrüpp und Raum zwischen den Kindern und der Tiefe ist. Unsere nächste Etappe ist dann ein wildromantischer, aber ungefährlicher Besuch bei der Ruine des Klosters Profítis Ilías. Nachmittags bleiben wir in der Nähe in einem Tal, durch das ein kleiner Bach plätschert. Strahlender Sonnenschein, ruhige Idylle. Lars liest, ich liege in der Sonne, die Kinder fangen kleine Frösche und sammeln sie in einem Sandeimer, der natürlich mit Steinen, Gras und Wasser gemütlich ausgestattet wurde. Der Bach ist flach und steinig, aber wenn einer ausrutscht und sich den Kopf anschlägt? Sie sind jetzt fünf und sechs Jahre alt, und es ist das erste Mal, dass ich sie unter und hinter Büsche krabbeln lasse, ohne ständig zu gucken. Wenn einem etwas passiert, wird der andere sofort schreien, da bin ich mir sicher. Ein weiteres kleines Stück Freiheit für mich. Und für Joshua und Joana!

Zu den folgenden Urlaubsstationen zählen die Meteora-Klöster, ideal für kurze Wanderungen und spannende Besichtigungen. Dann stehen wir an der touristisch orientierten makedonischen

Küste. Auch hier hat die Saison noch nicht begonnen, stattdessen herrscht verschlafene Ruhe. Der Campingplatz ist quasi geschlossen. Die Wiese ist ungemäht und die Sanitäranlagen sind schwer grenzwertig. Dafür haben wir ihn für uns alleine. Das ist wie wild übernachten mit Stehklo, warmer Dusche – zumindest nachmittags, wenn die Sonne das Wasser erhitzt hat – und der Möglichkeit, eine große Von-Hand-Wasch-Aktion zu starten. Der kilometerlange Strand ist menschenleer. Irgendwo hier muss auch der Olymp sein – von Wolken verhangen – aber in unserer Familiensituation ist das egal. Bei der Planung haben wir ihn ganz offiziell aus dem Programm gestrichen. Als wir am frühen Abend am Strand sitzen, klart es auf. Die Wolken ziehen immer höher, bald wird deutlich, wo die Gipfel des Olymp sein könnten. Noch ist er von einer hohen Wolkenkappe umgeben. Kurz vor dem Dunkelwerden ist der Berg dann zu erahnen. Wahnsinn. 2918 Meter hoch erhebt er sich direkt vom Meer in den Himmel. Beeindruckend, majestätisch, abweisend und stolz wirkt der Riese von hier unten aus. Ich verstehe, warum er Sitz der Götter werden musste. Wie klein sind wir dagegen!

Dieser imposante Anblick weckt meine Neugier. Abends durchforste ich unseren Reiseführer nach Infos. Vielleicht doch eine kleine Tagestour, im Kinderformat? Zu Not auf den ausgelatschten Touristenpfaden? Beim Stöbern stelle ich fest, dass es vom Ende der Fahrstraße auf 1100 Metern Höhe bis zur bewirtschafteten Hütte A nur sechs Kilometer zu wandern sind. Das ist durchaus eine familientaugliche Distanz, denn gut vier Kilome-

Auch kurze Wege können abenteuerlich sein.
Dieser hier führt zu einem imposanten Überhang im Fels.

Es geht los: der Aufstieg auf den Götterberg

ter Strecke schaffen die Kinder recht zuverlässig. Kleiner Haken bei der Sache: auf der kurzen Strecke sind tausend Höhenmeter zu überwinden. Das bedeutet erstens: sehr viel, und zweitens: sehr steil. Vernunft und Sehnsucht kämpfen heftig miteinander am Fuß des Götterberges. Die Vernunft sagt ganz klar: Die Ausrüstung für eine Tour mit Übernachtung haben wir nicht eingepackt, nur einen kleinen Tagesrucksack. Tausend Höhenmeter mit den Kindern ist ein zu großes Risiko. Wandertragen für den Fall, dass einer nicht mehr kann, haben wir nicht dabei und eigentlich wären sie auch schon zu groß dafür. Außerdem erinnert die Vernunft an meinen Rücken, mehr kaputt als zuverlässig. Erst vor einem halben Jahr nach einer herbstlichen Fahrradtour – wahrscheinlich zu steil und zu dünn bekleidet – hat er wieder zwei Monate total gestreikt, so total, dass ich phasenweise kaum ein paar hundert Meter gehen konnte. Die Sehnsucht dagegen sieht nur noch den beeindruckenden Berg, die Möglichkeit, das Abenteuer. Die Sehnsucht lässt keine Ruhe.

Ein paar Telefonate später ist alles geklärt: die Hütte hat seit ein paar Tagen geöffnet, es gibt Lebensmittel und einfache Einmal-Schlafsäcke oben zu kaufen. Der Weg ist o.k., die Wettervorhersage gut und wir haben für den nächsten Tag eine Reservierung. Lars wird den Tagesrucksack mit Minimalstgepäck nehmen, unter anderem einmal Wechselsachen für jeden, und die Verantwortung für die Kinder. Ich weiß, dass er Joana zu Not auf den Schultern den Berg wieder runter tragen würde. Joshua ist tough, er wird das meistern. Ich trage Joshuas Kindergartenruck-

Steiler Anstieg auf den Berg der Götter, immer höher und höher ...

sack mit allem, was noch mit muss. Was nicht mehr reinpasst, wird außen angebunden. Haben Sie schon mal eine Bergwanderung mit Kindergartenrucksack gemacht? Ich trage außerdem die Verantwortung dafür, dass ich selbst irgendwie hoch und wieder runter komme.

In der Nacht wechselt sich wilde Vorfreude ab mit panischen Gedanken, ob wir eigentlich total wahnsinnig und wirklichkeitsfremd sind. Die Kinder freuen sich auf das Abenteuer, wissen aber nicht wirklich, was sie erwartet – wie auch. So stapfen sie mutig mit uns los. Zuerst über weiche Wege durch lichten Kieferwald. Erwartungsgemäß lässt Joana sich ein paar Mal sehr deutlich bitten – »Ich kaaaann nicht meeeeehr« – aber schon beim zweiten Mal macht Umkehren keinen Sinn mehr, weil wir bereits über die Hälfte der Strecke erwandert haben. Allerdings bei weitem nicht die Hälfte der Höhenmeter.

Eine kurze Pause, dann zockeln wir weiter. Inzwischen führt der Weg einen weiten Talhang hoch und dank Karte weiß ich genau, wo wir sind. Beim nächsten kurzen »Ich kaaaann nicht meeeeehr«-Stopp zieht eine Gruppe Rentner vorbei. Sie sind kaum schneller als wir, erstaunt ob unseres Zieles und muntern die Kinder kräftig auf. So

angespornt schafft Joana ein weiteres Stück des Weges. Mit gutem Zureden, Loben, kurzen Stopps mit kleinen süßen Belohnungen arbeiten wir uns Stückchen für Stückchen weiter hinauf. Inzwischen ist der Weg steil und steinig und die Felsstufen hoch. Langsam wird es Joshua zu doof, das ginge doch auch alles viel schneller! Auf den letzten eineinhalb Kilometern müssen wir ihn regelrecht ausbremsen, denn der Olymp ist definitiv nicht das ideale Terrain für alleinwandernde Sechsjährige. Zum Schluss überqueren wir ein Restschneefeld – sofort ist alle Müdigkeit vergessen! Und dann sind wir wirklich oben, nach nur gut vier Stunden, und es ist kein Traum, sondern Wirklichkeit!

Beide Kinder werden von den Wanderern oben ausgiebig bestaunt und gelobt. Dann gibt es warme Suppe für alle, um die Kraftreserven aufzufüllen. Joana lernt Maria kennen, eine österreichische Rentnerin, die mit ihr Rücken-Malen spielt, ihre Süßigkeiten und ihr Abendessen teilt und ihr so die Zeit auf der Hütte zu etwas wunderbar Besonderem werden lässt. Noch Jahre später wird Joana von Maria erzählen. Die Nacht wird eiskalt, aber unsere Wandermäuse sind so dick eingepackt und mit Handschuhen und Kapuzen geschützt, dass sie ihren wohlverdienten Schlaf genießen. Wir dagegen haben auf den extrem schmalen Pritschen in den oberen Betten weniger Erholung. Am nächsten Morgen spielt das keine Rolle. Die Terrasse ist von der wärmenden Sonne geflutet, 2100 Meter unter uns erstreckt sich das Meer. Weite Traumsicht, ein göttlicher Ort.

Abstieg vom Olymp – der Ausklang eines großen Abenteuers

Wandern mit Delfini auf Sithonia: Versprochen, viel kürzer als die Bergwanderung!

Erst am späten Vormittag machen wir uns auf den Rückweg in die Tiefen der Normalität. Wir entdecken eine kleine Schlange beim Sonnenbad, und ich kann Joshua noch rechtzeitig davon abhalten, sie zu streicheln! Die ideale Situation für – Sie wissen schon – meinen Spruch: »Das würden wir nicht sehen…«. Die Kinder meistern die für sie teilweise hüfthohen Felsstufen völlig problemlos. Dafür bewundere ich sie sehr. Wären die Felsstufen für mich so hoch, dann müsste ich wahrscheinlich den Rest meines Lebens hier oben verbringen, es wären für mich fast unüberwindbare Hindernisse! Wieder kurze Pausen, aber kaum Jammern. Sie nehmen die Strecke einfach selbstverständlich, ganz easy. Auch mein Rücken, von Wanderstöcken unterstützt, hält durch.

Zurück am Bus staune ich. Es ist unglaublich, wir haben es wirklich gemacht – nie hätte ich das erwartet – wir waren mit unseren Kindern auf dem Berg der Götter, auf dem Olymp!

Als Belohnung gibt's im Ort für jeden einen Wanderstock und vom Urlaubsgeld ein Spielzeug.

Nur wenige Tage später brechen wir auf zur nächsten Tour – fest versprochen, viel kürzer als die Bergwanderung! – durch wunderschöne Macchia auf Sithonia zu einem Aussichtsfelsen. Delfini, eines von Joanas geliebten Kuscheltieren, muss an ihren Wanderstock gebunden mit. Beide Kinder übertreffen sich darin, Delfini zu loben: »Delfini, das machst du aber toll!«, »Delfini, du nödelst ja gar nicht.« »Delfini, bei dem steilen Stück auf den Felsen hoch warst du ganz tapfer!«. Sind das tatsächlich die Worte, gespiegelt an Delfini, mit denen wir die Kinder den Götterberg hinauf und auch wieder herunter gelockt haben?

Unsere letzten Tage in Griechenland verbringen wir wieder in einer Bucht in der Nähe von Igoumenitsa, dem Fährhafen, – in erster Reihe und natürlich in rechtem Winkel zum schmalen Kiesstrand, denn alles andere erlaubt der Campingplatzbesitzer nicht! Nehmen wir alles hin, da wir dafür in unserer Hängematte unter Palmen direkt am leise plätschernden Meer baumeln dürfen. Die Kinder sammeln Seeigel und wir gehen abwechselnd schnorcheln. Joana tut sich noch schwer, aber Joshua hat das Atmen durch den Schnorchel schnell raus und so unternehme ich einen längeren Ausflug mit Blick in die Unterwasserwelt mit ihm – sicherheitshalber immer in Ufernähe. Er ist fasziniert und ich bin sehr glücklich, dass ich solche Erlebnisse mit meinem Sohn teilen kann.

Noch einmal Auszeit am Meer: Körper und Seele baumeln lassen.

URLAUB FÜR GEWOHNHEITSTIERE UND KRAFTSUCHENDE

Zuhause kämpfen wir uns durch die Krisen unseres Alltags, doch der Sommer naht. Das erste Mal werden wir in den Sommerferien verreisen, diesmal nur für zwei Wochen kurz vor Joshuas Schulbeginn. Ins Französische Jura soll es gehen. Im Internet habe ich nette Campingplätze herausgesucht, ein passender Wanderführer begleitet uns. Wir starten auf einem Camping municipal mit angeschlossenem Freibad bei heißen 30°C im Schatten. Fast zu warm zum Wandern, dafür ideale Schwimmbadtemperaturen. Vormittags unternehmen wir kleine Wanderungen nach dem Motto: »Urlaub ist auch für Eltern da«. Dabei suchen wir möglichst interessante Wege raus, schmale Pfade, und halten die Distanzen kurz, um den guten Willen der Kinder nicht auszureizen. Wir entdecken faszinierende Felsskulpturen, Karstlöcher im Gestein und Höhlen – auch die Kinder sind begeistert.

Höhlenforscher im Karstgestein des französischen Jura

Nach einem schnellen Essen geht es dann in die Mittagspause. Ja, schön wär's! Zumindest für die Erwachsenen! Das läuft nämlich plötzlich nicht mehr. Ausgerechnet jetzt, wo

Romantischer Wasserfall im Jura: ein idealer Picknickplatz

wir uns so richtig gut an die zusätzliche Verschnaufpause gewöhnt haben, sind die Kinder endgültig aus dem Mittagsschlafalter raus. Mist. Warum sind alles immer nur Phasen?? Auf die gewohnte Ruhezeit wollen wir Eltern jetzt nicht mehr verzichten, schließlich haben wir Urlaub! Also dürfen unsere Mäuse leise spielen und tun das tatsächlich auch meistens ganz friedlich. Sie bauen mit Jenga-Steinen Ställe für die Pferdchen, malen oder spielen mit Autos, damit wir ein halbes Stündchen oder auch ein bisschen länger schlafen können.

Anschließend, wenn die Sonne nicht mehr ganz so brennt, gehen wir ins Freibad. Hier gibt es Eis für die Kinder, viel Wasser zum Plantschen und Schwimmen und mit etwas Glück einen der Reifen-Schläuche zum Spielen. Spiele werden ausgepackt, vor allem Joana liebt Brettspiele. Siedler Junior – bei uns Piratenspiel getauft – steht fast jeden Tag auf dem Tisch. Nach abendlichem Vorlesen und Kuscheln dürfen wir Eltern Hängematte-Hängen und in die Sterne gucken. Trotz Hauptsaison ist es angenehm ruhig auf dem Campingplatz. Wir genießen unseren erholsamen Rhythmus, die entspannte gemeinsame Zeit. Nach einer guten Woche schlägt das Wetter um, es wird deutlich kühler. Jetzt könnten wir doch noch in den Süden fahren! Aber wollen wir das? Eine Weile überlegen wir hin und her, vergleichen Wettervorhersagen, Fahrtkilometer, Möglichkeiten. Dann beschließen wir, die angekündigten zwei Regentage auszusitzen und einfach zu bleiben, statt wieder auf Reisen zu gehen. Ein neues Urlaubsgefühl, Urlaub für kleine Gewohnheitstiere und Kraft suchende Eltern!

SCHULZEIT – EINE NEUE ÄRA BEGINNT

Wenig später beginnt eine neue Zeitrechnung: die Schulzeit. Stolz trägt Joshua seinen großen Tornister zur Schule! Schnell stellt sich heraus, dass alles anders ist als früher – auch in der Schule. Ich erinnere mich an wochenlange Schwungübungen, Joshua dagegen soll innerhalb kürzester Zeit erste Worte mit der Anlauttabelle schreiben. In einem Affenzahn galoppiert die Klasse durch den Schulstoff. Nach drei Monaten stehen erste Sätze auf dem Programm. Bei Joshua leider totale Fehlanzeige. Schreiben »wie man es hört« ist für ihn schwierig. Er kann die Anlaute nicht benennen, die Worte nicht in Buchstaben zerlegen und das Lesen fällt ihm schwer. Den passenden Begriff »Mangelndes Phonetisches Bewusstsein« finde ich im Internet.

Bald sieht Joshua sein Defizit, die Fortschritte seiner Mitschüler und wirkt überfordert und verzweifelt. Was tun als Mutter? Ihn seinem Schicksal überlassen und zuschauen? Nein! Also fangen wir an zu üben. Schreiben üben, Lesen üben, Hausaufgaben mit Unterstützung selbst machen. Meine Arbeitszeiten passe ich komplett Joshuas Schulzeiten an. So war das nicht geplant! Aber in der Hausaufgabenbetreuung würde er Deutsch nur abschreiben. Dafür, dass mein Job mir die nötige Gestaltungsfreiheit lässt, bin ich sehr dankbar. Joshuas sehr gute Klassenlehrerin kann so viel Zeit, wie ich für ihn aufwende, bei siebenundzwanzig Schülern unmöglich erbringen. Offensichtlich funktioniert Schule nicht ohne Eltern, entgegen allen politischen Konzepten. Gute Schüler sind bei uns vor allem die, die zuhause gefördert werden. Das trifft ganz besonders die Kinder, die mit grundlegenden Schwierigkeiten zu kämpfen haben. Vereinbarkeit von Familie und Beruf – hatte einer von den Verfechtern jemals Schulprobleme bedacht?

Das Katastrophenjahr 2011 nähert sich langsam seinem Ende. Der Zustand in Lars' Abteilung eskaliert völlig, die Bedingungen werden für ihn untragbar. Im Herbst verfolgen uns unsere ständigen Krisengespräche in eine Ferienwohnung auf einem Bauernhof im Weserbergland. Nur mühsam schaffen wir es mit langen Ausflügen, Spaziergängen und einer wunderschönen Kanutour durch das bunt gefärbte Land, ein wenig Abstand zu bekommen. Beratung und berufliches Coaching helfen Lars, trotz der anscheinend ausweglosen Situation ruhige Gespräche zu führen, hilfreiche Vorschläge zu machen, einen möglichen Weg zumindest zu erahnen. Zum Jahresende kann er überraschend die Abteilung wechseln – seine berufliche Zukunft sieht wieder vorsichtig positiv aus. Ich bemühe mich sehr, mit meinem Lebensprojekt »Pflegekinder« abzuschließen, aber es verfolgt mich konsequent. Trotzdem ist der akute Schmerz des letzten Jahres ausgestanden. Joshuas Schulstart hat ebenfalls viel Zeit und Kraft gefordert. An uns zehrt die Belastung, wir fühlen uns entkräftet und ausgepowert.

GRAN CANARIA

Um Abstand und Erholung zu finden, buchen wir kurzfristig zehn Tage Gran Canaria in den Osterferien. Pauschal. Ein Appartement in einer einfachen Anlage in Maspalomas. Dazu einen Mietwagen, anders wäre der Urlaub nicht denkbar. Und natürlich der passende Wanderführer!

Ganz nach Wunsch liegt unser Appartement am oberen Rand der Anlage, ruhig und weit weg vom Pool. Die ganze Anlage ist eingeschossig, unsere Terrasse von einem kleinen Kiesstück umgeben, mit Baum und Blick bis zum Meer. Das Appartement ist alt, die Schimmelflecken recht frisch überstrichen und noch kaum wieder aufgebrochen, die Küche der Ausstattung nach nicht zum Kochen vorgesehen. Aber mit der ruhigen Lage und der Aussicht ist die Unterkunft für uns absolut perfekt und übertrifft alle Katalog-Impressionen. Frühstück auf der Terrasse, Ausflüge in

Im südlichen Hochland bei Ayagaures

Unser Lieblingsplatz über der Welt: auf dem Dach des Appartements

die Dünen oder ans Meer, Mittagspausen für die Eltern. Nachmittags mal zum Pool oder an den Billardtisch, Eis für die Kinder, spielen auf dem Tennisplatz, Cart-Fahren auf der nahe gelegenen Bahn. Und natürlich wandern. Vier, fünf Kilometer, durch palmenbestandene Täler, auf Aussichtsplateaus oder zu alten Felsenwohnungen. Die Kinder laufen gut mit. Das erste Mal haben wir auch ein Laptop im Urlaub dabei, denn ein Appartement bietet den Kindern wenig Bewegungsspielraum verglichen mit einem Campingplatz. Damit wir die jetzt dringend benötigte Mittagspause bekommen, dürfen die Kinder solange einen Film auf dem Laptop gucken – vielleicht nicht pädagogisch wertvoll, aber dem akuten Erholungsbedürfnis der Eltern geschuldet. Beide werden wir richtig krank – der Magen streikt, wohl ein Tribut an den Stress zuhause. Glücklicherweise geht das jeweils so schnell weg, wie es kam. Wir gewinnen Abstand, fühlen die Erholung. Ein besonderes Highlight sind unsere Abende. Wenn die Kinder schlafen, klettern wir über unsere Terrassentrennwand und eine Stützmauer aufs Dach unseres Appartements. Das ist so wohl nicht vorgesehen, aber wer hier nicht hoch geklettert ist, hat das Schönste verpasst! Hier oben ist die Sicht viel freier, auf das flache Tal unseres Touristenortes, über Dünen und Strand, auf die Palmen im Landesinnern und die Berge dahinter, den aufgehenden Mond, das weite Meer. Hier oben herrscht Ruhe, Abstand zur oft anstrengenden Welt – auch wenn wir uns nur drei Meter über Normal befinden.

Die Kinder betteln, sie wollen wissen, wo wir abends sind. Also nimmt Lars sie am letzten Abend mit hoch – ich muss ein paar Mal schlucken, hoffentlich geht alles gut! Natürlich gibt es keine Absturzsicherung. Auch sie begeistern sich für die Aussicht. Als wir am nächsten Morgen noch mal alle vier auf das Dach klettern, quasi zum Abschied, kommt ein völlig entsetzter Parkangestellter vorbei. Schon von weitem fängt er an, hysterisch zu zetern und gibt erst Ruhe, als beide Kinder wieder unten sind. War wohl wirklich nicht vorgesehen! Vielleicht ganz gut, dass wir heute sowieso abreisen…

Der Rückflug fordert uns – vor allem Joana – denn die Landung auf der ersten Etappe des Hinfluges war so rau, dass Joana gar nicht mehr fliegen will. Reisetabletten, positiv zure-

In den Dünen von Maspalomas und am Meer: Sand ist einfach super.

den und fest in den Arm nehmen helfen ihr. Sie will zwar immer noch nicht fliegen, übersteht das Ganze dann aber gut.

Ausgerechnet von dieser Unterkunft auf Gran Canaria erzählen die Kinder auch noch nach Jahren, hier wollen sie noch einmal hin. Ein festes Dach über dem Kopf, zehn Tage die gleiche, zugegeben tolle Aussicht, ein bekannter, stabiler Rahmen – das zählt in ihrer Erinnerung. Kinder sind Gewohnheitstiere und lieben Beständigkeit, das drückt sich in ihrem Wunsch aus. Bei unseren vagabundischen Reisen können wir dies nur teilweise durch den vertrauten Raum im Bus, einen festen Rhythmus und Rituale ersetzen. Kinder auf Reisen weit durch die Lande zu schleppen, wie wir es so oft tun, erfordert eine hohe Anpassungsfähigkeit von ihnen.

Nach unserem Erholungsurlaub stellt sich heraus, dass große Belastungen länger brauchen, um verarbeitet zu werden. Vor allem ich fühle mich immer noch völlig entkräftet. Dass mein »Loch« nach der Belastung kommt, wusste ich. Nur nicht, dass es so spät und so massiv kommt. Job und Kinder und Schulhilfe brauchen mehr Kraft, als ich gerade habe – eine Einsicht, die mich tief erschreckt. Dabei habe ich in den letzten Jahren schon so viel zurückgefahren, nach der Magenschleimhautentzündung und dem Bandscheibenvorfall. Jetzt werde ich noch einmal ausgebremst.

Im Alltag haben ab jetzt nur noch die Kinder Priorität, denn sie sollen nicht unter meinem Kraftmangel leiden. Meine Freundinnen wissen Bescheid, akzeptieren, dass ich mich vorläufig zurückziehe. Mein Arzt will mich gleich längerfristig krankschreiben. Aber ich entscheide mich dafür, an meinem Projekt arbeiten zu wollen, und fehle immer wieder mal einzelne Tage oder halbe Wochen. So arbeite ich mich vorsichtig durch meine Wochen mit dem Ziel, den Kopf über Wasser zu halten. Allmählich zeigt sich, dass meine »Scheibchenweise«-Methode funktioniert. Im Laufe der nächsten drei Monate fühle ich mich langsam belastbarer, stabiler. Dazu entwickeln sich die Probleme meiner liebsten Menschen positiv. Lars' neue Stelle scheint wirklich seine Wünsche zu erfüllen. Das intensive Üben mit Joshua zeigt erste Früchte. Außerdem kommt der Sommer, die Tage werden länger und wärmer und auch meine Seele wird wieder kraftvoller.

Was mir jetzt noch fehlt? Na, dreimal dürfen Sie raten!

SEHNSUCHTSORTE IM KINDERFORMAT

Viele Frühjahr- und Herbsturlaubsjahre lang haben wir gesagt: Wenn wir mal an Schulferien gebunden sind, dann fahren wir in den Norden. Bald ist es soweit!

Die Fähre ist gebucht, eine grobe Reiseroute geplant und ich sitze stundenlang vor der norwegischen topographischen Wanderkarte, die ich online gefunden habe. Mit eingezeichneten Wanderhütten, Wegentfernungen und Beschreibungen – auf Norwegisch. Ich liebe sowas! Wirklich, das ist nicht ironisch gemeint.

Hier gibt es Sehnsuchtsorte, wie zum Beispiel die Hardangervidda, ein klingender Name in meinen Ohren. Sie durchwandern, das wäre früher ein Traumziel gewesen. Gut, heute ist nicht früher, ich hab's ja inzwischen begriffen. Wir sollten uns einfach an normale Tagestouren halten, das tun schließlich die meisten Eltern mit ihren Kindern – falls sie diese überhaupt zum Wandern bewegen können. Andererseits, da war doch die Nummer mit dem Olymp... Er ist wieder da, der Herz-gegen-Vernunft-Konflikt.

Zumindest recherchieren kann ja nicht schaden! Also suche ich die Karte ab nach Hütten mit kurzen Zuwegen. Zu diesen gehören zwei bewirtschaftete Hütten, mit ihnen ließe sich sogar eine kleine Rundtour gestalten. Das wäre perfekt. Das einzige Manko sind die Preise: mit Halbpension für uns vier über zweihundert Euro pro Nacht. Das ist für unsere Reisebudget-Gestaltung weit jenseits von Gut und Böse. Natürlich gibt es reichlich andere, nicht bewirtschaftete Hütten. Dann müssten wir Lebensmittel und Schlafsäcke mitnehmen. Ich hadere tage- und wochenlang mit mir. Soviel Geld für zwei Übernachtungen? Oder

Gepäck für vier Leute in zwei Wanderrucksäcke packen? Geht das überhaupt? Die waren schon früher voll, wenn wir zu zweit unterwegs waren. Und da war doch was mit meinem Rücken... Den Kindern mehr als Kindergartenrucksäcke zuzumuten, wäre dem Ziel, sie fürs Wandern zu begeistern, sicher nicht zuträglich und daher ausgesprochen idiotisch.

Also stehe ich eines Tages in unserer Küche mit meinem alten Wanderrucksack und den vier neuen, für Norwegen bestellten Schlafsäcken. Ja, so ein großer Wanderrucksack sieht vielversprechend aus! Drei Schlafsäcke bekomme ich hinein, dann ist er fast voll. Und nun??

Knapp zwei Monate und viele Diskussionen später sitzen wir auf einer fürchterlich schwankenden Fähre auf dem Weg nach Norwegen und versuchen alle, nicht zu kotzen – übrigens erfolgreich. Der ständige Einsatz von Nasssaugern auf besagter Fähre scheint kein Ausnahmezustand zu sein. Den üblichen Akklimatisationstagen folgt ein traumhafter Aufenthalt an einem See im Setesdal. Bewusst sind wir die Nebenstrecke auf der westlichen Seeseite gefahren

und stehen unter Bäumen, direkt vor uns ein schmaler Sandstrand zum Spielen, weit und breit kein Mensch. Ein Stückchen Norwegen nur für uns. Joshua versucht sich mit Unterstützung von Lars beim Angeln. Es ist aber wohl nur ein Touristengimmick, dass es in Norwegen Fische geben soll! Jedenfalls fängt er weder jetzt noch später auch nur einen einzigen.

Und dann geht es los. Wir fahren ein Stückchen das Setesdal hoch bei strahlendem Sonnenschein. Zu unserem riesigen Erstaunen leuchten Schneefelder auf den Bergen – im Hochsommer und hier in Südnorwegen. Bei Berdalen erreichen wir den Start unserer Wanderung. Eigentlich ist bereits alles zurechtgelegt: Wechselklamotten für jeden, Lebensmittel, ein paar Erste-Hilfe-Sachen, Schlafsäcke, Bücher, Kuscheltiere, eine kleine Box mit ein paar Buntstiften, Papier und Würfeln. Alles einzeln in Plastiktüten verpackt. Zusätzlich kleine Schokoladentafeln, zur Motivation vor allem für die Kinder, geradeso ausreichend oder viel zu viel – je nach Sichtweise. Bis unser Gepäck dann final in unseren zwei Rucksäcken und den kleinen Kindergartenrucksäcken der Kinder verstaut ist, dauert es ein bisschen. Haben wir wirklich nichts vergessen? Ist die Medizin da? Die wichtigsten Kuscheltiere verstaut? Regensachen eingepackt? Diese Tour fühlt sich an wie eine große Expedition! Dabei liegen nur fünf Kilometer mit zweihundert Höhenmetern vor uns.

Bachüberquerung auf der Austheide

Der Weg führt uns in herrliche, klassisch nordische Landschaft, durch sumpfige Wiesen, über wurzelige Pfade, zwischen lichtem Baumbestand hindurch, an Birkenwäldchen vorbei und immer langsam aufwärts. Die Sonne scheint, auf den Höhen leuchten die Schneefelder – einfach traumhaft! Ein bisschen Gejammere zwischendrin, aber alles im grünen Bereich. Guten Gewissens können wir den Kindern erklären, dass diese Wanderung viel einfacher ist als die auf den Götterberg vor über einem Jahr. Wir picknicken bei einigen verschlossenen Hütten auf halber Strecke, dann geht's weiter.

Am frühen Nachmittag erreichen wir zum ersten Mal in unserem Leben eine norwegische Wanderhütte. Die übertrifft bei weitem unsere Erwartungen. Saugemütlich! Und es gibt so ziemlich alles, was man braucht: Betten, einen gasbetriebenen Zwei-Platten-Kocher, Koch- und Essgeschirr, Spülschüssel, einen Holzofen zum Heizen, Kerzen, ein Out-House mit Plumpsklo, dazu etwas Geruchshemmendes zum Drüberstreuen inklusive Schaufel und sogar einen Eimer zum Wasserholen. »Drikke-Van« steht drauf. Ob das nun »Dreckwasser« oder »Trinkwasser« heißt? In der Nähe plätschert ein Bach für die Katzenwäsche. Was braucht man mehr zum Glücklichsein? Außer uns ist noch niemand da – natürlich nicht, um diese Uhrzeit wandern Wanderer normalerweise! Wir beschlagnahmen vier Schlafplätze und gönnen uns einen ruhigen Nachmittag.

Die Kinder malen auf der kleinen Terrasse vor der Hütte in der Sonne, Lars schläft ein Stündchen, ich sitze in der Sonne und

Papier, Stifte und Würfel reichen zur Beschäftigung für einen ganzen Nachmittag.

staune. Was für eine Aussicht weit über das Tal auf die umliegenden Berge! Wir sind hier oben, als Familie, mit Kindern, ist das zu fassen? Meine Sorgen, meine Kraftlosigkeit, mein Kalender mit all den Terminen und Verpflichtungen ist im Tal geblieben. Hier oben sind wir weit weg von allem, was im Alltag so anstrengend ist. Keine fordernde bis überfordernde Schule, kein morgendlicher Kinder-Haushalt-zur-Arbeit-kommen-Spagat, keine ungeplanten Kinder-krank- oder Haustechnik-defekt-Probleme. Selbst die aktuelle Uhrzeit wird zur Nebensache. Stattdessen spüre ich die Wärme der Sonne und ein leises Streicheln des Windes auf der Haut und beobachte das Wippen der hell schimmernden Grasähren im Gegenlicht. Ein warmer amerikanischer Kakao mit Marshmallows in der Hand – wie am Yukon – und friedlich spielende Kinder neben mir. Zeit, Ruhe, Frieden. Ich habe das Gefühl, wieder richtig tief durchatmen zu können. Seit langer Zeit zum ersten Mal.

Später kommt eine andere Familie mit größeren Kindern an: Norweger. Sie ticken in Bezug auf Wandern wohl anders. Sie sind seit heute Morgen unterwegs, machen Rast, wollen

Papa und Sohn auf der Suche nach dem Fisch

dann noch zur nächsten zehn Kilometer entfernten Hütte. Ich freue mich über das Gespräch, genieße dann wieder das Nichtstun. Selbst meine Gedanken, die zuhause unaufhörlich und beständig um irgendetwas kreisen, sind gelandet und außer Gefecht gesetzt! Später schaut einer der Hüttenbetreuer vorbei, ich finde es interessant zu erfahren, wie das norwegische Hüttensystem funktioniert.

Irgendwann geht die Sonne unter. Zum Abendessen gibt es zwei Tüten Nudeln in Soße – das zumindest ist geblieben wie früher, die gab's schon immer auf unseren Wanderungen! Weil es uns so gut gefällt und außerdem eine Vorratskammer vorhanden ist, beschließen wir, am nächsten Tag die letzten paar Hundert Höhenmeter auf die Setesdalheide in Angriff zu nehmen und eine weitere Nacht zu bleiben. Am Abend quartieren sich vier junge norwegische Wanderer mit in »unsere« Hütte ein. Sie haben tatsächlich zwei Sixpacks Bier hier hochgetragen. Das erscheint uns, die wir unser Gepäck auf das absolut Notwendigste reduziert haben, völlig wahnsinnig! Für den Abend spendieren sie uns ein Bier, das schmeckt richtig gut und der Wahnsinn relativiert sich. Gemütliches Wanderhüttenleben.

Tags darauf wird es Zeit für den Rückweg. Zwar zieht der Himmel zu, aber es regnet nicht. Wir bleiben trocken. Joshua beobachtet fasziniert einen Specht, der wild auf einen Baum einhackt: »Den hätten wir nicht gesehen, würden wir nicht…« Sie wissen schon! Wieder am Auto angekommen, staune ich, wie reibungslos alles geklappt hat. Doch ein bisschen wie früher?

Aufstieg auf die Hardangervidda, eine Hochebene mit subpolarer Tundralandschaft

Jetzt stehen erstmal Fjordrundfahrten und Besichtigungen auf dem Programm. Und jeden Tag ein sauteures Eis für die Kinder, um sie davon zu überzeugen, dass wir uns trotz des ausgesprochen nordischen Wetters im Sommerurlaub befinden.

Wir haben den Hardangerfjord erreicht und östlich von uns erhebt sich die Hardangervidda. Sie erinnern sich? Einer der einzigartigen Sehnsuchtsorte dieses Planeten. Wenn schon nicht die große Querung, dann wenigstens einmal hoch? Auf eine der größten Hochebenen Europas mit subpolarer Tundra-Landschaft? Es gäbe auch bewirtschaftete Hütten, aber mal abgesehen vom Preis sind die Ruhe und Einsamkeit der Selbstversorgerhütten unschlagbar. Eine einzige für uns erreichbare Hütte habe ich gefunden, der Weg ist diesmal steiler mit über fünfhundert Höhenmetern, aber wieder nur fünf Kilometer lang.

Inzwischen wissen die Kinder so ungefähr, was sie erwartet. Genug Erfahrung habe sie ja bereits gesammelt. Wir starten über eine Staumauer und dann bergauf, immer weiter bergauf. Sonniges Wetter macht die Tour einfacher. Joshua wird wie üblich zum Gipfelstürmer, Joana will lieber Steine sammeln. Muss ein Kind, dem das Wandern sowieso schwer fällt, auch noch Steine mitnehmen? Als alles zu anstrengend wird, dichte ich »Conny, Conny mit der Schleife im Haar« um in »Joana, Joana mit dem Stein in der Hand – Joana, die wandert, wie im Märchenwunderland«. Joana lacht. Schon mal ein Erfolg. Viele weitere Strophen des Liedes folgen, Gummibärchen, kleine Schokoladenrationen und gutes Zureden tun ihren Teil.

In karger, mit Felsbrocken und Schneeresten gesprenkelter Landschaft erreichen wir die Hütte an einem See. Sie ist einsam und verlassen, der Aufenthaltsraum eng und urig und der Zustand der Matratzen deutlich grenzwertig. Aber wieder ist alles da, was man braucht – unsere kleine Zuflucht in rauer Wildnis. Nachmittags erkunden wir die andere Seite des schmalen, aber wilden Flusses, der von einer Hängebrücke überspannt wird,

und erreichen eines der Schneefelder. Die Kinder spielen an einer sicheren Stelle am Schneerand. Auf der anderen Seite stürzt das schmelzende Wasser mehrere hundert Meter hinunter in den Stausee, dessen Mauer wir anfangs überquerten. Ich bin hin- und hergerissen zwischen dem fantastischen Ausblick und der Gefahr, die solche Naturschauspiele für Kinder haben. Mit dem Fotoapparat machen wir Jagd auf die schönsten Tundrafotos, zeigen uns gegenseitig die farbenprächtigsten Blätter der niedrigen Vegetation, die winzigen Blüten, gelbe Moltebeeren und bunte Flechten. Am frühen Abend betreten zwei Deutsche die Hütte, ein junger Mann und sein jugendlicher Bruder. Ich freue mich für Joshua und Joana, können sie doch jetzt mitreden. Vor allem Joshua fühlt sich angenommen, sitzt lange mit dem Jüngeren der beiden vor dem brennenden Ofen, wirft immer wieder Holzstückchen ins Feuer, erzählt wie ein Großer über seine Erlebnisse und wird ernst genommen. Was für ein Geschenk!

Die beiden erzählen von ihrer Hardangervidda-Überquerung mit bis zu zwölf Stunden langen Tagesetappen. Also ehrlich, zu solchen Kraftakten hätte ich auch ohne Kinder keine Lust. Am nächsten Morgen zieht unsere kleine Karawane auf gleichem Weg zurück zu Stausee und Auto. Ich gewöhne mich so langsam daran, den gleichen Weg hin- und zurück zu gehen – früher ein No-go, weil schrecklich langweilig. Aber auch dazu habe ich

Unsere kleine, heimelige Zuflucht in der rauhen Wildnis der Hardangervidda

Eine Hängebrücke führt von der Hütte über den Mosdal und zu den Schneefeldern, an denen die Kinder lange spielen.

eine neue Erkenntnis: aus der um 180° gedrehten Perspektive wirkt die Umgebung manchmal wie ausgewechselt!

Vorläufig ist wandern wieder out, die Kinder dürfen sich erholen. Stattdessen steht die Fahrt durch den verregneten und kalten Jotunheimen-Nationalpark an – ausgerechnet hier fällt unsere Standheizung aus – sowie die Besichtigung kleinerer Orte und einer Stabkirche.

Die 900 Jahre alte Stabkirche von Lom mit ihren verschachtelten Dächern

Doch es ist noch eine Wanderung geplant, insgeheim meine Lieblingswanderung. Keine Streckenwanderung, sondern eine Rundwanderung über drei Hütten mit kurzen Tagesetappen. »Speziell für Kinder« wird sie in der norwegischen Beschreibung angepriesen. Wikingerhütten, Unterkünfte wie aus dem Mittelalter, der Zeit der großen Trondheim-Pilgerreisen, soll es hier geben. »Wikingerhütten« – das ist natürlich auch ein klingendes Wort in den Ohren der Kinder. Aber genau jetzt macht uns das Wetter einen gründlichen Strich durch die Rechnung. Kaum dass wir

Eindrucksvoll, aber kein Kinderspielplatz: Schmelzwasser stürzt von der Hardangervidda mehrere Hundert Meter in den Ringedals-See.

in Oppdal, dem Start der Wanderung, angekommen sind, wird es schlechter. Bei Regen und Nebel über eine Hochebene zu laufen ist wirklich nicht schön, auch ohne Kinder nicht! Also verbringen wir einen Tag im sauteuren Schwimmbad. Immerhin stellen wir dabei fest, dass unsere Kinder die Sauna toll finden. Zur Überbrückung fahren wir nach Trondheim – so weit in den Norden wollten wir eigentlich gar nicht! Wir besichtigen Festung, Stadt und Dom. Der Nidarosdom beeindruckt schon wegen seiner schieren Größe – vielleicht sollten wir den Kindern auch mal den Kölner Dom in direkter Nachbarschaft zu unserem Zuhause zeigen? Dann ein echter Glücksfall: es gibt eine Führung in deutscher Sprache. So können unsere Kinder richtig mit dabei sein und staunen über die Geschichten um die riesige Kirche, in der viele der norwegischen Könige gekrönt wurden. Besonders beeindruckt sind sie, als unser Führer von den Bränden erzählt, die den Dom zwischen dem Mittelalter und dem 18. Jahrhundert gleich fünfmal schwer

Der Nidarosdom beeindruckt unsere Kinder schon wegen seiner Größe.

Ein Wasserspeier am Nidaros-Dom: Was er wohl erzählen könnte?

beschädigten. Noch lange erzählt Joshua, dass der Dom jedesmal repariert und neu aufgebaut wurde.

Zurück in Oppdal will ich endlich meine Lieblingswanderung starten. So langsam läuft uns die Zeit davon, denn in einer knappen Woche legt unsere Fähre von Kristiansand ab, fast achthundert Kilometer südlich von hier. Heute endlich soll das Wetter besser sein! Die Wolken reißen auf, einzelne Sonnenstrahlen treffen die Erde. Wir fahren hoch zum Wanderparkplatz, ich platze fast vor Vorfreude! Oben ist dann alles verhangen – dabei freue ich mich so dermaßen auf die Wanderung. Ich würde jetzt packen und loslaufen! Aber ich bin die einzige, die irgendetwas würde. Alle anderen rühren sich nicht vom Fleck. Es kommt, wie es in so einem Fall kommen muss: Wir streiten uns ordentlich. Ich will wandern, Lars will besseres Wetter, ich will Unterstützung, Lars will keine hysterische Frau. Im Streit gehen wir ins Bett und verbringen die Nacht auf dem Parkplatz.

Auch der nächste Morgen ist verhangen und trübe, genauso wie die Stimmung. Mein Mann beschließt, dass er auf diese Wanderung keinen Bock mehr hat und es Zeit wird, sich auf den Weg Richtung Süden zur Fähre zu machen. Nach einigem Geheule einigen wir uns, zumindest diesen Tag noch in Oppdal zu verbringen und nochmal ins unverschämt teure Schwimmbad zu gehen. Ich will mich nicht trennen vom Norden, halte es kaum aus. Ich habe mich soooo auf diese Wanderung gefreut und endlich, nach einer Woche Warten, wird auch das Wetter besser. Und das soll es jetzt gewesen sein? Innerlich bin ich ziemlich verzweifelt, äußerlich wahrscheinlich auch. Schließlich mache ich den Vorschlag, ob wir nicht wenigstens über zwei Hütten gehen könnten, dann hätten wir immer noch genug Zeit, um zur Fähre zu fahren. Lars hat keine Lust. Er meint, ich könnte die Kinder fragen, aber die wollten ja sowieso nicht wandern. Als wir dann mal wieder alle in der Sauna liegen, frage ich. Leise, denn ich habe Angst vor der Antwort. Wie es denn wäre, über zwei Hütten, und die Wanderstrecken wären etwas kürzer als die bisherigen... Und wissen sie, was meine Tochter, der Wandermuffel, antwortet? »Mama, du hast dich so auf die Wanderung gefreut. Klar kommen wir mit. Die Wikingerhütten will ich sowieso sehen. Aber ich möchte mal mein Tempo gehen dürfen.« Vor Freude könnte ich direkt wieder losheulen!

Also gehen wir das Ganze am nächsten Morgen gemeinsam und ohne Streit an, diesmal passend bei strahlendem Sonnenschein. Zusätzlich zum bisherigen Gepäck müssen jetzt auch noch Isomatten mit, und Lars ächzt ein bisschen unter seiner Last. Bis zum Picknick gehen wir zusammen, so haben wir es abgemacht, dann darf Joana ihr Tempo aussuchen. Wir laufen durch knorrige lichte Birkenwälder und über sumpfige Wiesen mit flachen Seen. Weit reichen die Blicke vom Fjell ins Tal und auf die gegenüberliegenden Höhen. Eine wilde, einsame und unglaublich weite Landschaft. Joanas Tempo wird bestimmt von vielen Fotos und Erzählungen über Trolle. Die gibt es hier auf jeden Fall, denn der Trollheimen Nationalpark beginnt nur wenige Kilometer weiter. Wussten Sie, dass Trolle sich nur bewegen, wenn man nicht hinschaut? Wenn man ein paar Meter weitergegangen ist, drehen sie sich unauffällig um und schauen dem Wanderer

Auf der Suche nach Trollen. Schließlich ist der Nationalpark Trollheimen nicht weit.

hinterher, kichern leise und hüpfen schnell zur Seite! Wir sehen verschiedenartigste Trolle. Für uns sehen Sie bloß aus wie knorrige Äste, verwitterte Felsen oder Baumstümpfe. Joana fotografiert sie mit Hingabe. Allerdings dauert die Wegstrecke wegen der ständigen Stopps natürlich viel länger.

Schließlich erreichen wir eine Stelle, an der ich mich mal wieder über die Norweger wundere. Der Weg führt etwa fünfzehn Meter fast senkrecht eine Böschung hinunter, an einem blauen Seil kann man sich runterhangeln. Die Familie, die wir auf der Setesdalheide trafen, kannte diese »Kinderwanderung«. Ihre Kinder waren vier Jahre alt, als sie das erste Mal hier waren. Ich bin ganz froh, dass unsere zumindest reife sechs und sieben Jahre erreicht haben!

Unsere erste Hütte liegt malerisch an einem See unter knorrigen Kiefern und es gibt ein Kanu mit Paddel und Rettungswesten. Eine bessere Ausstattung kann man sich ja wohl nicht wünschen! Die Hütte selbst besteht aus zwei Teilen. Der Nachbau der Wikingerhütte ist beeindruckend, ganz düster mit breiter umlaufender Bank und großer offener Feuerstelle in der Mitte. Wir belegen den modernen Anbau mit Fenstern und weniger rauchiger Luft und verbringen einen völlig einsamen Nachmittag und Abend, weit und breit ist kein Mensch. In Ruhe bespreche ich mit Joana die Vor- und Nachteile ihres Wandertempos. Nachdem sie selbst erfahren hat, dass man nicht wirklich vorwärts kommt, wenn man ständig stehen bleibt, wird es ab jetzt weniger Diskussionen um das Wandertempo geben. Am nächsten Vormittag genießen wir den See noch mal ganz gemächlich vom Kanu aus, schließlich haben wir es nicht eilig. Kurze Tagesetappen haben wirklich etwas Gutes! Dann geht es durch weites Sumpfland und über einen engen Taleinschnitt mit Schneeresten hoch zur nächsten Hütte. Auch sie liegt traumhaft oberhalb eines Sees in einem baumlosen Hochtal. Papa

Weite Traumsicht vom Vattafjell Richtung Norden – und irgendwo da vorne muss unsere Hütte sein.

und Sohn sitzen am Seeufer und sprechen über den Sinn des Lebens, Joana streift durch die hohen Gräser und sammelt Blumen. Ich trinke Kakao mit Marshmallows, genieße die Sonne und dieses großartige Fleckchen Erde, das heute anscheinend nur für uns reserviert wurde.

Nach einer letzten Nacht folgt der Rückweg, der uns noch mal mit lichten Wäldern und weiter Sicht verwöhnt. Dann ist der Traum vorbei, mein Traum vom Wandern mit Kindern in Norwegen. Trotz aller familiären Missverständnisse: Die Wirklichkeit hat den Traum weit getoppt. Ein kleines bisschen meiner Seele bleibt auf den einsamen Weiten, die wir durchwandert haben, und wird mir Durchatmen und Besinnen auf Langsamkeit im Alltag ermöglichen.

Jetzt aber liegen knapp achthundert Kilometer Straße vor uns und ziehen sich bei den norwegischen Geschwindigkeitsbegrenzungen ewig hin. Das erste Mal gibt es während einer Autofahrt Elektronik für die Kinder. Unseren Laptop, den wir mit ein paar

Filmen bestückt für Regentage dabei haben, befestigen wir mit einem Spanngurt auf einer kleinen Box und stellen ihn vor die Kinder auf den Boden. Während der vielen Fahrtstunden dürfen sie so zum ersten Mal Filme gucken. Es ist der gerechte Ausgleich dafür, dass sie so fantastisch – und freiwillig – mit uns gewandert sind!

In Kristiansand angekommen, landen wir sogar auf einem Campingplatz mit Pool. Außerdem gibt es Kanus. Im kleinen, flachen Hafenbecken paddeln die Kinder das erste Mal alleine. Genau genommen paddelt und steuert Joshua, während Joana im Kanu halb steht, nach Tieren Ausschau hält und immer genau ansagt, wo sie hin will! Noch zwei Tage Ruhe. Dann beginnt die lange Fahrt nach Hause und das Ende eines Urlaubs, in dem wieder vieles von dem möglich wurde, was früher für uns normal war.

Dort oben hinter der Senke zwischen Ramshopiken rechts und Ryphoa links liegt unsere zweite Hütte

STARKE KINDER UND PFERDI AUF WEITER REISE

Zuhause erwartet uns ein besonderes Ereignis: Joanas Einschulung. Stolz und glücklich ist mein kleines Mädchen, jetzt darf sie auch eine Große sein. Wie für Joshua so feiern wir auch für sie. Unsere Familien sind angereist für den großen Schritt in ihrem jungen Leben. In meinem Inneren dauern die Hochgefühle nach der Norwegen-Tour an, während draußen die Tage kürzer werden. Um den Kopf auf den Schultern zu behalten, versuche ich auch in den folgenden Wochen und Monaten meine strikten Prioritäten beizubehalten: Kinder und Schule, Haushalt, Job. Partnerschaft? Freunde? Kommen zurzeit etwas zu kurz. Mein Anti-Stress-Programm TDH – Tu Die Hälfte – zeigt weiter Wirkung und mir geht es gut. Das Wort »schnell« im Sinne von »mal eben ganz schnell noch irgendwas erledigen« versuche ich, aus meinem Wortschatz zu streichen.

Das Fernweh lugt immer wieder um die Ecke. Es ging so vieles in Norwegen, könnten wir uns da nicht mal an etwas Großes wagen? Wie war das noch mit unseren Südafrikaplänen? In meinem Hinterkopf geistert eine Südafrikareise in einem guten Jahr herum, über Ostern, wenn ... Ja, wenn ich wegen Recherchen für eine Neuauflage des Südafrika-Wanderführers, den ich vor einigen Jahren geschrieben habe, eine Freistellung für die Kinder bekäme. Total super, aber leider völlig unrealistisch, meint Lars. Aber wenn doch?

Inzwischen springt das Fernweh ungeniert aus allen erdenklichen Ecken meines Kopfes. Ich lese das Schulgesetz und Auslegungen. Spontan passe ich Joshuas Lehrerin wenige Tage vor Weihnachten nach Schulschluss mit zwei Exemplaren des

Wanderführers ab. Mein Anliegen: An wen müsste ich mich wenden, um eine Freistellung zu beantragen und wie lange würde eine Bearbeitung dauern? Auf positive Rückfragen der Lehrerin erkläre ich das Projekt genauer, erläutere, warum wir wegen der harschen Witterung in den Drakensbergen nicht im Sommer fliegen können und beschreibe die zeitaufwendige Anreise zur Wanderung. Den Schulstoff würden wir während der Reise durcharbeiten. Joshuas Lehrerin ist erstaunt. Aber sie begeistert sich für unser Anliegen. Anscheinend kommt nicht ständig jemand zu ihr mit eigenen Veröffentlichungen. Sie sieht gar kein großes Problem, betrachtet das Projekt bei unserem Reisestil als eine Bildungsreise für die Kinder. Ich kann es kaum fassen. Jeweils eine Woche, vor und nach den Osterferien, das würden wir schon hinkriegen. Die Rede ist dabei von nächstem Jahr und die Osterferien sind in drei Monaten. Verschreckt springt mein Fernweh in irgendeine dunkle Ecke. So plötzlich? Südafrika? Hat irgendjemand alle Konsequenzen bedacht? Schluck. Zwei Tage später haben wir die offizielle Genehmigung. Jetzt müssen wir allerdings erstmal mit unseren Chefs sprechen. Und in zwei Tagen fahren wir nach Cinque Terre südöstlich von Genua, wo wir Weihnachten im Bus verbringen wollen. Unser Leben überschlägt sich gerade!

WEICHNACHTEN IM VW BUS

Die Zusage von Lars' Chef bekommen wir per mail, als wir schon im Süden sind. Also sitzen wir auf dem Campingplatz am Mittelmeer im WLAN-Bereich und versuchen, Flüge zu buchen. Noch gibt es die nämlich günstig. Eigentlich fand ich Leute, die während ihres Urlaubs auf so ein elektronisches Gerät starren,

immer ausgesprochen doof. Jetzt gehören wir selber zur Online-Fraktion. Fast zwei Stunden später ist es endlich soweit: günstige Direktflüge für uns alle vier ab Frankfurt sind gebucht! Es ist schwer zu glauben und klingt völlig irrational: In drei Monaten fliegen wir nach Südafrika! Für vier Wochen.

Die Früchte des Erdbeerbaumes sind im Winter reif und hängen an Weihnachten wie knallrote Christbaumkugeln zwischen den immergrünen Blättern.

Trotzdem genießen wir jetzt erstmal Cinque Terre mit seinem wirklich milden Wetter. Wir erkunden das aussichtsreiche Wandergebiet, das dank vieler immergrüner Pflanzen frühlingshaft wirkt, besuchen den Weihnachtsmarkt in Levanto und machen Picknick am Strand. Weihnachten feiern wir im VW-Bus – mit einem bei einer Online Auktion günstig erstandenen kleinen Holzweihnachtsbaum mit LED-Lichtern und der Krippe aus dem Adventskalender der Kinder. Weihnachtsmesse auf Italienisch, Weihnachtsgeschichte, Geschenke auspacken auf unserem Bett. Es ist gemütlich, aber auch eng. Größtes Manko sind die kurzen Tage und kalten, langen Abende. Als sich an den letzten zwei Tagen die Sonne durchsetzt, wird es tagsüber fast frühsommerlich warm. Wir beschließen wiederzukommen, aber in einer Jahreszeit mit etwas längeren Tagen. Und immer wieder erwischt mich der Gedanke: Südafrika? Unglaublich!

REISEVORBEREITUNGEN

Kaum zurück zuhause wird es Zeit, sich um einen Mietwagen zu kümmern. Mal wieder wird deutlich, dass sich ein paar Kleinigkeiten geändert haben. Bei unserer ersten Südafrikareise vor sechzehn Jahren haben wir das Fahrzeug vor Ort gemietet – ein älteres Modell eines lokalen Vermieters. Solche Fahrzeuge gibt es heute auch im Internet. Allerdings will ich mich auf das Risiko, mit einem größeren Fahrzeugschaden irgendwo in Südafrika liegenzubleiben, mit Kindern nicht einlassen. Und dann ist da noch das Problem mit dem Stauraum. Wir brauchen Platz für vier Personen und Campingausrüstung. Kleinste Kategorie, so wie früher zu zweit, wird wohl nicht passen. Einfach einen kleinen Bus zu mieten sprengt leider das Budget. Jetzt ist Detektivarbeit gefragt: Ich erstelle eine Liste mit Mietwagentypen und Kofferraumvolumina. Ein Vergleich mit dem Wagen von Bekannten zeigt, dass wir mindestens fünfhundert Liter brauchen. Denn da müssen rein: Zelt, Schlafsäcke und Isomatten, Anziehsachen, Lebensmittel, unsere Taschen und Wanderrucksäcke, Bücher und Schulsachen. Schließlich einigen wir uns auf einen sehr kleinen Siebensitzer, bei dem wir nicht eine Kategorie, sondern ein definiertes Auto mieten. Wenn hinten im Kofferraum zwei zusätzliche Leute sitzen können, muss auch unser Gepäck irgendwie passen. Und das Ganze für einen noch dreistelligen Preis, da schlagen wir zu.

Schon Wochen vorher fange ich an zu packen, schließlich muss alles inklusive Zelt in zwei Rucksäcken und zwei Reisetaschen untergebracht werden – unter Berücksichtigung des Gewichtslimits versteht sich. Aber soweit sieht alles sehr gut aus. Bis Joana wenige Tage vor Abflug mit meiner Freundin und ihrer Tochter über einen Flohmarkt schlendert und mit einem wirklich supergünstigen großen Pferd zurückkommt, für nur drei Euro! Super, ein echtes Schnäppchen! Die Sache hat einen großen Haken – genau betrachtet ist er gut sechzig Zentimeter groß: Pferdi muss mit nach Südafrika. Unbedingt. Nein, Pferdi kann nicht das Bett bewachen, dass tun schon Dutzende anderer Kuscheltiere. Nein, die anderen drei kleinen ausgesuchten Kuscheltiere reichen nicht, PFERDI MUSS MIT.

Hatte ich schon erwähnt, dass meine Tochter einen ausgesprochen starken Willen hat? Na prima, das war so nicht vorgesehen. Ins Gepäck passt Pferdi auf keinen Fall, wir haben eh schon äußerst sparsam gepackt. Natürlich kann ich mich jetzt einfach durchsetzen. Passt nicht, Pech gehabt. Ob uns das zu einer glücklichen gemeinsamen Zeit verhilft? Ob Pferdi mit seinem Draht im Körper, der die Beine versteift, überhaupt durch die Kontrollen darf? Was, wenn Pferdi nicht ins Flugzeug darf und stattdessen am Flughafen in die Mülltonne muss. Das wäre der Super-GAU, dann brauchen wir nirgendwo mehr hinzufliegen. Solche Gedanken musste ich mir früher nie machen!

Es ist Freitag am späten Nachmittag, eine Woche vor den Osterferien. Unser Bus steht auf einem der Parkplätze außerhalb des Flughafens und ein Shuttle bringt uns zum Terminal. Mit uns und Joshua stapft Joana, ihren kleinen Rucksack umgehängt und Pferdi im Arm, durch die Abflughalle. Sie fängt reihenweise freundlich belustigte Blicke ein. Wäre ich nicht die Mutter, die das Pferd auf Reisen quer durch Südafrika mitnehmen muss, ich würde das Kind auch total süß finden.

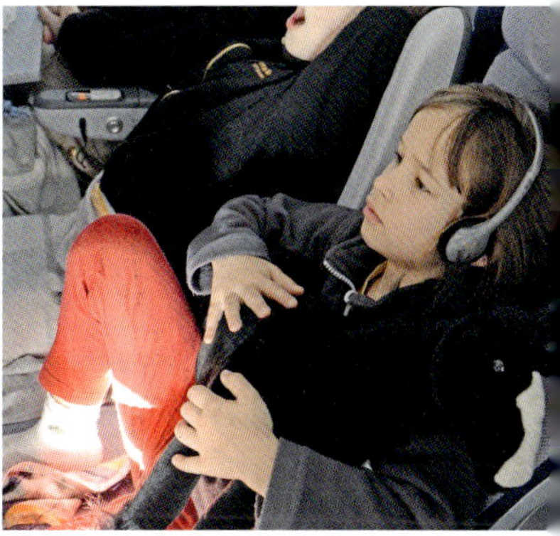
Joana und Pferdi auf großer Reise

Erst als wir die Sicherheitskontrolle vor den Gates passiert haben und Joana immer noch glücklich Pferdi an sich drückt, fällt mir ein großer Felsbrocken vom Herzen. Joanas Flugangst besänftigen wir mit einer Reisetablette und Joshua ist völlig begeistert, dass er im Flugzeug einen eigenen Fernseher hat. Abendessen gibt es erst kurz vor Mitternacht, für unsere Kinder eine völlig unbekannte Zeit. Aber sie meistern den Flug wie Profis. Ich bin froh, dass sie bereits so groß und verständig sind. Vor ein paar Jahren hätten sie wahrscheinlich seit Stunden das Flugzeug zusammengebrüllt. Die Sitzerhöhungen, die wir mitgenommen haben, weil uns die Miete in Südafrika zu teuer ist, dienen als ideale Fußstützen und Beinablagen, als die Kinder sich nach dem späten Essen jeweils über unseren Schoß querlegen und schlafen. Wir fliegen nach Südafrika, als Familie: Lars und Regina und Joshua und Joana. Und Pferdi. Mein Gehirn versucht, diese Information irgendwie zu verarbeiten.

SÜDAFRIKA? UNGLAUBLICH!

Morgens in Johannesburg am Flughafen läuft alles wie am Schnürchen. Sogar dermaßen am Schnürchen, dass wir vergessen, nach dem Geldautomaten zu suchen, um Afrikanische Rand zu ziehen, ehe wir im Mietwagen sitzen. Also raus auf die Stadtautobahn und mit der Straßenkarte die richtige Richtung finden. Als wir an etwas vorbeifahren, das wie ein Gewerbegebiet aussieht, nehmen wir die nächste Ausfahrt und finden tatsächlich einen Supermarkt und davor sogar einen Geldautomaten. Zweimal versuche ich, diesem Geld zu entlocken. Irgendwie weiß ich die richtige Antwort auf die Frage nach der Kontoart nicht, sowas wurde ich noch nie gefragt und schon gar nicht auf Englisch. Dann klappt es doch und ich habe dazu gelernt. Die ganze Zeit steht Lars hinter mir. Mit breiten Schultern im Rücken werde ich mich an den Geldautomaten in Südafrika wesentlich wohler fühlen. Am Automaten hängt ein Schild, dass man aus Sicherheitsgründen das ausgegebene Geld nicht zählen soll... Was ich jetzt mal eben hier abhebe, ist wahrscheinlich der Lohn mehrerer Monate für einen einfachen südafrikanischen Arbeiter – wenn er denn einen Job hat.

Nach dem Lebensmitteleinkauf fahren wir wieder auf die Autobahn und raus aus der Stadt, immer in Richtung Süden zu einem Nature Reserve mit Campingplatz, das ich im Internet rausgesucht habe. Als wir den Camping nach ein paar Umwegen endlich gefunden haben, stehen an einem verfallenen Wärterhäuschen zwei Männer und erklären uns, dass es den Campingplatz nicht mehr gibt. Immerhin können sie uns den Weg zu einem anderen weisen, eine gute halbe Stunde von hier entfernt. Was würden wir jetzt tun, wenn die Männer nicht hier stünden?

Bis wir den anderen Platz erreichen – dankbar registrieren wir, dass er wirklich existiert – ist es Nachmittag und wir sind ziemlich k.o. Zumindest für die Erwachsenen war die Nacht im Flugzeug schlaflos. Wir bauen unser Zelt auf einem schattigen Platz auf und kramen alles raus, was wir brauchen. Im Auto sieht es jetzt aus wie auf einem Schlachtfeld. Wenn wir nicht ständig suchen wollen, müssen wir schnellstmöglich ein System entwickeln, wie und wo wir die einzelnen Gepäckstücke verstauen. Nach dem Abendessen auf der Decke geht es in die Dusche. Und dann können wir uns endlich gemütlich hinsetzen. Äh, wohin eigentlich? Stühle haben wir logischerweise nicht dabei. Warum auch? Hatten wir nie! Haben wir früher wirklich ganze Abende auf dem Boden gesessen? Ich durchforste meine Erinnerungen. Ja, so muss es wohl bei allen Flugreisen gewesen sein. Inneres Kopfschütteln – das kann ich nicht mehr gemütlich finden! Und diese Änderung liegt nicht mal an den Kindern, sondern an meinem Rücken. Also stehen auf der nächsten Einkaufsliste: zwei möglichst billige Campingstühle, zwei kleine Kopfkissen für Lars' Nacken, eine Teflonpfanne und dann noch zwei möglichst stabile Verpackungskartons aus dem Supermarkt zwecks Kofferraumsortierung. Einer für Küchenutensilien und einer für Lebensmittel. Bei der Weiterreise werden wir fündig und steuern besser ausgerüstet unser nächstes Ziel an, das Spioenkop Dam Nature Reserve. Natürlich habe ich mich vorher im Internet schlau gemacht, hoffe jetzt inbrünstig, dass es den Campingplatz dort noch gibt.

Spioenkop Dam überrascht uns zutiefst. Nach meiner Vorinformation habe ich einen Stausee mit ein paar Tieren erwartet. Stattdessen stehen wir mitten in der afrikanischen Savanne. Der Stausee ist von weitem, mit Dornbüschen und Akazien durchsetzem Grasland umgeben, auf den Hügeln stehen lichte Baumbestände. Weite, einsame Natur – genau so habe ich mir Afrika vorgestellt! Direkt am See liegt der Campingplatz, bei dem es sich genau genommen nur um eine sehr große gemähte Wiese mit Sanitärhäuschen handelt. Das Wärterhäuschen, und damit der Anschluss an die Zivilisation, befindet sich am Eingang des Reserves und ist fast ein Kilometer weit weg. Wir finden einen Schattenplatz für unser Zelt mit möglichst wenig Dunghaufen in direkter Umgebung. Mitten in Afrika. Wahnsinn! Zu allem Überfluss sind wir hier alleine, nicht einen einzigen anderen Campinggast können wir ausmachen. Für uns absolut genial, wenn auch bei soviel uns umgebender Schönheit unverständlich. Für SAN Parks, die Südafrikanische Parkverwaltung, wegen mangelnder Einnahmen sicherlich eher suboptimal.

Den Nachmittag verbringen wir mit dem Bestaunen der Landschaft und Baden im See. Das etwas brackige Wasser spulen wir danach unter der Dusche ab. Abends zirpen die Grillen laut und vielstimmig, genau der Klang aus meinen Erinnerungen des

Afrika pur – Camping im Spioenkop Dam Nature Reserve

letzten Südafrikaaufenthaltes. Mit der Dämmerung legen wir die Kinder ins Zelt. Im Zelt schlafen an sich ist kein Problem, obwohl wir im Urlaub bisher immer im geschützten Bus unterwegs waren. Aber von der wilden Welt draußen, den unbekannten Gerüchen und Geräuschen nur durch eine dünne Zeltwand getrennt, ist das schon eine andere Herausforderung. Lars und ich möchten uns noch raussetzen – vor unser Zelt. Erst sind Joshua und Joana damit verständlicherweise nicht glücklich. Also versprechen wir, direkt vor dem Zelt zu bleiben, so dass sie uns hören können. Und natürlich dürfen beide auf die mittleren Isomatten, wir werden uns später rechts und links an den Rand legen, damit sie sich geschützt fühlen können. Und tatsächlich können wir bereits am ersten Abend raus auf unsere Stühle! Ganz schön tough, unsere Kinder.

Es wird richtig dunkel an diesem Abend, schwarze Nacht. In der Finsternis hören wir Tiere schnauben, schmatzen und mit den Hufen stampfen. Dann scheint eine Gruppe – was eigentlich? – an uns vorbeizugaloppieren. Hoffentlich können sie besser se-

Als wir am Morgen aufwachen, grasen Gnus und Blessböcke auf der Wiese vor dem Zelt.

hen als wir! Lars holt eine Stirnlampe aus dem Zelt, im schwachen Licht tauchen erst rote Augen auf, dann erkennen wir Gnus. Alle Tiere dürfen sich – weil ungefährlich – im gesamten Reserve frei ohne Zäune bewegen. Wir sind mitten in Afrika.

Der nächste Morgen beginnt in der Dämmerung und vor dem Sonnenaufgang mit dem Gang zum Klo. Über der Campingplatzwiese hängen dünne Nebelschwaden und – wir trauen unseren Augen kaum – dort weiden Blessböcke und Gnus. Schnell holen wir die Kinder aus dem Zelt. Fasziniert staunen sie, wie nah wir diesen uns so fremden Tieren sind.

Nach dem Frühstück müssen wir endlich mit den Schularbeiten beginnen, wie bei der Freistellung versprochen. Wir setzen uns auf die Decke und ich verteile Arbeiten an Joshua und Joana. Aber es geht gar nicht! Keine Aufgabe lösen sie richtig, Konzentration ist totale Fehlanzeige. Es ist alles viel zu aufregend. Nach einigen Versuchen ziehen wir uns ins Zelt zurück. Naja, gut ist anders. Mühsam quäle ich die beiden durch ein kleines Paket ihres Schulstoffes. Dieses wenig spaßige Programm werden wir jetzt an allen

Auf Pirschfahrt: Zebras staunen über uns Touris

»Ruhetagen« haben. Joshua, unser Zweitklässler, findet Rechenaufgaben und Rechtschreibübungen sehr überflüssig – vor allem hier in Afrika. Nur notgedrungen beugt er sich den Argumenten und Anweisungen. Joana hat ihr erstes Schuljahr noch nicht abgeschlossen und arbeitet gerne für die Schule. Ihr fallen die Arbeitseinheiten etwas leichter.

Natürlich unternehmen wir am Nachmittag eine Pirschfahrt mit dem Auto und entdecken stolze Kudus mit wunderschön geschwungenen Hörnern, die riesigen Elenantilopen, Zebras mit

Fohlen und sogar eine Giraffe direkt in der Nähe des Campingplatzes. Am Abend, es ist bereits so dämmrig, dass die Kinder nicht mehr alleine ins Toilettenhäuschen gehen wollen, steht die Giraffe direkt dahinter. Ungelogen. So nah, ohne Zaun.

Nach zweieinhalb Tagen Afrika pur geht es weiter in Richtung Drakensberge, um für eine Neuauflage des Wanderführers zu recherchieren. Wir treffen John, zuständig für die Parkverwaltung, mit dem ich in den letzten Jahren wiederholt gemailt habe. In Underberg essen wir Pepper Steak Pies – auch eine dieser unvergesslichen Erinnerungen an unsere letzte Tour. Auf einer nahe gelegenen Farm erleben wir mit dem Palmsonntagsgottesdienst mit anschließendem fröhlichem Programm für Kinder und Erwachsene ein Stück südafrikanischen Alltages. Die dort erstandene CD mit christlicher Musik der charismatischen Sängerin wird uns auf unserem Weg durch Südafrika begleiten.

AUF DEM GIANTS-CUP-TRAIL

Nachdem Organisatorisches und Rahmeninformationen geklärt sind, können wir endlich den Giants-Cup-Trail unter die Füße nehmen, die Haupttour des Wanderführers. Das vorhergesagte trockene Wetter ist perfekt, die prognostizierten 30°C dagegen übersteigen deutlich die Wander-Wohlfühltemperatur. Also versuchen wir, so früh wie möglich loszukommen. Da wir aber zu zweit für vier packen und organisieren, sind wir nicht mehr

ganz so schnell wie früher… Kleine Änderungen halt! Trotzdem ist es erst 8.30 Uhr, als wir starten. Dass Pferdi zurückbleibt und das Auto bewachen muss, hat Joana diesmal übrigens sehr schnell eingesehen. Vor uns liegen neun Kilometer durch weites Grasland mit relativ wenigen Höhenmetern. Die mit Abstand weiteste Strecke für die Kinder bisher, hoffentlich bewältigen sie diese gut!

Bereits nach der ersten Stunde sind die Kinder trotz Schirmmützen rotglühend. Es ist wirklich sehr heiß. Kein Wind. Kein Schatten. Joana »kaaaaann nicht meeeehr« und sogar Joshua schwächelt. Das hilft jetzt leider nichts, denn zur Recherche dieser Wanderung sind wir hier. Aber bürde ich den Kindern vielleicht zu viel auf? Überfordere ich sie mit dieser Tour? Dass einer hier zusammenbricht, bloß weil ich mich und meine Träume nicht zurücknehmen kann? Nichts wäre das wert! Sorgen machen sich breit in meinem Kopf. Ist nicht der Kreislauf von Kindern viel stabiler als der von Erwachsenen? Hoffentlich! Wir gehen langsam, machen regelmäßige Trinkpausen und staunen über die atemberaubende Sicht auf die Giant's Cup, eine Bergformation an der Grenze zu Lesotho. Bei einer frühen Mittagspause im Schatten der Bathplug Cave erreichen wir alle wieder halbwegs normale Körpertemperatur. Dann müssen wir weiter, der halbe Weg liegt noch vor uns. Der ist so lang wie ganze Tagesetappen in Norwegen. Die Kinder stapfen müde weiter, die Sonne brennt unerbittlich, und ich schicke Stoßgebete zum Himmel, dass alle der Belastung standhalten. Unseren Übernachtungsplatz, die Mzimkulwana Hut, sehen wir schon

Wohlverdiente Pause im kühlen Schatten der Bathplug Cave

aus eineinhalb Kilometern Entfernung. Mit dem Ziel vor Augen erwachen die Kinder aus ihrer Lethargie. Zusammen mit Lars laufen sie jetzt vorneweg den langen flachen Abstieg hinunter, während ich mich hinterherquäle. Mein Rücken tut weh, für die niedrigen Stufen bräuchte ich Stöcke, aber die sind an Lars' Rucksack befestigt. Eineinhalb Kilometer können weit sein…

An der Hütte angekommen, fliegen erstmal alle Rucksäcke zu Boden. Mühsam setze ich mich. Später lasse ich mir kaltes Wasser über den Kopf laufen. Hier gibt es sogar eine Wasserleitung. Pause. Ich sehe wirklich fertig aus – zumindest auf dem Foto,

Abendessen an der Mzimkulwana Hut, gefolgt von Sterne gucken und Fußmassage. Unten: Mama, echt fertig!

das Lars von mir macht. Inzwischen spielen die Kinder Schattenboxen unter dem Terrassendach. Sie regenerieren sich unglaublich schnell und anscheinend habe ich sie nicht überfordert. Was für zähe Wanderer! Puuh, ich bin wirklich erleichtert. Lars kocht eine Drei-Minuten-Asia-Suppe, das füllt die Elektrolyte auf und weckt die Lebensgeister auch bei mir. Dann schaue auch ich mir die Schlafräume an: Verrostete Bettgestelle umgeben von kargen Natursteinmauern. Die Matratzen sind wirklich mehr als grenzwertig. Joshua und Joana haben sich welche komplett ohne Bezüge ausgesucht. Ich weiß gar nicht, was schlimmer ist: nackter, angegilbter Schaumstoff oder teilzerrissene, fleckige Bezüge… Die Kinder hüpfen völlig unbeeindruckt über die Betten. Ich beschließe, dass es jetzt nicht weiterhilft, die beiden auf mögliche hygienische Bedenken hinzuweisen. Generationen von Kindern sind so groß geworden, ich hoffe, dass die eine Nacht unseren nicht schaden wird.

Abends gibt's die obligatorischen Nudel-mit-Soße-Tüten auf der Terrasse. Kaum dass wir fertig sind, es wird gerade sehr dämmerig, kommt eine ganze Gruppe südafrikanischer Wanderer an. Während sie sich einrichten und essen, liegen wir wechselweise auf dem Rücken, jeweils ein Eltern-Kind-Paar, und massieren uns gegenseitig die Füße. Der so Verwöhnte darf gleichzeitig die Sterne bewundern. Diesen Abend genießen wir alle sehr, die Kinder schwärmen noch lange davon. Hier unter den Sternen Südafrikas verschwimmen die Altersunterschiede, wir fühlen uns wie Wanderpartner.

Nach einer schlechten Nacht, in den Nachbarzimmern war es lange laut und dann zu früh wieder, brechen wir als erste von der Hütte auf. Heute soll es noch wärmer werden. Wenig später werden wir von den Südafrikanern, die eine Abkürzung gegangen sind, überholt. Ich bin ausnahmsweise sehr froh, dass wir nicht alleine unterwegs sind. Die anderen quälen sich genauso wie wir, bleiben am Anstieg zum Crane Tarn regelmäßig stehen und bewundern unsere Kinder, die so gut mitlaufen. Dass die Erwachsenen genauso leiden, spornt Joshua und Joana an.

Der Crane Tarn ist ein einsamer See auf einem grasbewachsenen Hochplateau, im Norden überragt von den Gipfeln der Drakensberge. Obwohl das Wasser nur flach ist, ist er richtig kalt. Fast alle versuchen, wenigstens die Beine zu kühlen. Anschließend muss Lars mir die Schuhe anziehen, ich komme nicht mehr an meine Füße, mein Rücken ist steif wie ein Brett. Zwei Ibuprofen und dann weiter wandern, mehr kann ich jetzt nicht tun. Als ich stehe, hebt Lars mir den Rucksack hoch. Früher, gefühlt in

Verdiente Rast am Killicrunckie Pool

Akzente am Wegesrand: Der Killicranckie Wasserfall und die Blüten des Protea-Baumes.

einem anderen Leben, hat er mir meinen großen Rucksack getragen, wenn ich gar nicht mehr konnte, zusätzlich zu seinem. Aber damals hat seiner nicht alleine bereits über zwanzig Kilogramm gewogen. Jetzt muss ich selber weiter schleppen. Der Weg führt hinunter ins Tal, an Felsblöcken vorbei, einem Bachlauf folgend, durch kleine Wäldchen von Proteabäumen, der südafrikanischen Nationalblume mit ihren großen, exotischen Blüten. Im ersten Schatten nach vielen Kilometern treffen wir dann wieder die wandernden Südafrikaner. Eine Frau in weißer Bluse zieht gerade den Lippenstift nach. Unfassbar. Ich fühle mich total verschwitzt und verklebt, mit Lippenstift sähe ich in kürzester Zeit aus wie ein Gruftie.

Nur noch ein kurzes Stück und wir erreichen eine Schotterstraße. Hier werden wir pünktlich wie vereinbart von Joseph, einem Angestellten des Nationalparks, mit einem Pickup Truck abgeholt. Die Kinder finden es total aufregend, mit Lars hinten auf der Ladefläche zu fahren. Ich sitze bequem vorne bei Joseph und unterhalte mich mit ihm über den Nationalpark, seinen Job und seine Familie. Für solche Gelegenheiten, mehr über die Menschen und ihr Leben zu erfahren, bin ich sehr dankbar.

Was von dieser Wanderung übrig bleibt neben der Recherche? Lange erzählen die Kinder von der großen Hitze und vom Abend an der Mzimkulwana Hut, mit Sterne gucken und Füße massieren. »Das hätten wir nicht erlebt...!« Mir bleibt die Dankbarkeit für die Stärke und Tapferkeit unserer Kinder. Mit dem unvergesslich intensiven Abend an der Wanderhütte fühlen Lars und ich uns gesegnet.

Nur wenige Tage später gehen wir nochmal auf Recherchetour, ein Abstecher vom Giants-Cup-Trail zur Höhle Pillar Cave ist das Ziel. Diesmal ist es wirklich nicht weit, nur drei Kilometer im Tal des Mlambonja River aufwärts. Wegen der kurzen Strecke starten wir ausnahmsweise erst am frühen Nachmittag. Kaum eine halbe Stunde sind wir unterwegs, da zieht es zu und fängt an zu fieseln. Das Wetter in den Drakensbergen ist unberechenbar, aber zumindest besteht heute keine Gefahr zu überhitzen. Eine Weile stapfen wir durchs nasse Grasland, dann bricht die Sonne durch die Wolken. Sie lässt jeden Regentropfen funkeln, die Grashalme – und davon gibt es hier viele – glitzern mit ihren Wasserkügelchen um die Wette. Der Kontrast zwischen den Sonnenstrahlen, die durch die Wolkenschleier brechen, und den sich vor uns auftürmenden dunklen Bergen könnte intensiver nicht sein. Ein magischer Anblick wie aus einer anderen Welt. Mittelerde? Wenn jetzt noch Elben oder Gandalf erschienen, würde es mich kaum wundern. Stattdessen ziehen zwei kleine Menschen in roter und blauer Regenjacke wie Hobbits durch das grün leuchtende Grasland.

Heute unser Übernachtungsplatz: die Pillar Cave.
Unten: schon ziehen Wolken vor unserer Unterkunft vorbei, erstes Grummeln kündet vom folgenden Inferno.

Mit der Pillar Cave erreichen wir das Ende unserer kurzen Wanderung und unseren Übernachtungsplatz: einen tiefen Überhang mit einer Felssäule in der Mitte. Zeit zum Entspannen, Spielen, Schauen. Gegenüber, wenige hundert Meter entfernt, türmt sich steil und fast tausend Meter höher der 3051 Meter hohe Rhino Peak auf. Am Talschluss geht es ebenso steil hoch nach Lesotho, das zwar nur wenige Kilometer entfernt, aber fast achthundert Meter über uns liegt. Eine bizarre Landschaft, unsere kleinen Vorstellungen sprengend, mit großartigen Bergformationen.

Plötzlich sehe ich eine kleine Wolke, wo eben noch keine war. Komisch. Noch mal genau hinschauen. Und wirklich, auf halber Höhe nach Lesotho bilden sich aus dem Nichts weiße Fetzen in der Luft. Das habe ich noch nie gesehen! Die Kinder sowieso nicht. Es ist die warme Luft aus dem tief gelegenen Südafrika, die hier steil aufsteigt und deren Feuchtigkeit vor unseren Augen in der Kälte zu Wolken kondensiert. Faszinierend! Eine weitere Folge dieses extrem großen Temperaturunterschiedes macht sich später am Abend bemerkbar, als es leise anfängt zu grummeln. Schnell packen wir die Kinder in die Schlafsäcke und halten sie fest im Arm. Verängstigte Kinder bei einem Gewitter in den Bergen, dazu noch in einer Höhle, brauche ich gerade nicht. Während schon die ersten Donner zu hören sind, schlafen Joshua und Joana tatsächlich ein. Wenig später schlägt das Gewitter dann mit voller Wucht zu. Es kommt näher und näher, die Blitze erhellen in immer schnellerer Folge die komplette riesige Felswand des Rhino Peak und die Donner werden mit jedem Schlag heftiger und lauter. Es fühlt sich an, als ob sie im Berg widerhallen – in dem Berg, unter dessen Überhang wir liegen. Dazu schüttet es wie aus Kübeln. Ich versichere mir, dass uns hier nichts passieren kann. Wir liegen trocken, das Inferno tobt außerhalb des Überhangs, gute vier Meter vor uns. Blitze schlagen nicht auf Umwegen in Höhlen ein! Ein irres Gewitter. Unglaublich die Kräfte der Natur. Wir genießen es jeder von seiner Isomatte aus, denn auch wenn ich mich gerne mit Lars zusammen auf die trockenen Steine setzen würde, es geht nicht. Das Risiko, dass Joana aufwacht, wenn sie nicht mehr fest in meinem Arm gekuschelt liegt, werde ich unter gar keinen Umständen eingehen.

Nachts schlafe ich unruhig. Ungewohnt streicht der Wind über mein Gesicht, fremdartig hallen unbekannte Geräusche in der Höhle wider. Am nächsten Morgen lacht dann die Sonne vom Himmel, als wäre gar nichts gewesen.

Am nächsten Morgen strahlen die grünen Grasmatten in der Sonne.

Rückweg von der Pillar Cave, Lars hilft Joshua und Joana bei der Überquerung des Mlambonja River

Nach einem gemütlichen Frühstück machen wir uns auf den Rückweg zum Auto. Inzwischen ist es wieder wolkenverhangen, deshalb beschließen wir, heute schon nach Port St. Johns an die Wild Coast weiterzufahren. Katzenwäsche und Umziehen, alles ins Auto packen und los geht's.

QUER DURCH SÜDAFRIKA

Die Kinder dürfen Nintendo spielen – auch eine Neuerung. Es ist das erste Mal, dass wir elektronisches Spielzeug dabei haben, um den beiden die langen Fahrtstrecken von vier bis fünf Stunden alle paar Tage zu erleichtern. Dazu haben wir dann gleich einen Stromwandler gekauft, um die Geräte während der Fahrt über die Autobatterie aufladen zu können. Sie in Südafrika an irgendeine Steckdose in einem Toilettenhäuschen anzuschließen, wäre fast sträflich. Auch hiermit schleppen wir einen Wert durch die Gegend – und das gleich zweimal – der den Monatslohn des bereits bemühten einfachen Arbeiters um das Mehrfache übersteigt. Allerdings ist die Nutzung für unsere Kinder deutlich eingeschränkt, stundenweise und nur während der Fahrten. Ich möchte nicht, dass sie verlernen zu spielen. Noch können sie das: mit Stöcken, Steinen, Eimern, Stiften und Papier und ich wünsche mir, dass das möglichst lange so bleibt.

Die Fahrt nach Port St. Johns dauert lange. Erst verpassen wir das kleine Hinweisschild an einer Abzweigung, merken es aber wegen der Leere der Landschaft erst vierzig Kilometer und eine Baustelle mit langer Wartezeit später. Dann werden die Straßenbedingungen sehr schlecht und Lars übt sich im Schlagloch-Slalom-Fahren. Gleichzeitig fängt es an zu regnen. Kurz vor der Dämmerung erreichen wir, ordentlich k.o., den ausgewählten Backpacker in Port St. Johns mit deutlicher Hippie-Atmosphäre. Ende eines langen Tages! Fünf Minuten später stellt sich heraus: alle Betten sind belegt. Das hat uns jetzt gerade noch gefehlt. Die Pension, an die wir verwiesen werden, kostet schlappe einhundert Euro pro Nacht. Das geht nicht. Also suchen wir weiter in der Dunkelheit und in den kaum beleuchteten Straßen. Es gibt hier noch mehr Backpacker. Schließlich bekommen wir tatsächlich ein Zimmer und jetzt wird es echt wie früher. Schon beim Aussteigen schlägt uns intensiver Haschgeruch entgegen. Egal, das Zimmer liegt in einem eingeschossigen Nebenhaus, die Schwaden ziehen nicht so weit. Zwei kleine Fensterchen, ein Doppelbett und ein normales Bett mit wahrscheinlich gewaschener Bettwäsche, nackter Betonboden, selbstgezimmertes Regal, Badezimmer mit zerrissenem Duschvorhang und schwarzen Rändern an allen möglichen Stellen und das alles mit dem etwas feucht-modrigen Geruch der Tropen. Es ist dunkel, wir sind müde, es regnet wieder und wir haben ein bezahlbares Dach über dem Kopf. In unserem Zimmer gibt es ein spartanisches Abendessen aus Brot und Resten, dann teilen Joana und ich uns das einfache Bett, die Herren bekommen das Doppelbett.

Am nächsten Morgen dürfen wir unser Frühstück auf das große Holzdeck im Haupthaus mitbringen. Hier stehen Tische und Bänke, ein Billardtisch und viele tropische Pflanzen. Die Aussicht durch die dichte Vegetation fällt auf den gegenüberliegenden Berghang. Auf einigen Freiflächen stehen dort winzige Lehmhütten mit Blechdächern, vor denen Kinder spielen. Immer wieder werden wir in Südafrika mit dem Leben in einer anderen

Welt konfrontiert. Ein Spruch eines Freundes geht mir durch den Kopf, er stammt noch aus Studentenzeiten: »Leben am Existenzmaximum« – so hat er schon damals unser Leben charakterisiert. Und heute? Verglichen mit dem Leben am gegenüberliegenden Hang? Wir genießen die Sonne, nutzen die Tische für Schularbeiten. Stück für Stück kämpfen sich unsere zuverlässigen Kinder widerwillig durch das Pflichtprogramm. Tagsüber scheinen wir hier alleine zu sein. Daraus schließen wir, dass wir in einer Unterkunft für südafrikanische Arbeiter gelandet sind. Ein Nachmittagsausflug führt uns auf einen Aussichtsberg und in die Stadt zum Einkaufen und Geld holen. Diesmal traue ich mich nicht mal alleine über die Straße mit einem Portemonnaie bei mir. Überall lehnen Männer an Pfosten, Geländern, Ecken. Lars als Bodyguard ist hier unersetzlich!

Die zweite Nacht in unserer Unterkunft wird unruhig. Da ich letzte Nacht gar nicht geschlafen habe – es war einfach zu eng – legen wir schweren Herzens Joshua auf den Boden, auf eine große Decke und seine Isomatte. Ganz starker Held hat er zuerst gezögert, sich dann aber dazu bereit erklärt. Kurz nach dem Ende der Dämmerung machen wir die Fenster auf – und natürlich das Licht aus – weil es so furchtbar stickig in unserem Zimmer ist. Um Mitternacht sind alle zerstochen und wach. Malaria gibt es hier nicht – die Malariagebiete Südafrikas, zum Beispiel den Krüger-Nationalpark, haben wir bewusst links liegen gelassen. Schon beim Lesen der Beipackzettel entsprechender Medikamente wird man krank, das möchte ich den Kindern nicht ohne Not antun. Aber mitten in der Nacht völlig zerstochen aufzuwachen ist trotzdem nicht schön. Also hole ich die Mückenstichsalbe aus dem Auto und verpflege jeden Stich einzeln. Derweil geht Lars auf Mückenjagd. Anschließend können wir alle halbwegs vernünftig weiterschlafen.

Ja, es ist eine Unterkunft wie früher. In Venezuela und Costa Rica hatten wir aus Kostengründen häufig Unterkünfte an der Grenze des Erträglichen. Neben allen Begleitumständen erinnert mich der modrig-feuchte Geruch am meisten daran. Aber es ist nicht mehr alles wie früher, und es liegt wieder nicht an den Kindern. Entgegen unseren Plänen beschließen wir, am nächsten Morgen abzureisen. Zwei solcher Nächte – quasi zur Erinnerung an wirklich tolle Reisen – genügen uns beiden völlig, mehr brauchen wir nicht mehr.

Weitere Stationen in Südafrika liegen vor uns: Der Campingplatz an der Morgan Bay, wo die Kinder so hingebungsvoll die kleinen Kaninchen im Stall auf dem Campinggelände streicheln, dass sie sich gar nicht für die Meerkatzen interessieren, die am Rande des Platzes über einem Bachbett in den Bäumen turnen. Ein weiterer Höhepunkt unserer Reise wird der Halt beim Addo Elephant Park, wo wir außerhalb des Parks eine ausgesprochen hübsche und ordentliche kleine Hütte auf einem sehr schönen Anwesen für den Preis des Backpackers in Port St. Johns bekommen. Zwei Betten gibt es und die Kinder dürfen auf Isomatten auf dem sauberen, gefliesten Boden schlafen. Wir staunen über dieses tolle Angebot der Chefin. Wollte sie nicht, dass wir beim Zelten in ihrer klitschnassen Wiese versinken? Oder ist sie so großzügig, weil Ostern ist? Im Park selbst kommt uns, kurz bevor wir bei der zweiten Pirschfahrt die Suche aufgeben, eine ganze Herde Elefanten entgegen. Große und kleine Rüsselträger schreiten direkt an unserem Auto vorbei, sogar ein ganz junges Kalb. So nah, dass wir sie berühren könnten… Tun wir natürlich nicht!

Auch die Karoo gehört zu unseren Stopps, eine großartige Halbwüstenlandschaft mit einer bizarren, aufgerissenen Schlucht. Hier sehen wir Löwen in einem, für südafrikanische Verhältnisse, relativ eng umzäunten Bereich. Die loop road, die Ringstraße oder besser -piste zur Erkundung des Parks, ist nur etwa vier Kilometer lang.

Rote Klippen und Wasserspielplatz in der Karoo bei Graaff Reinet

Fast am Ende unserer Reise, schon auf dem Rückweg Richtung Johannesburg, besuchen wir das Sandveld Nature Reserve. Da der neue Campingplatz noch nicht fertiggestellt ist, dürfen wir nach einigem Verhandeln auf dem stillgelegten, ehemaligen Platz zelten. Abgesehen von den vielen Scherben und Dornen am Boden ein menschenleerer, verwilderter Traum für uns Einsamkeits-Fans, und das alles unter schattenspendenden Akazien und mit Seeblick. Sehr praktisch sind auch die kleinen Betontische zum Essen und Schularbeiten machen. Auch wenn die Konzentration wirklich schwer fällt, wenn gleichzeitig Affen durch die Bäume hangeln.

Die Sanitäranlagen werden nicht mehr gewartet und gereinigt, funktionieren aber noch. Wir haben sogar warmes Wasser – auch wenn in der Dusche nicht nur alle Fliesen, sondern auch gleich der ganze Duschkopf verschwunden sind. Am ewig langen Sandstrand spielen die Kinder stundenlang, mehrere hundert Meter zu beiden Seiten ist niemand. Im diesmal abgezäunten Bereich mit Tieren sehen wir schließlich sogar Nashörner – der einzig verbliebene Wunsch auf der Liste von Lars und den Kindern. Ich bin sowieso schon wunschlos glücklich.

im Sandveld Nature Reserve auf dem aufgegebenen Campingplatz: Nur wir, der See und die Tiere Afrikas

Für die letzten paar Tage fahren wir in die Magaliesberge und wählen die Abkürzung über eine Passstraße. Hier ist mal wieder Lars' Fahrkunst gefragt, denn die Straße entpuppt sich als felsige Naturstraße. Der Campingplatz ist jetzt in der Nachsaison – es wird Herbst in Südafrika – fast leer und hat einen Pool mit fantastischer Aussicht über das riesige Steppental. Hier werden auch kleine Holzhäuser vermietet, die uns sehr gefallen – mit Terrasse und der gleichen berauschenden Aussicht wie am Pool. Am nächsten Morgen fragt Lars in der Rezeption nach, handelt einen Sonderpreis aus und wir dürfen sofort einziehen. Hammer! Die Kinder sind begeistert, sie bekommen ein eigenes Zimmer und jeder ein Bett, keiner muss auf dem Boden schlafen. Es gibt ein sauberes Badezimmer nur für uns, ein Schlafzimmer für die Eltern, eine Küche mit Herd und Kühlschrank! Welch ein Luxus!

Lars macht sich auf den Weg in den nächsten Supermarkt gut fünfundvierzig Minuten von hier, denn heute Abend werden wir Fleisch braten und ein kühles Bier wird es auch geben. Aber das Allerbeste ist die Aussicht. Wir sitzen auf der sonnengeschützten Terrasse und genießen die unglaubliche Weite. Im Tal vor uns schaukelt das Steppengras im sanften Wind, Akazien stehen in Gruppen zusammen, und zwischen zwei entfernten Hügeln der Magaliesberge reicht der Blick scheinbar unendlich über die nördliche Ebene. Der Blick ist mit Worten kaum zu beschreiben.

Bei einer kurzen Abschlusswanderung am nächsten Tag finden wir an einem kleinen Fluss eine natürliche Wasserrutsche und das in einer Gegend, die mit ihrer trockenen Vegetation und den vielen roten Steinen fast australisch anmutet. Die Kinder genießen den Wasserspaß sehr. Die letzten zwei Tage im gemütlichen Holzhäuschen fühlen sich an wie der pure Luxus und machen richtig Spaß. Aber auch für die vielen Nächte im Zelt bin ich sehr dankbar. Nie wären wir sonst Afrika so nahe gekommen.

Mittwochvormittag brechen wir von diesem wunderbaren Flecken Erde auf und sind – wie im Zeitsprung – am Donnerstagmittag zuhause. Da in Deutschland Schulpflicht besteht, bringe ich die Kinder am Freitagmorgen zum Unterricht. Ein paar Stunden werde ich auch auf der Arbeit vorbeischauen. Als wir im Auto sitzen, sagt Joshua: »Mama, ich fühle mich irgendwie so komisch. Als ob ich das erste Mal mit diesem Auto fahren würde…«. Ja, das hat er gut ausgedrückt, so geht es mir auch. Noch vor achtundvierzig Stunden haben wir in Südafrika auf der Terrasse mit fantastischer Sicht gefrühstückt. Das fühlt sich wirklich sehr komisch an …

Das Südafrika-Hochgefühl trägt mich durch den ganzen Sommer. Verstärkend kommt dazu, dass unsere Mieterin ausgezogen ist und wir unser Haus jetzt ganz alleine bewohnen. Wie viel Platz und Freiheit! Nach einigen Renovierungsarbeiten ziehen die Schlafräume nach oben und unser Schlafzimmer wächst von neun auf zwanzig Quadratmeter. Unten bleibt ein Raum für einen Billardtisch. Zudem gibt es bei uns zu Hause auch weiterhin fließendes Wasser aus der Leitung – sogar kalt und warm! Lange bleibt mir, wenn ich den Wasserhahn öffne, ein Gefühl von Dankbarkeit erhalten, denn gerade vor kurzem haben wir erlebt, dass bei weitem nicht allen Menschen dieser Luxus zur Verfügung steht. Leben am Existenzmaximum.

WANDERABENTEUER FÜR PROFIS

In Deutschland wird es Sommer und wir sind eingeladen, ein Freund wird fünfzig. Schon lange träumt er davon, diesen runden Geburtstag am Lago Maggiore zu feiern. Praktischerweise fällt der Termin in die Sommerferien. Da alle in unserer Clique über ein campingplatztaugliches Gefährt verfügen – Wohnmobil oder Wohnwagen – und wir uns auch sonst einmal im Jahr für ein Wochenende in Wohnortnähe treffen, ist das grundsätzlich möglich. Dass wir mit insgesamt fünf Familien unseren Sommerurlaub entsprechend legen, rührt unseren Freund trotzdem sehr.

Allerdings ist der Lago Maggiore in der Hauptsaison nicht unbedingt unser Traumziel. Viel zu viele Menschen, wahrscheinlich zu heiß und Einsamkeit völlige Fehlanzeige. Ich bestelle den passenden Wanderführer und schmiede Pläne. Tageswanderungen gibt es reichlich im näheren Umkreis. Aber irgendwie stellt mich das alles nicht hundertprozentig zufrieden, irgendetwas fehlt. Also suche ich weiter, krempele das Internet um… und werde fündig: das Val Grande, ein italienischer Nationalpark, gerne als letzte Wildnis Italiens bezeichnet und direkt an den Lago Maggiore grenzend. Was als spinnerte Idee beginnt, wird nach viel Recherchieren zu einem ausgewachsenen Plan. Im Val Grande gibt es mehrere nicht bewirtschaftete Wanderhütten, und vier von diesen lassen sich prima zu einer Rundwanderung mit kurzen Tagesetappen kombinieren. Über einen deutschen Wanderführer, der dort im Süden arbeitet, erhalte ich per mail freundlicherweise die Info, dass es wirklich bei allen Hütten Wasser gibt. Das ist eine unabdingbare Voraussetzung, denn einen Wasservorrat können wir nicht schleppen. Das Risiko ohne Wasser dazustehen, können wir mit Kindern keinesfalls eingehen. Die Kinder bekommen neue Rucksäcke, kleine Schulrucksäcke, denn zusätzlich zu allem anderen müssen wir diesmal auch einen Gaskartuschenkocher und einen Topf mitnehmen. Sie sollen nicht viel tragen, aber uns ist schon viel geholfen, wenn der leichte Kocher und die zusätzliche Gaskartusche untergebracht sind. Die kriegen Lars und ich beim besten Willen nicht mehr in unsere Rucksäcke!

ZWISCHEN TOURI-URLAUB UND WILDNISWANDERN

Also machen wir uns zu Ferienbeginn auf den Weg Richtung Süden. Die erste Nacht in Italien verbringen wir in einer ersten Hütte mit atemberaubender Aussicht im Val Grande, die wir vom Lago Maggiore in nur zwei Stunden erwandern konnten. So treffen wir mit einer ersten Portion Wildnis versorgt bei unseren Freunden auf einem glücklicherweise kleinen Campingplatz direkt am See ein.

Die nächsten Tage werden von heißem Wetter, chillen, spielen mit den Kindern, gemütlichen Abenden mit den Freunden und Erinnerungen an alte Zeiten bestimmt. Nur mit den Massen nachmittags am See liegen, möglichst direkt in der brütenden Sonne, das kann ich beim besten Willen nicht. Macht aber auch nichts, das muss ich ja auch nicht. Eine Bootstour mit einem kleinen Sportboot, das unser Freund gemietet hat, schwimmen mitten im See, eine lustige Geburtstagfeier, zu deren Abschluss nachts am Seeufer drei Raketen gezündet werden, die wir an Silvester aufgehoben hatten. Der Knall hallt unglaublich laut von den umgebenden Bergen wider.

Alles ist super, bis Lars nach einem Bootsausflug quasi zum Camping zurückgetragen wird. Mein Held von Mann musste unbedingt das Wasserskifahren ausprobieren und das ist in die Hose gegangen. Oder genauer gesagt: in den Knöchel. Er kann auf dem rechten Fuß nicht mehr auftreten. Außerdem ist ihm der Ski zwischen die Oberschenkel geschlagen, sie schmerzen und werden blau. Nein, ich habe kein Mitleid, ich bin sauer. Solche Unfälle sind absehbar und vor allem: vermeidbar! Es ist nicht die erste Verletzung, die Lars sich bei einer derartigen Aktion zugezogen hat. Die Kombination aus Touri-Urlaub und Wildniswandern sollte diesen Sommer zu etwas Besonderem machen und zumindest für den zweiten Teil unserer Planung muss Lars wandern können. Gerade kann er nicht mal gehen... Nach zwei Tagen klappt vorsichtiges Auftreten, beste Voraussetzungen, um einen Zwanzig-Kilo-Rucksack durch steiles und unwegsames Gelände zu schleppen! Wir verlängern unseren Campingplatzaufenthalt um weitere zwei Tage. Lars leiht sich von einem unserer Freunde einen Stützstrumpf aus. Und dann beschließt er, dass wir es probieren.

VAL GRANDE

Wieder ist Rucksack packen angesagt. Lebensmittel für fünf Tage nehmen wir in genau abgepackten Rationen mit, sogar die benötigte Müslimenge habe ich vorher ausgewogen. Das Ganze natürlich plus einen Extratag, zur Sicherheit. Die Unsicherheit, etwas vergessen zu haben, ist schon deutlich geringer als in Norwegen.

Sieben Kilometer erwarten uns am ersten Tag. Nach der kurzen, aber kurvenreichen Anfahrt starten wir mittags. Lang zieht sich der Weg durch ein Wiesental hinauf, vorbei an kleinen Almen mit weidenden Schafen und Kühen. Im Seitental wird es steil und steinig. Joshua und Lars scheint das nichts zu machen. Joana und ich erkämpfen uns mühsam und mit Pausen jeden Schritt des steilen Aufstiegs.

Am Ziel inspizieren wir dann erstmal die Hütte. Sie ist groß und aus Natursteinen gemauert. Unter dem Dach gibt es einen schönen Holzboden zum Schlafen, in dem ein Hauch vom strengen

Geruch des im hinteren Hüttenbereich liegenden Stalls hängt. Katzenwäsche am Bach, Wandersachen zum Trocknen raushängen, warme Getränke für alle… Dann nehmen sich die Kinder des Holzvorrates an und spalten ihn mit der vorhandenen Axt und Säge in kleines Brennholz – für Joshua der coolste Job ever in den nächsten Tagen. Aus Holzsplittern bauen die zwei einen Stall für die kleinen Pferdchen, die Joana mitgebracht hat.

Zwei weitere Wanderer kommen an, ziehen aber weiter. Abends zünden wir ein Feuer im offenen Kamin an, kochen und essen, erzählen und spielen – eine heimelige Atmosphäre bei Kerzenschein. Am nächsten Morgen ist das Wetter umgeschlagen. Über den Kamm des Hochtales ziehen Wolken und bringen immer wieder Regen mit. Den Morgen verbringen wir bei Kakao und gemeinsamen Spielen.

Gegen Mittag brechen wir auf und steigen einen Kilometer und zweihundertfünfzig Höhenmeter hoch zum Pass auf 1800 Meter. Oben machen wir schnell ein paar Fotos – der Wind ist kalt – und kaum dass wir weitergehen, fängt es wieder an zu regnen. Erst fieselt es, dann treibt der böige Wind richtige Schauer vor sich her. Lars hat den

Unsere erste Hütte im Val Grande. Kann es hier ein Problem sein, viel Zeit zu haben?

Regenüberzug seines Rucksacks vergessen und will mit Joshua vorgehen. Da unser Tagesziel bereits in zwei Kilometern erreicht ist, stimme ich dem sofort zu. Ich mache mich zusammen mit Joana auf den Weg ins Tal, über Geröllhänge und schräg hängende Felsplatten geht es auf kurzer Strecke dreihundertfünfzig Höhenmeter abwärts. Der Weg ist gut gekennzeichnet, nur beschlägt meine Brille ständig. Stark kurzsichtig, wie ich nun mal bin, nützt es überhaupt nichts, sie abzunehmen. Wegrutschen darf ich nicht, nicht mal ein kleines bisschen, denn selbst das kleinste Stückchen tut jedes Mal im Rücken fürchterlich weh. Also stehe ich phasenweise etwas orientierungslos und deutlich gestresst herum und weiß nicht wirklich, wohin mit meinen Füßen, stochere mit meinen Stöcken nach der nächsten abschüssigen Felsplatte, lecke meine Brille ab, was die Sicht verschmiert, aber trotzdem verbessert. Und was macht meine Tochter? Sie singt Lieder für mich! Sie nimmt den

Abends vorm Feuer: mit Holznachlegen, Würfelspielen und Quatschen kommt keine Langeweile auf.

Regen völlig entspannt und auch mein Schneckentempo und singt! Wo hat sie diese routinierte Gelassenheit bloß gelernt? Wie genial!!

Eine gute Stunde später haben auch wir beide die nächste Hütte erreicht. Die klatschnassen Sachen werden zum Trocknen aufgehängt, dann gibt es eine warme Asia-Suppe und Brot und anschließend ein bisschen Pause. Und jetzt haben wir tatsächlich noch einen ganzen Nachmittag Zeit. Die kurzen Tagesetappen gehören zu den Dingen, die sich geändert haben und mich gar nicht mehr wirklich stören. Über drei Kilometer, selbst in so steilem, schwierigem Gelände, hätte ich früher nur gelacht. Eigentlich klingt das auch heute noch ziemlich lächerlich! Aber wie es klingt, kann uns ja egal sein. Die Kinder fühlen sich nicht gequält. Langeweile kommt nicht auf, wir haben eine paar Sudoku-Blätter mit, ein Kartenspiel, kleine Blätter zum Malen, die Pferdchen kommen wieder zum Einsatz, eine Hängematte in der Hütte wird zum Spielplatz der Kinder. Sie sind inzwischen Experten im Zufriedensein mit dem, was sie vorfinden. Wir haben viel Zeit zum Fotografieren der Wolkenspiele und und für ein kurzes Nachmittagsschläfchen. Von der Hütte schaut man wie von einem Balkon runter ins Val Grande. Sie liegt, wie die anderen auch, dermaßen fantastisch, da ist es ganz und gar nicht schlimm, viel Zeit zu haben!

Die Hängematte in der Hütte wird zum erklärten Lieblingsplatz der Kinder

Am späten Nachmittag kreuzen noch ein paar Wanderer auf und bestärken uns darin, weiterzugehen. Das stand nämlich wegen Lars' verletztem Fuß auf der Kippe. Von hier wird uns der Weg in den Talboden des Val Grande führen, noch mal sechshundertfünfzig Meter nach unten. Von dort müssen dann wir unweigerlich tausend Höhenmeter über einen Pass, um wieder aus dem Tal zu kommen. Aber unser geplanter Weg sei recht gut und eben, sagen sie. Lars meint, dass er das schafft, solange er den Fuß nicht verdrehen muss. Inzwischen ist übrigens der halbe rechte Oberschenkel blau.

Der folgende Wandertag ist ziemlich easy, nur viereinhalb Kilometer runter ins Tal und das auf schmalen, spannenden Pfaden. Die Sonne scheint, ein kalter Bach lädt zum Plantschen ein, Knochenfunde faszinieren, ein feuchter moosbewachsener Hang will gequert werden, an dem der

Weg sogar mit Ketten gesichert ist. Aber Joanas gute Laune von gestern ist aufgebraucht. Kaum ist die Hütte außer Sichtweite, ist sie sicher: »Ich kaaaaann nicht meeehr.« Oh je, wie soll das bloß morgen werden, auf dem Weg hoch zum Pass?? Ihr Gejammere zerrt deutlich an den Nerven, zumal es uns so unberechtigt erscheint. Erst kurz vor Ende der Tagesetappe, als es sehr steil abwärts geht und ich wegen Rückens sehr langsam werde, besinnt sie sich eines Besseren und wird plötzlich schnell.

Wieder folgt ein langer Nachmittag an der nächsten Hütte, diesmal bei strahlendem Sonnenschein. Ich werde zum Sonnenanbeter – im Gegensatz zum Lago Maggiore ist man hier ganz alleine! Am Nachmittag taucht eine Familie mit jugendlichen Kindern und ihrem Wanderführer auf. Es ist der Deutsche, der so freundlich meine e-mail-Fragen beantwortet hat! Später kommt eine italienische Gruppe. Wir sitzen noch ein bisschen am Feuer, dann verschwinden wir auf dem Schlafboden unserer kleinen Hütte. Dass ich in dieser Nacht nicht so gut schlafe, liegt nicht an den Siebenschläfern, die um uns herumturnen. Ich mache mir Sorgen wegen morgen. Hoch zum Pass und zur Hütte erwarten uns sieben Kilometer und tausend Höhenmeter und es ist der vierte Wandertag in Folge für die Kinder. Wenn der so läuft wie heute, wird es eine Tortur. Früh am nächsten Morgen sind wir auf den Beinen, unsere beiden kleinen Wanderexperten verstehen, warum wir schnell packen und nur ein einfaches Frühstück auf die Faust nehmen. Die Sonne erreicht gerade erst den Talboden, als wir die Hängebrücke des Rio Fiorina überqueren, um auf der anderen Talseite den Aufstieg zu beginnen. Nach kurzer Zeit trennen wir uns, Joshua und Lars wollen ihr Tempo gehen und in einer knappen Stunde auf uns warten. Joana und ich zockeln hinterher. Ein bisschen zügiger würde schon gehen,

Auf der Hängebrücke über den Rio Fiorina, jetzt liegen 7 Kilometer und 1000 Höhenmeter vor uns

aber mir, meinem Rücken und meiner mangelnden Kondition tut ein ruhiges Tempo durchaus gut. Gemeinsam kommen wir stetig voran, meine Tochter und ich. Trotz zwischenzeitlichem Jammern ist ihre Motivation deutlich besser als gestern.

Nach etwas über der Hälfte des Weges gibt es eine lange Pause, mit einem kurzem Bad in einem eiskalten Pool für die Kinder. Richtig schwer wird es erst auf dem letzten Kilometer. Inzwischen ist es früher Nachmittag, die Sonne steht auf dem steilen Hang, die Felsen sind aufgeheizt und es wird immer steiler. Nur noch hoch, hoch, hoch. Aber das Gute am letzten Kilometer: Er ist absehbar irgendwann zu Ende. Lars übernimmt beide Kinderrucksäcke, zusätzlich versteht sich, die Kinder haben rote Köpfe und werden regelmäßig mit Wasser versorgt. Auch ich kämpfe. Dafür werden wir wieder mit einer unglaublichen Aussicht entschädigt: Tief unter uns liegt wie eine verwunschene fremde Welt das Val Grande, auf dessen Talboden wir die letzte Nacht verbracht haben. In der Ferne erscheint hinter einem Wolkenband ein schneebedeckter Gipfel: der Monte Rosa. Wahnsinn!

Genauso absehbar wie der letzte Kilometer ist, dass die Kinder bei Erreichen der Hütte am Pass in Windeseile regenerieren, während ich erst eine Pause, dann kaltes Wasser in den Nacken und anschließend eine heiße Suppe brauche, um mich wieder gestärkt zu fühlen. Mal wieder kann ich nur noch staunen. Diese Tour ist tatsächlich ein bisschen wie früher, als wir häufig mehrere Tage in der Wildnis unterwegs waren. Damals wären wir zwar mindestens doppelt so weit gegangen, aber die ruhige Zeit an den Hütten gefällt uns inzwischen genauso gut wie unseren Kindern. Jetzt sind wir seit vier Tagen gemeinsam in einem absolut einsamen und unzugänglichen Hochgebirgstal unterwegs. Echte Profis sind unsere Kinder inzwischen geworden! Sie verstehen, worauf es ankommt, wissen um die extremen Beschränkungen beim Gepäck, kennen sich im Gelände aus und sind viel trittsicherer als ich. Gerade an den schwierigen Stellen laufen sie sehr zuverlässig mit und wenn es richtig anstrengend wird, jammern sie vielleicht, um dann doch super durchzuhalten. Hier oben an unserer vierten Hütte sind wir quasi am Ziel und genießen die grandiose Aussicht über den zurückgelegten Weg durch das Tal, die schroffen, mit gezackten Felsrändern gesäumten Berge und den Blick auf den in der Ferne aufragenden Monta Rosa. Der morgige Weg zurück zum Auto macht mir kein Kopfzerbrechen mehr, den schaffen wir. Abends genießen wir die Lichtspiele, die die umgebenden Berge, den schimmernden Monte Rosa und den klaren Himmel mit seinen kleinen Wattewölkchen in immer neue Farben tauchen: orange, rot, braun, gelb und rosa, türkis und tiefblau. Die Natur spielt ihre ganze Farbpalette für uns aus.

Es gibt immer was zu entdecken, hier Joanas Knochensammlung.

Fehlt noch das Fazit der Kinder: Wandern ist doof. Aber die Zeit an den Hütten mit Pferdchen und Holzhacken, Feuer und Abenteuerfeeling finden sie super, in echt! »Das hätten wir nicht erlebt, würden wir nicht...« – Sie wissen schon.

OSTERN IN CINQUE TERRE

Im folgenden Jahr zu Ostern müssen Joshua und Joana schließlich einen ungeplanten Test zum Thema Wandern bestehen. Wir sind wieder in Cinque Terre unterwegs und erkunden einen schmalen Pfad hoch zu einem Pass. Dort gibt's das obligatorische Picknick. Dann schlagen wir einen uns noch unbekannten Weg ein. Er führt entlang des weiten Tales zurück zum Campingplatz. Die Kinder haben die Aufgabe als pathfinder den Weg zu suchen und laufen voraus. Hier kann eigentlich nicht viel passieren, keine Schluchten, keine Steilwände, keine Wasserläufe sind in der Karte eingezeichnet, das Meer ist weit weg. Nach ein paar Kehren sind die beiden außer Sicht. Egal, sagt Lars, an der nächsten Kreuzung müssen sie warten.

Bis dahin ist es noch ein Stückchen. Also genießen wir die Ruhe, die Landschaft, die Aussicht übers Tal. Keiner jammert, keiner will was! Wunderbar. Bis zur nächsten Kreuzung. Dort sind keine Kinder. Scheisse – dort sind wirklich keine Kinder!

Wir sind jetzt auf einem Grat und einem schmalen Fahrweg angekommen, der Wanderweg ist hier nur sehr schlecht gekennzeichnet. Panik kommt auf. Das kann doch nicht wahr sein! Wo sind unsere Kinder?? Lars brüllt, was das Zeug hält. Das hilft aber nichts: weiterhin keine Kinder. Also will er den Weg wieder hochlaufen bis zur Ruine, an der wir vorbeikamen. Ich gehe runter zum Campingplatz. Bis dahin ist es auch noch ganz schön weit, vielleicht knapp zwei Kilometer. Auf halber Strecke kommt mir ein italienischer Wanderer entgegen. Nein, Kinder hat er nicht gesehen. Was machen wir jetzt bloß? Wenn die Kinder vom Grat ins Nachbartal gelaufen sind? Wenn sie jemand mitgenommen hat? Ich versuche, nicht den Teufel an die Wand zu malen und halte mich an meinem Glauben fest, dass die meisten Menschen sehr nett sind und verirrten Kindern helfen würden. Dummerweise sprechen unsere Kinder aber kein Italienisch und auch sonst keine Sprache außer Deutsch.

Als ich schließlich an unserem Bus ankomme, sind auch hier keine Kinder. SCHEISSE! Ich kann jetzt nur warten, bis Lars zurückkommt. Und dann? Polizei? Einheimische fragen und suchen? Mühsam versuche ich, alle Horrorszenarien in meinem Kopf in Schach zu halten. Hysterische Mütter sind nie hilfreich.

Plötzlich höre ich zwei Stimmen. Die kenn ich doch... Joshua und Joana!!! Was bin ich froh und erleichtert! Die beiden sind es auch, laufen mir in die Arme und fangen erstmal an zu weinen. Dann erzählen sie mir, dass sie am Grat auf der Straße ins Nachbartal weitergegangen sind statt die schmale Abzweigung zu nehmen. Irgendwann ist ihnen dann aufgefallen, dass es keine Wanderzeichen mehr an den Bäumen gab und sie nicht in Richtung Meer, in dessen Nähe unser Campingplatz liegt, unterwegs waren. Also sind sie umgekehrt, wieder zum Grat zurückgegangen und haben dort den Wanderer getroffen. Erst wollten sie sich verstecken, aber dann haben sie beschlossen, ihn nach dem Weg zu fragen. Mit ein paar Brocken Deutsch konnte er ihnen erklären, wo es weitergeht und dass ich schon unterwegs bin.

Vom Grat aus haben die beiden den Weg ins Tal alleine gefunden, was gar nicht so einfach ist. Es gibt mehrere unerwartete Abzweigungen und an einigen Stellen ist der Pfad eng, steil und rutschig. Oh, wie glücklich bin ich, dass das Abenteuer der Kinder so glimpflich ausgegangen ist! Sie haben den Test mit Bravour bestanden, nur echte Wanderprofis kriegen das hin.

Als Lars endlich zurückkommt, weiß er von dem Wanderer bereits, dass die Kinder auf dem Weg zum Campingplatz sind. Wir nehmen den beiden die feste Zusage ab, das nächste Mal an einer Kreuzung auf uns zu warten. Aber wir sagen ihnen auch, dass wir stolz darauf sind, wie super sie diesen schwierigen Weg gemeistert haben.

Über Ostern kommen noch mehr Familien auf den Campingplatz und viele davon sprechen Deutsch. Nachmittags und abends bilden sich Gruppen spielender Kinder, für Joshua und Joana ist das ein aufregendes neues Urlaubserlebnis. Sind wir doch als eingefleischte Reise-Individualisten sonst am liebsten alleine unterwegs. Derweil sitzen Lars und ich lange zusammen und unterhalten uns – eine ganz wichtige Zeit. Nachdem wir mit zwei kleinen Kindern viel von unserer gemeinsamen Zeit durch Familienzeit ersetzt hatten, sind die Freiräume inzwischen wieder größer geworden. Diese nutzt jedoch jeder von uns auf seine Weise. Lars will dieses Jahr endlich auf einen hohen Berg. Er hat sich den Elbrus, den höchsten Berg Europas im Kaukasus ausgesucht. Die Planung beschäftigt seine Gedanken und verschlingt viel seiner Zeit. Im August wird er dann zwei Wochen weg sein. Ich dagegen bereite mich intensiv auf unsere Loire-Tour im Sommer vor, da aus ihr ein Kanuführer entstehen soll. Umfangreich und zeitaufwändig recherchiere ich alles, was Internet und Buchdruck hergeben. Unser gemeinsames Projekt, Kindern das Schwimmen beizubringen, mussten wir vor einem Jahr aufgeben, als das Lehrschwimmbecken schloss. Aber auch so sind die Wochenenden regelmäßig mit Kinderterminen, wie zum Beispiel Fußballspielen, gefüllt. Unsere Familienausflüge kommen deutlich zu kurz. Wenn wir nicht aufpassen, Lars und ich, dann werden wir uns aus den Augen verlieren. Dass wir mit dem Problem nicht alleine sind, weiß ich von anderen Paaren mit Kindern im Grundschulalter. Die gemeinsamen Abende im Urlaub alleine werden uns nicht retten, aber zumindest bringen sie uns wieder näher zusammen.

WILDE WASSER UND SUPERTEAMS

Lange hatten wir überlegt, was wir wohl in diesem Sommer machen könnten. Wieder wandern gehen, am besten mehrere Tage? Aber wo? Ob wir die Kinder wohl für eine weitere lange Wanderung begeistern können? Oder mal etwas anderes? Aber bitte outdoor! So kam ich dann auf die Idee mit der Kanutour – neben dem Wandern früher unser bevorzugter Weg in die Wildnis, so dass auch Lars schnell überzeugt war. Die Kinder sind inzwischen alt genug und sie können beide gut schwimmen. Im Kanu können sie sich zwischendrin ausruhen und wir kommen trotzdem vorwärts – ein entscheidender Vorteil gegenüber dem Wandern. Was uns jetzt noch fehlte, war das richtige Ziel. An der Mecklenburgischen Seenplatte sind wir schon gepaddelt, als ich mit Joshua hochschwanger war. Polen und Estland hätten spannende Paddelgebiete, aber auch eine sehr weite Anfahrt. So bin ich dann auf die Loire gestoßen – gepriesen als einer der letzten naturbelassenen Flüsse Europas. Wie verlockend klang das in meinen Ohren! Und das quasi vor unserer Haustür. Unglaublich, dass es so etwas noch gibt!

Perfekt wäre ja … eine Recherchetour, denn es gibt keinen deutschsprachigen Kanuführer. Gerne würde ich mal wieder intensiv Informationen sammeln und schreiben. Tatsächlich finde ich einen passenden Verlag und einen Kanuvermieter als Projektpartner, und so kam es letztendlich zu unserem neuen Sommer-Reise-Projekt: zwei Wochen und knapp einhundertneunzig Flusskilometer im Kanu.

Wir beginnen früh mit dem Packen, denn diesmal muss unser Gepäck nicht nur in unseren Bus, sondern anschließend auch noch sinnvoll in zwei Kanus passen. Von neuem beginnt abends vorm Einschlafen das inzwischen altbekannte Sorgenkarussell in meinem Kopf. Bin ich eigentlich wahnsinnig? Welchem Risiko setze ich die Kinder aus? Klar kann ich ein Kanu steuern, ich bin auch schon Wildwasserkajak gefahren, aber bei allen größeren Kanutouren hat bisher Lars gesteuert. Jetzt haben wir zwei Kanus, also muss ich eines steuern – mit einem unserer Kinder darin. Ziemlich viel Verantwortung. Will und kann ich das wirklich? Was passiert, wenn ich mit Gepäck und Kind kentere? Gekentert bin ich schon häufiger, alleine im Kajak. Das gehörte dazu. Aber kentern mit Kind? In der Regel nicht lebensgefährlich, für ein Kind aber beängstigend. Teile der Ausrüstung zu verlieren an einem Fluss ohne ständigen Zugang zur Zivilisation? Ob mein Rücken das stundenlange Paddeln aushält? Der ist übrigens seit einem halben Jahr in regelmäßiger osteopathischer Behandlung, mit dem Erfolg, das ich mich morgens nicht mehr im Lendenwirbelbereich durchgebrochen fühle und sogar wieder kürzere Strecken halbwegs schmerzfrei joggen kann.

MIT DEM KANU AUF DER LOIRE

Alle Pack-, Planungs- und Kopfkinoschwierigkeiten schaffen wir zu lösen oder halten sie aus. An einem Freitagabend starten wir dann in Richtung Südwesten – nach der Arbeit und der Schule, sowie einem obligatorischen deutschen WM-Spiel. Nach einer ersten Nacht auf dem Campingplatz in Digoin am Start der Paddeltour kommen unsere Kanus. Da bereits alles passend parat liegt, ist das Verpacken unserer Ausrüstung in wasserdichte Packtaschen und Boxen schnell erledigt. Wenig später sitzen wir in den Booten. Aufgrund meiner Recherche weiß ich zumindest theoretisch, was uns erwartet: bis zum nächsten Ort, der etwa dreißig Paddel-Kilometer entfernt ist, können wir

uns gemütlich warmpaddeln. So kann ich mich auch langsam an den Gedanken gewöhnen, beim Kanufahren für das vor mir sitzende Kind verantwortlich zu sein.

Es klappt tatsächlich alles ziemlich gut. Weit kommen wir jedoch nicht. In der schwülwarmen Luft zieht ein Gewitter auf, es grummelt, das Donnern kommt naher und in der Ferne sehen wir erste Blitze. Wasser und Gewitter sind eine schlechte Kombination und ich mache mir so langsam Sorgen. Als die Kinder ihre Bedenken dann ebenfalls deutlich äußern, landen wir recht spontan und etwas suboptimal an einer Weide mit steiler Böschung an. Zuerst bauen wir Zelt und Tarp als Regenschutz auf. Die Kinder verziehen sich ins Zelt, wir sitzen auf unseren neuen Strandstühlen – merke, wir haben mal wieder dazu gelernt! – unter dem Tarp. Das Wetter scheint sich zu beruhigen und Lars ärgert sich, dass wir nicht weiter gepaddelt sind. Dann beginnt es urplötzlich wie aus Kübeln zu schütten, und Lars ärgert sich nicht mehr!

Auf knapp 190 Kilometer Paddelstrecke ist die Loire einer der letzten naturbelassenen Flüsse Europas

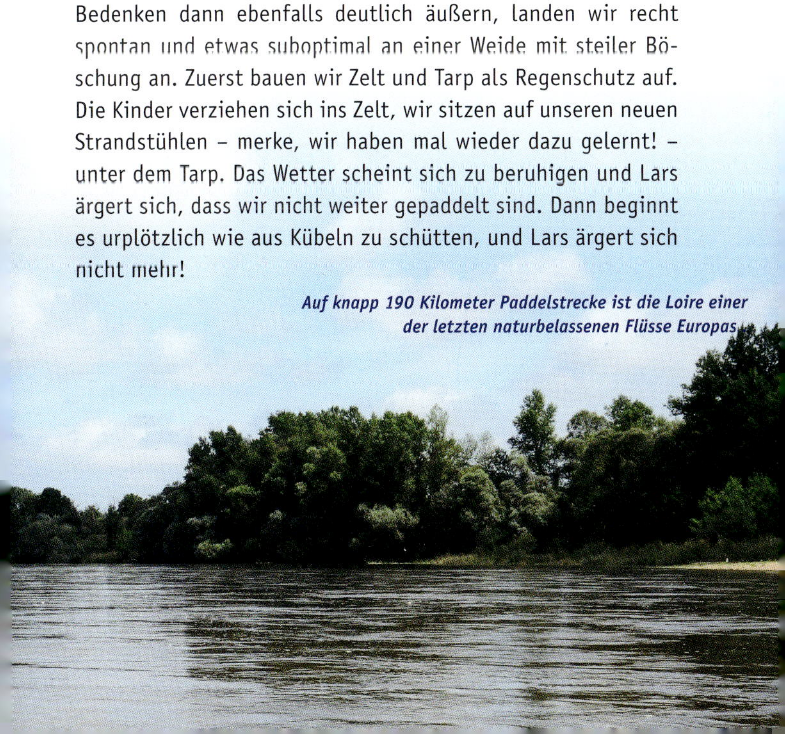

Das Einpacken unseres Lagers wird von den Kühen genau beobachtet.

Der Platz unter dem Tarp reicht zum Kochen und Essen, im Zelt bleibt alles trocken. Den restlichen Nachmittag verbringen wir gemütlich auf unserem kleinen Fleckchen trockener Erde. Die Kinder spielen zufrieden im Zelt, obwohl sie kaum mehr Spielsachen als beim Wandern dabei haben und keinerlei Elektronik. Wir schauen lange über den einsamen Fluss und lesen. Am nächsten Morgen bauen wir von sehr neugierigen Kühen bestaunt unser kleines Camp ab und paddeln weiter. Joana hat erste Einwände gegen das Kanufahren: So hätte sie sich das eigentlich nicht vorgestellt. Zwar hatten wir die Reise mit den Kindern besprochen, aber sie dachte, dass wir alle paar Tage mal ein Stündchen paddeln würden. Jetzt realisiert sie, dass wir jeden Tag mehrere Stunden im Kanu sitzen werden. Wobei »mehrere« wirklich moderat ist, durchschnittlich drei bis vier Stunden sind wir paddelnd unterwegs, eben kindertauglich.

Der Fluss ist traumhaft und fast noch einsamer, als ich ihn mir vorgestellt hatte. In weiten Schleifen fließt er durch ausgedehnte Auenwälder, unterbrochen von Kies- und Sandbänken und wenigen Weiden und Wiesen. Wir finden wieder einen Urlaubsrhythmus: frühstücken, zusammenpacken – wobei die Kinder vor allem beim Tragen helfen müssen – Paddeln, Pick-

Kanubiwak an der Loire. Früh am Morgen hängt oft noch der Nebel über dem Fluss.

nick, Weiterpaddeln, Zeltaufbau. Hier sind die Kinder für die Inneneinrichtung, sprich das Verteilen von Isomatten, Decken und Schlafsäcken zuständig. Lesen, Spielen, Pause. Für körperlich schwere Arbeit ist unsere Herrentruppe zuständig. Zwar reicht Joshua mir erst bis ans Kinn, aber er ist drahtig und hat beim Bücken im Gegensatz zu mir keine Probleme. Ganz der Große schiebt er mich manchmal zur Seite, wenn Lars bei irgendetwas Hilfe braucht und ich gerade nicht weiß, wie ich es anstellen soll: »Lass mal, Mama. Ich mach das schon!«

Ansonsten ist die erste Paddelwoche von sehr kühlem und durchwachsenem Wetter mit einer wechselnden Mischung aus feuchter Luft und Regen bestimmt. Joshua zeichnet sich dadurch aus, dass er richtig feste paddeln kann – wenn er will, was nicht so oft der Fall ist. Joana dagegen paddelt kontinuierlich mit. Allerdings befeuchtet sie dabei nur vorsichtig ihr Paddel. Ohne weitere Wirkung – so richtig mädchenmäßig! – was mich innerlich zum Kochen bringt. Wenn eine Stelle am Fluss etwas kniffliger wird, habe ich jedenfalls zu meiner Unterstützung Joshua im Kanu und Joana sitzt bei Lars im Boot. Am vierten Paddeltag verschlechtert sich das sowieso schon schlechte Wetter. Wir haben satte 13°C – Sommer in Frankreich!

Dramatische Wolkenberge: Das sieht toll aus, wird aber meist schnell ziemlich nass.

Dazu kommt deutlicher Gegenwind, der die Kanus immer wieder quer zum Fluss drückt und wir werden regelmäßig mit Regenschauern erfrischt.

Lars und Joshua, heute ein Bootsteam, sind in einer weiten S-Kurve ein gutes Stück vor uns, als der Wind wieder böig auffrischt und mir das Kanu verdreht. Wir paddeln jetzt bereits seit gut vier Stunden, wobei »wir« bedeutet, dass vor allem ich unser bepacktes Schiffchen vorwärts treibe. Ich kann nicht mehr, mir tun die Arme weh. Ich kämpfe gegen den Wind und feuere meine Tochter an, die vorsichtig ihr Paddel ins Wasser taucht.

Wieder einmal bläst der Wind unser Kanu quer zum Fluss und irgendwann gebe ich erschöpft auf. Also treibt unser Kanu jetzt rückwärts die Loire hinunter. Bei soviel Holz und Baumleichen, wie sie hier im Wasser herum liegen, deutlich suboptimal. Da hilft nur noch mal tief Luftholen, Kampfpaddeln, links Gas geben was das Zeug hält, rechts zwischendrin kurz gegen ziehen, weiter links paddeln, Joana anfeuern. Wie ausführlich eingeübt befeuchtet sie ihr Paddel vorsichtig mit Wasser – immerhin wie befohlen auf der linken Kanuseite, aber völlig wirkungslos. Eine erneute heftige Windböe, wieder dreht sich unser Kanu rückwärts und alles Kämpfen war umsonst. Ich verliere die Nerven, keife Joana an, sie solle gefälligst PADDELN. Jetzt fängt auch noch ein peitschender Regen an, gespickt mit kleinen Hagelkörnern. Innerlich weiß glühend steuere ich unser Kanu ans rechte Ufer, sauer über das Scheißwetter, meine Tochter, die nicht paddeln kann und überhaupt! Wer ist eigentlich auf die blödsinnige Idee mit der Kanutour gekommen??

Ich ziehe das Kanu auf den Kies und setze mich daneben, an die windabgewandte Seite gelehnt. Puuh. Mein Zorn verraucht recht schnell – wer war auf die Idee gekommen? In meinem Gehirn wird wieder Platz frei für die eben so Angekeifte – wer kann nichts dafür? Die arme Joana sitzt noch im Kanu. Ich rufe sie zu mir und sie kauert sich neben mich in den Windschatten des Kanus und in meinen Arm. Auf einmal wird es zwischen uns warm und gemütlich, ein kleiner sturmfreier Raum. Was da draußen tobt, hat hier keinen Platz. Ich entschuldige mich bei meiner Tochter, mein Gekeife war unfair. Dann erkläre ich ihr, dass ich ihre Hilfe brauche, dass ich es nicht immer alleine schaffe. Dass sie, wenn ich »ZIEH« rufe, auch wirklich ZIEHEN muss, mit aller Kraft. Wir sprechen über die schönen Erlebnisse der Tour, über die vielen Vögel, die wir gesehen haben – Joana liebt Vögel. Es ist einer dieser wunderschönen Mutter-Tochter-Momente, nur wir beide, versöhnt. Fast bin ich dankbar für den Sturm. Als der nachlässt, steigen wir wieder ins Kanu und fahren zu den Jungs, die weiter flussabwärts gewartet haben. Gemeinsam beschließen wir, bei der nächsten geeigneten Stelle für heute Schluss zu machen.

Beim Gute-Nacht-Sagen fragt Joana mich, ob wir die ganze restliche Strecke zusammen paddeln können – sie und ich. Sie trägt mir den heutigen Ärger nicht nach, im Gegenteil, und ich bin tief gerührt. Will sie mich denn auch unterstützen, wenn es sein muss? »Ja klar, natürlich!« ist ihre Antwort. Damit ist es abgemacht. Wir paddeln ab jetzt als Mädchenteam – auch durch Kiesrutschen und Schwalle.

Mittagsrast auf einer Kiesbank

Am nächsten Tag erreichen wir Decize, den ersten größeren Ort. Hier machen wir einen verregneten Pausentag, um zu recherchieren und mit den Kindern ins kleine Schwimmbad zu gehen. Am Fluss sind sie im Zwiebelschalenprinzip angezogen und je nach Temperatur werden nur die obersten Schichten ausgezogen, der Rest bleibt auch im Zelt wärmend am Körper. Das war's. So stecken die beiden das schlechte Wetter super weg. Der Besuch im Schwimmbad ist jetzt nicht nur wegen Spiel und Spaß im warmen Wasser genau das Richtige, so ganz nebenbei können wir auch die dringend anstehende Grundreinigung unserer Kinder erledigen.

Das Badevergnügen bringt für die Kinder Abwechslung ins Programm. Aber auch ohne solche Ausflüge finden Joshua und Joana unterwegs immer etwas, um sich zu beschäftigen. Auch wenn sie sich manchmal wie die Kesselflicker streiten, sind unsere beiden Kinder eine verschworene Gemeinschaft. Ohne diesen Zusammenhalt und ihre gemeinsamen Phantasiespiele wären unsere Individual-Touren viel schwieriger. Selbst mit Minimal-Spielzeug kommt hier am Fluss nie ein »mir-ist-langweilig«. Schon erstaunlich!

Als Jungs- und Mädchenteam paddeln wir weiter und bei Imphy erwartet uns die nächste kniffelige Stelle: Erst ein langes Steinwurfwehr auf der rechten Flussseite, dann sofort nach links queren, um dort die direkt folgende Brücke zu unterfahren. Lars betrachtet die Stelle stehend vom Kanu aus und gibt dann die Linie vor. Ich fahre mit ausreichend Abstand hinterher, steuere,

Kanufahren macht Spaß – bei schönem Wetter noch mehr!

gebe Joana Anweisungen. Und siehe da, wir kommen problemlos auf die andere Flussseite und ich merke deutlich, wie sie mithilft. So geht es viel besser und sie bekommt eine große Portion Lob. Mein großes Mädchen strahlt voller Stolz!

Für die letzten Paddeltage schlägt das Wetter endlich um, es wird jetzt jeden Tag sonniger und heißer. An ruhigen Stellen dürfen die Kinder, nur mit Schwimmweste bekleidet, vom Kanu ins Wasser springen. An unseren Übernachtungsplätzen können sie am Fluss spielen und auch im Fluss, dort wo er seicht ist und kaum Strömung hat. Wie gut, dass wir uns darauf verlassen können, dass sie unsere Anweisungen wie zum Beispiel: »nur bis zum Knie ins Wasser« meistens gut befolgen. Sonst wäre diese Tour wesentlich anstrengender. Aus dem Blick lassen wir unsere

Endlich Sommer. Notfalls taugen unsere Kanus auch als Badeboote.

Junior-Kanuten natürlich trotzdem nicht. Die meisten Nächte verbringen wir frei am Fluss. Abends machen wir auf speziellen Wunsch der Kinder kleine Lagerfeuer, Flussromantik pur. Wir hören Tiere im Unterholz rascheln, entdecken Tierspuren im Schlamm, sehen verschiedenste Vögel und freuen uns über stimmungsvolle Sonnenauf- und Untergänge. Vor allem genießen wir den langsamen Tagesrhythmus, die Ruhe und Gleichmäßigkeit des Paddelns und das stete und stille Dahingleiten auf dem Fluss. Meist sind wir auf diesem wundervollen Stück Erde ganz alleine unterwegs.

Schließlich erreichen wir mit Cosne-sur-Loire das Ende unserer Tour. Ich freue mich auf den Luxus unseres Busses mit weichen Betten statt Isomatten und ohne den täglichen Zeltauf- und Abbau und würde trotzdem gerne weiter dem Fluss folgen in seiner Stille und Beständigkeit. Während wir noch einige Stationen an der Loire mit unserem Bus anfahren, Besichtigungen unternehmen und Museen besuchen, Campingplätze und Pensionen überprüfen, entdecken wir viel Interessantes, was wir ohne die Verpflichtung zu recherchieren sicher nicht gesehen hätten. Natürlich fragen wir auch die Kinder, wie sie die Tour denn fanden: »Och ja, eigentlich ganz o.k.. Können wir, wenn ihr wollt, noch mal machen.« Entscheidend ist hier der zweite Satz, so klingt Outdoor-Enthusiasmus aus Kindermund.

Zurück von den wunderschönen Erlebnissen an der Loire holt mich der Alltag ein, ganz plötzlich. Diesmal sind es nicht meine persönlichen Probleme. Nein, nach drei völlig informationsfreien Wochen am Fluss mache ich, zuhause angekommen, zur Nachrichtenzeit den Fernseher an. In der Ostukraine tobt inzwischen ein offener Krieg, ein Flugzeug wurde abgeschossen, die Ebola-Epidemie in Westafrika ist völlig außer Kontrolle und im Nordirak ist der islamische Staat auf dem Vormarsch und massakriert die Jesiden – warum müssen so viele Menschen leiden? Hätte ich besser meinen Kopf in den Loire-Sand gesteckt!

FREMDE KULTUR ERLEBEN

Zum Ende von Joshuas Grundschulzeit bekommen wir eine Reise geschenkt! Zwar nicht finanziell, aber die Zeit dazu. Und Zeit ist doch eigentlich das, was am meisten zählt, oder? Wegen meiner freiberuflichen Reiseberichterstattung genehmigt die Schule respektive das Schulamt eine weitere Freistellung für die Kinder, drei Wochen vor den Osterferien 2015. Das bedeutet für uns: Fünf Wochen – MAROKKO! Während unserer ersten Marokkoreise ist ein kleines Stück unserer Herzen in diesem beeindruckenden und freundlichen Land geblieben. Magisches Marokko, fremdartige Kultur, freundliche Menschen, großartige Landschaften und noch einmal die Wüste erleben dürfen. Jetzt sind die Kinder groß genug, um zu sehen und zu verstehen. Wie werden sie das Land erleben, wie werden sie mit der anderen Kultur, den anderen Lebensumständen umgehen und was werden ihre Eindrücke sein?

Genau passend für uns wird im Fernsehen eine fünfteilige Reportage über die Farben Marokkos gesendet, wunderschöne Bilder und aufschlussreiche Berichte. Wir schauen sie gemeinsam mit den Kindern, ideal zur Vorbereitung und Vorfreude auf unser Ziel. Danach können können die Kinder einige konkrete Wünsche zu unserer Reise benennen. So möchte Joshua unbedingt die Schlangenbeschwörer sehen, Joana wünscht sich sehnlichst ein Henna-Tattoo, beide wollen die Wüste auf dem Rücken eines Dromedars erleben und außerdem finden sie die blaue Stadt Chefchaouen spannend. Da sind doch schonmal einige Rahmenbedingungen unserer Reise klar abgesteckt!

Nur wenige Wochen vor der Abreise verlockt uns ein sehr günstiges Angebot für einen Transit – hoch und lang und mit Tageszulassung – so sehr, dass wir ihn kaufen. Jetzt heißt es,

Unser Neuer, hier schon im Einsatz. Unsere spontane Entscheidung für den Neukauf verursacht vor der Reise noch etwas Stress, lohnt sich aber sehr.

den Neuerwerb im Schnellverfahren auszubauen und möglichst auch noch unseren VW-Bus zu verkaufen. Das Ganze wird dann ziemlich hektisch. Wochenlang wache ich morgens um fünf Uhr auf, zeichne Pläne, mache meinen Mann ganz raschig mit Vorschlägen, Änderungen, Neuvorschlägen. Wie gut, dass wir bald Urlaub haben! Selbst schuld, können Sie da sehr berechtigt sagen. Stimmt auch, hat sich trotzdem gelohnt. Mit den größer werdenden Kindern ist mehr Platz eine gute Investition für die kommenden Jahre. Außerdem fahren wir jetzt ein Fahrzeug mit mehr PS, Klimaanlage und Tempomat, sowie kleiner Sitzgruppe und fest eingebauten Betten. Wir, respektive Lars, müssen nicht jeden Abend zum Schlafen den Bus umbauen. Nach dem letzten Schultag unserer Kinder Anfang März sind wir und unser Fahrzeug tatsächlich bereit, uns auf den Weg in den Süden zu machen. Noch ein paar Kleinigkeiten zu Hause aufräumen und die letzten Utensilien packen, dann fehlt nur noch die Drehkonsole für den Beifahrersitz, die nötig ist, damit wir gemütlich am Tisch sitzen können. Sie soll heute geliefert werden. Es ist bereits Nachmittag und wir warten, komplett reisefertig. Ich sende ein Stoßgebet zum Himmel, denn ich möchte heute noch starten, damit wir in Sète zwei Tage Ruhe vor der Fährüberfahrt haben. Um halb fünf wird mein Stoßgebet erhört: Ein Paket für uns! Jetzt noch »schnell« einbauen... dazu müssen wir allerdings erstmal die Sitzverkleidung abflexen. Dann endlich geht es los in Richtung Süden.

ÜBER DAS MITTELMEER NACH MAROKKO

Bei der nächtlichen Fahrt durch die Ardennen und Frankreich lernen wir gleich den Tempomat zu schätzen. Samstagmittag erreichen wir Sète. Da alle strandnahen Campingplätze geschlossen haben, stellen wir uns nach einiger Suche auf eine wilde Wiese am Meer. Auch ohne Standheizung machen die Kinder mit, als wäre es völlig selbstverständlich Anfang März am Mittelmeer zu stehen. Der mangelnde Komfort wird auch in ihren Augen mehr als ausgeglichen durch die direkte Nähe zu Strand und Meer. Zwei Tage später rollen wir auf die Fähre eines italienischen Reeders – die alte Fähre Marrakech wurde vor einigen Jahren stillgelegt.

Nach den zwei Erholungstagen geht jetzt der Urlaub weiter, denn wir haben dazu gelernt! Wir haben für Hin- und Rückfahrt eine Außenkabine mit Meerblick und Vollpension gebucht! Über die Versorgung müssen wir uns so keine Gedanken machen. Außerdem haben wir uns gegen die billigste Fähroption entschieden, denn die hätte Tanger nachts um drei Uhr erreicht, eine wenig entspannte Uhrzeit.

Unsere Überfahrt verläuft ruhig und das Essen ist trotz des geringen Preises recht gut. Die Kantinenzeiten dehnen wir aus, damit die Kinder an den Tischen mit ihren Schularbeiten beginnen können. Hier fällt es ihnen wesentlich leichter als vor zwei Jahren zwischen Affen und Gazellen. Bei der Anmeldung zur Einreise nach Marokko wird es echt marokkanisch. Ort der Amtshandlung ist eine ungenutzte Bar des Schiffes. Dort stehen sich die Wartenden in der Schlange die Füße in den Bauch. Nach einer halben Stunde fängt irgendjemand an, von jeder Reisegruppe einen Pass einzusammeln und legt damit eine Reihenfolge auf dem Tresen aus. Alle können sich setzen und auf ihren Aufruf warten. Natürlich ist diese Vorgehensweise mit ausführlichen und gebärdenstarken Diskussionen aller Anwesenden auf Arabisch verbunden. Aber alle scheinen Herrn Irgendjemand am Ende beizupflichten. Die wenigen Europäer reagieren äußerst skeptisch, das entspricht wohl nicht unserem Sinn für Recht und Ordnung, schließlich kann Herr Irgendjemand sich nicht mal ausweisen! Da wir trotz mangelnder Arabischkenntnisse das Ansinnen verstehen und immerhin alle Pässe für die Anwesenden gut sichtbar auf dem Tresen liegen, beteiligen wir uns an diesem Organisationsverfahren und setzen uns. Und siehe da, es klappt prima!

AN MAROKKOS EINSAMER KÜSTE

Nachdem wir am Hafen Geld geholt und auf der Autobahn getankt haben, fahren wir Richtung Süden, immer am Atlantik entlang. Zum Mittagessen setzen wir uns mit Dosenlachs, Brot und Decke an den Strand von Kénitra. Schon dieser erste Zwischenstopp wird zu einem ungewöhnlichen Erlebnis weit weg von allem Alltäglichen: wir sitzen an einem fast menschenleeren, kilometerlangen Atlantikstrand. In alle Richtungen umgibt uns Sand. Links und rechts dehnt sich der breite Sandstreifen so weit das Auge reicht, und vor uns erstreckt sich das schäumende, Wellen schlagende Meer bis zum Horizont, scheinbar unendlich. Die Kinder genießen Strand und Brandung und tollen ausgelassen umher. Da der örtliche Campingplatz geschlossen hat, müssen wir weiter bis Mohammedia. Bis wir nach insgesamt fast vierhundert Kilometern Fahrt durch Marokko dort endlich den beschriebenen Platz finden, ist es bereits später Nachmittag und alle sind k.o.. Wie gut, dass wir erholt von der Fähre kamen!

Wir reißen uns zusammen bei der Stellplatzsuche, beim Aufbauen und Abendessen kochen. Nach so viel Reiseerfahrung wissen auch Joshua und Joana inzwischen, dass anstrengende Tage dazugehören und tun ihren Teil zum Ankommen und Auspacken dazu. So erleben wir unseren ersten Abend in Marokko in friedlicher Stimmung.

Endlose Weite am Strand von Kénitra

CASABLANCA

In der Medina von Casablanca. Am Anfang der Reise fast ein kleiner Kulturschock

In Casablanca schlagen uns bekannte Geräusche und Gerüche entgegen. Zuerst besichtigen wir die Medina, und die ist für den Einstieg herausfordernd: Die Gassen sind eng und dreckig und voller Menschen. Alles wirkt ärmlich. Fleisch hängt ungekühlt an Haken im Freien, am Straßenrand stehen Käfige mit eingepferchten Hühnern. An klapprigen Ständen werden Obst, Gemüse und Gewürze angeboten und mitten im bunten Gewimmel preschen Kinder auf Fahrrädern an uns vorbei. Um uns herum wird lautstark auf Arabisch gefeilscht und gehandelt und wir verstehen kein Wort. Ich tue mich fast ein bisschen schwer ob des harschen Einstiegs in die marokkanische Kultur. Die Kinder sind alt genug, um diese Welt in ihrer Andersartigkeit wahrzunehmen. Etwas verblüfft realisiere ich, dass sie die Medina von Casablanca ganz einfach so nehmen, wie sie ist. Sie staunen und bleiben gelassen. Als wir in einem der winzigen Geschäfte belegte Baguettes bestellen wollen – genau solche wie der Kunde vor uns – stehen wir etwas hilflos zwischen mehreren marokkanischen Männern. Keiner spricht Französisch und auch Hände und Füße helfen nicht weiter, ich verstehe nur Bahnhof. Da kommt der letzte Kunde zurück in das kleine Lokal, grüßt uns hilfsbereit und übersetzt. Belegte Baguettes heißen hier Sandwiches und werden frisch ganz nach Kundenwunsch zubereitet. Man muss also schon sagen können, was man drauf haben möchte! Unser freundlicher Helfer ist Anwärter der hiesigen Offiziersschule, deswegen das perfekte Französisch.

Nach den wirklich leckeren Sandwiches – sie überzeugen sogar unseren Essens-Skeptiker Lars – wird es Zeit für eine Führung in der großen Moschee. Diese soll es auch in deutscher Sprache geben. Und tatsächlich, sie findet wirklich statt, was uns freut und für die Kinder eine tolle Sache ist. In der deutschsprachigen Truppe fallen wir auf wie bunte Hühner, außer uns nur

Rentner! Der Führer ist sehr freundlich, macht Späße und Selfies mit den Kindern und ein Familienfoto von uns. Nicht nur den Kindern imponiert die enorme Größe und die aufwendige Ausgestaltung des Sakralbaus mit filigranen Ornamenten. Morgen soll der König kommen, um in der Moschee zu beten, erfahren unsere schwer beeindruckten Jungtraveller vom guide. Wir hören einiges über die Rituale des Islam und die Nutzung dieses riesigen Gebetsraumes. Das große Dach der Moschee lässt sich öffnen, und weil fantastisches Wetter ist, blicken wir aus dem gigantischen Gebäude auf den strahlend blauen Himmel über uns. Eine rundherum gelungene Besichtigung. Nur als einer der Rentner konsequent behauptet, mehr Ahnung vom Islam und den Gebetszeiten zu haben als unser guide – denn er hatte mal einen muslimischen Kollegen! – wird es peinlich. Müssen Deutsche immer alles besser wissen?

Eindrucksvolle Architektur mit ganz unterschiedlichem Charakter: Die große Moschee von Casablanca und die gotische Zisterne in El Jadida (rechts)

Nicht nur in der großen Moschee in Casablanca, sondern im ganzen Land ist der Glaube an Allah allgegenwärtig. Auch in den entlegensten Orten erschallt fünf Mal am Tag der Ruf des Muezzin als Aufforderung zum Gebet. Nach der Führung unterhalte ich mich kurz mit unserem guide, bedanke mich und erzähle von meinen Hoffnungen auf Versöhnung in der Welt, die er teilt. Er verabschiedet sich sehr freundlich und mit »Inshallah« – »So Gott will«. Diese Formel werden wir hier noch oft hören. Man verwendet sie zum Abschied, am Ende jedes Gespräches und bei jeder Verabredung. Ob uns Europäern eine häufigere Rückbesinnung auf eine höhere Macht wohl ebenfalls gut täte? Diese bei jeder Gelegenheit wiederholte Formel führt mir vor Augen, wie sehr wir in unserer technisierten Welt glauben, unser Leben und unsere Pläne im Griff zu haben, egal wie oft wir das Gegenteil erleben.

Mit der gotischen Zisterne in El Jadida besuchen wir ein weiteres beeindruckendes Bauwerk. Der fensterlose Raum stammt aus dem 16. Jahrhundert und sein Dach wird durch ein Kreuzgewölbe getragen, das auf fünfundzwanzig Säulen ruht. Zuerst wahrscheinlich eine Waffenkammer, wurde der Raum später als Zisterne genutzt. Noch heute bedeckt eine wenige Zentimeter hohe Wasserfläche den Boden, in der sich das Gewölbe und die Säulen spiegeln. Ein zentraler Lichtschacht lässt den Raum in sakralem Glanz erstrahlen. Die alte Zisterne fasziniert nicht so sehr ob ihrer Größe oder ihrer prunkvollen Ausgestaltung, sondern wirkt durch ihre mystische Atmosphäre, das gedämpfte warme Licht und ihre ruhige entspannte Atmosphäre. Für mich bleibt dieser einfache, jahrhundertealte Bau der intensivste architektonische Eindruck unserer Reise. Joshua und Joana sind vor allem von der Geschichte des alten Wasserspeichers bezaubert und genießen es, barfuß durch das flache Wasser über die geschichtsträchtigen Steine zu spazieren.

MARRAKESCH

Da Joshua und Joana bisher so fantastisch mitgereist sind, denken wir in Marrakesch über Eingewöhnung erst gar nicht nach. Wir – alle miteinander ziemliche Landeier und schon vom Menschengewühl und dem Lärm auf der Kirmes der nächsten Kleinstadt abgeschreckt – fahren am Abend nach unserer Ankunft zum Djemma el Fnaa, dem bekannten großen Platz im Zentrum von Marrakesch. Vom Parkplatz am Rand der Altstadt fragen wir uns durch und laufen an vielen großen und kleinen Menschengruppen und der Koutoubia-Moschee vorbei. Schon vor Erreichen des Platzes wird es voll, unglaublich viele Menschen sind hier unterwegs. Der Platz wirkt riesig. Um uns herum spazieren Familien, Gruppen von jungen Männern und Frauen – Touristen sind jedoch kaum zu sehen. Umgangssprache ist das in unseren Ohren hart klingende Arabisch, laut und gestenreich wird hier gesprochen. Was in unseren Ohren schon wegen der Lautstärke nach Streit klingt, ist wahrscheinlich nur das fröhliche Durcheinander beim Austausch der Familienereignisse.

Als Touristen werden wir ständig angequatscht und sagen erstmal konsequent »Non, merci.« Wenn's nichts hilft, versuchen wir es mit einem barschen »Non!«. Spontan nutzt Joshua jede Gelegenheit für Sprachübungen und antwortet nur noch mit lautem, abweisendem »Non!!«. Im Prinzip sehr hilfreich, wenn er das lernt, trotzdem müssen wir ihn ein bisschen ausbremsen, schließlich sollte man das nur bei passenden Situationen anwenden. Auch wissen die Kinder, dass ich alle Papiere und fast alles Geld in einer Bauchtasche unter der Hose trage, da kommt keiner so ganz einfach dran. Sie sind alt genug für ein realistisches Bild der Situation, aber ich hoffe, dass ihnen dieses Wissen nicht zu viel ihrer Unbeschwertheit nimmt.

Die große Fototasche trage ich ebenfalls um den Bauch, allerdings passt sie auch nicht ansatzweise unter die Hose. Um irgendetwas an ihr richtig zu ziehen, lasse ich Joshuas Hand einen kurzen Moment los. Als ich sie wieder greifen will, ist da nichts. Joshua ist weg. Unsere Herzen bleiben einen sehr langen Moment stehen. Wo ist unser Kind? Wie sollen wir ihn hier finden, mitten im Getümmel? Lars ruft, aber kein Joshua antwortet. Scheiße, das kann doch nicht wahr sein! Ausgerechnet wir Reiseexperten verlieren unser Kind im Getümmel. Wie können wir so blöd sein!

Auch in Marokko werden fast alle Menschen für ein weinendes Kind die Eltern suchen, da bin ich mir sicher – aber könnten die Suchenden nicht bitte ganz schnell auftauchen!? Endlich entdeckt Lars ihn. Der vom Herzen fallende Fels hätte ein kleines Erdbeben auslösen müssen. Joshua steht fasziniert bei den Schlangenbeschwörern, für ihn ist die Welt perfekt. Seit der Fernseh-Reportage hat er sich unbändig auf diesen Moment gefreut. Jetzt muss er erst einen Exkurs zum Thema »Kinder dürfen nicht wegrennen und schon gar nicht hier!« über sich ergehen lassen. Gleichzeitig fällt unser Adrenalinpegel langsam wieder. Dann wenden wir uns den Schlangen zu. Joshua ist glücklich und begeistert, wo schon kann man Schlangen berühren und sich um den Hals legen lassen! Fotos mit einer Schlange um den Hals und auf dem Arm, mit Joana und Lars und mir. Joshua strahlt und posiert cool mit den Schlangen wie ein echter Abenteurer und Held.

Als wir uns abwenden, um weiter zu schlendern, ist Joshuas Wunsch erfüllt und sein heutiges Programm ganz klar abgeschlossen. Plötzlich ist es ihm hier viel zu laut, viel zu voll und viel zu hektisch! Er will zum Bus, auf den Campingplatz, jetzt sofort, hat keinen Bock mehr – auf nichts. Ein junger Mann spricht uns auf Deutsch an mit einer Speisekarte des benachbarten Garstandes. Die Preise sind sehr günstig, ein kleines

Es duftet verlockend: Garküche in der Medina von Marrakesch

Die Verständigung funktioniert nur mit Händen und Füßen und doch fassen unsere Kinder Vertrauen zu den Köchen in der einfachen Garküche in Marrakesch.

Abendessen wäre jetzt nicht schlecht. Wir versuchen Joshua klarzumachen, dass Mama und Papa auch ein Wunschprogramm für heute Abend haben, wozu eine Kleinigkeit zu essen gehört. Dass wir sitzen werden und damit raus aus dem Gedränge sind, überzeugt ihn schließlich mühsam. Wir bestellen eine Suppe und gegrillte Spieße und Gemüse und die sind ausgesprochen lecker. Langsam taut unser Sohn wieder auf und erholt sich von seiner Menschenmassen-Phobie. Die Kinder dürfen sogar hinter den Stand schauen. Erst zögern sie und ich muss mit, so recht trauen sie der ganzen Situation nicht. Keine zwei Quadratmeter Platz, einfache Kohlegrills – die Bedingungen in der Küche sind extrem einfach und beengt. Wie machen die Köche das nur? Mit ansteckender Fröhlichkeit werden Joshua und Joana empfangen. Wenig später strahlen unsere Abenteurer über die Auslagen des Garstandes hinweg – auf dem Arm von Koch und Gehilfe. Gemeinsames Gelächter und witzige Handbewegungen fordern uns zum Fotografieren auf. Trotz der Sprachbarriere erleben wir immer wieder, dass unsere Kinder, die Fremden gegenüber sonst eher distanziert sind, so herzlich eingeladen werden, dass sie sich tatsächlich öffnen. Ein fröhliches Lachen, freundliche Gesten funktionieren über alle Kulturgrenzen hinweg.

Am nächsten Tag erforschen wir die Medina von Marrakesch. Sie ist unglaublich eng und verschachtelt, aber im Gegensatz zu Fes wenigstens annähernd rechtwinklig. Wie gut, dass die Sonne scheint, an ihrem Stand können wir uns grob orientieren. In den kleinen und kleinsten Läden scheint es wirklich alles zu geben – von Handwerk über Lebensmittel, Tiere und Kleidung

Versetzt ins Mittelalter: im Viertel der Gerber.

bis zu Second-Hand-Ständen und Werkstätten aller Art. Wir schlendern und schauen und versuchen, uns möglichst nicht in Gespräche und Gefeilsche verwickeln zu lassen. Wobei Lars richtig Spaß daran entwickeln kann und sein gutes Verhandlungsgeschick bei Kissenbezügen und einem wunderschönen Backgammonspiel unter Beweis stellt.

Von der alten Koranschule aus lassen wir uns von nicht autorisierten Führern zur Gerberei bringen. Schon der Weg ist ein Abenteuer. Es geht um Ecken und durch schmale Sträßchen, nach einer Weile werden wir dem besten Freund übergeben. Da mein Orientierungssinn auf Karten angewiesen ist oder mindestens auf annähernd rechtwinkelige Straßen, bitte ich Lars inständig, sich unter allen Umständen den Weg zu merken. Dann wird das Viertel sehr ärmlich, die Straßen und Häuserreihen wirken einfach, altmodisch und verlebt, nur vereinzelte Mopeds erinnern an die Moderne. In der Gerberei mit unserem inzwischen dritten Führer übersetze und erkläre ich für unsere ungläubig schauenden Kinder. Auch sie realisieren den unfassbaren Zeitsprung in eine real existierende mittelalterliche Fantasy-Welt. Dieser Ausflug ist wie ein Blick in die Tiefen eines anderen Zeitalters und so sind auch die Arbeitsbedingungen. Gesund kann es nicht sein, mit bloßen Beinen durch Farbtöpfe

Gegen ein Bakschisch werden wir durch eine der Gerberein geführt

zu stampfen und dabei den Gestank von mit Urin eingeweichtem Leder einzuatmen und das schwere Leder gebückt auf dem Rücken zu schleppen. Die Gerberei ist ein uraltes Handwerk und die hier gängigen Arbeitsbedingungen ähneln denen, die in Westeuropa vor Hunderten von Jahren üblich waren. Im Viertel der Gerber arbeiten junge und alte Menschen, ärmlich und relativ modern gekleidete sind auf den Gassen unterwegs. Schattenwirtschaft und informelle Strukturen scheinen Arbeitsleben und Handel zu bestimmen. Wie mag das Leben hier funktionieren?

Nach einem angemessenen Bakschisch lotst Lars uns wieder zurück. Erwartungsgemäß hat er es zuverlässig geschafft, sich den komplizierten Weg zu merken. Ehe wir die Medina verlassen, fragt Joana nach dem sehnlichst erhofften Henna-Tattoo – auch ein durch die Reportagen geweckter Wunsch. Die Preise sind haarsträubend, aber Lars ist im Verhandeln hartnäckig. Wie gut, dass ich nur als Übersetzer fungieren muss! Schon dabei winde ich mich innerlich. Schließlich einigen wir uns auf einen wesentlich niedrigeren Preis, der uns angemessen erscheint, und werden um viele Ecken und Winkel der Medina bis zu einem brechend vollen Platz geführt. Hinter einem Marktstand wartet die Malerin – ihr Stundenlohn bleibt übrigens trotz Verhandelns gut. Unglaublich schnell und geschickt zeichnet sie ein ganzes Geflecht von Ornamenten und Ranken auf Joanas rechten Arm. Das Kunstwerk erstreckt sich vom Ellbogen bis zum kleinen Finger. Ganz stolz zeigt Joana die ausgefallene Verzierung ihres Armes und lässt uns Fotos machen. Jetzt hat auch sie ihr Marrakesch-Ziel erreicht.

Zurück im Bus verziehen sich die Kinder nach oben in ihr niedriges Bett. Joana kramt alles zusammen, was ihr »verkaufbar« erscheint und eröffnet auf ihrer Matratze einen Marktstand. Joshua ist der Kunde. Dann feilschen sie in unbekannten Sprachen um die Wette, schimpfen zwischendrin laut wie die Kesselflicker, einigen sich, zählen Unmengen von Monopoly-Geldscheinen ab. Dann wiederholen sie das Ritual mit einem anderen Gegenstand. Dieses Spiel nehmen sie im Urlaub immer wieder auf. Es ist ihre Art, das Unbekannte und Fremde zu verarbeiten.

HOHER ATLAS

Der Tagesausflug von Marrakesch ins Skigebiet des Hohen Atlas verwöhnt uns nicht nur mit weichem Restschnee und dem Spaß, völlig untalentierten Ski-Novizen bei ihren hilflosen Versuchen zuzuschauen – wobei die es immerhin versuchen. Eine Gruppe asiatischer Touristen leihen die Ski nur fürs Foto aus. Zudem haben wir von hier oben eine fantastische Sicht auf wilde Gebirgstäler und den Jebel Toubkal, mit 4167 m der höchste

Spaß im Schnee auf dem Oukaïmeden

Berg Marokkos. Eine Zweitageswanderung auf seinen Gipfel oder ein Mehrtagestrek in die Täler? Aber nichts davon ist kindertauglich und unsere Reise ist auch so abenteuerlich genug. Schließlich lohnt dieser Ausflug auch wegen der Teppichverkäufer, die ihre Waren gut sichtbar entlang der Straße präsentieren. Ein mehrere Quadratmeter großer Schwarzer mit bunten Mustern tut es uns sehr an, und nach ausgiebigem Verhandeln verstauen wir ihn passend gefaltet unter der Kindermatratze. Wehe, wenn die beiden jetzt nicht gut schlafen!

Statt von Marrakesch direkt Richtung Süden und in die Wüste zu fahren, ändern wir spontan unsere Route und es geht erst einmal zurück an den Atlantik und dann über den Anti-Atlas. Diese Planänderung liegt mal wieder an den Kindern, aber diesmal in positivem Sinne. Die beiden bewältigen unsere abenteuerliche Reise so hervorragend, dass wir uns die Erweiterung der Route durch den uns noch unbekannten Anti-Atlas zutrauen.

VOM ATLANTIK ÜBER DEN ANTI-ATLAS NACH M'HAMID

Joshua übt sich am Freizeitspaß der einheimischen Jugend: Saltos über den Reifen.

Anders als bei unserer ersten Marokkoreise mit Kindern starten wir an Fahrtagen oft erst nach einem ausgedehnten, gemütlichen Frühstück und rollen dann über Mittag unserem nächsten Ziel entgegen – etwa so wie früher! Zwar sind unsere Kinder immer noch keine Langschläfer, aber etwa 7.30 Uhr ist im Vergleich zu früheren Jahren sehr human. Wir reisen nicht täglich weiter, sondern nehmen uns zwischendurch viel Zeit zum Nichtstun. Am Atlantik verbringen wir eineinhalb Tage am Strand von Sidi Wassay südlich von Agadir, wo wir nur Drachen steigen lassen und Sonne, Sand und die beeindruckende Brandung des Atlantik genießen. Weitere zwei Tage

Wunsch der Kinder: abends machen wir ein kleines Feuer am Fluss in Tata

sind wir in Tata, im südlichen Anti-Atlas, wo die Kinder wie die Einheimischen Saltos auf im Sand steckenden LKW-Reifen üben und wir zur alten Kasbah spazieren. Abends sitzen wir um ein Feuer am noch wasserführenden Oued. Für unsere Nachwuchs-Traveller sind diese Auszeiten sehr wichtig, damit bei so vielen neuen Eindrücken auch die Seelen hinterher kommen. So bleibt Zeit, das Erlebte spielerisch zu verarbeiten. Früher waren Zeiten des Nichtstuns definitiv nicht unsere Stärke. Wie gut, dass die Kinder uns im Laufe der Jahre ausgebremst haben. Inzwischen kann ich das »Sein« sehr genießen, vor allem in dieser fantastischen Umgebung, ich muss nicht immer etwas tun. Eine grundlegende Erfahrung, die auch im »normalen« Leben sehr hilfreich sein kann und die ich den Kindern verdanke.

Nachdem wir uns an das Land und seine Menschen gewöhnt haben, nehmen wir außerhalb der Orte immer wieder Tramper mit. Dann räume ich jedes Mal den Beifahrersitz und rutsche nach hinten zwischen die Kinder. Erst finden sie dieses Vorgehen befremdlich, aber als sie sehen, wie dankbar die Mitgenommenen oft sind, ändern sie ihre Meinung. Manchmal kann ich mich mit den Trampern unterhalten, oft scheitert es an unterschiedlichen Sprachen. Als zwei Arbeiter bis in den nächsten Ort müssen, setzen wir sie halt beide auf den Beifahrersitz. Eine alte, gebeugte Frau, die wir mitten im Nichts aufgabeln,

Rast nach dem Ausflug zur Kashbah auf den Felsen oberhalb des Oued

nehmen wir durch ein paar Täler mit zu einer Abzweigung wieder so ziemlich im Nichts. Dankbar drückt sie mich und schüttelt mir lange die Hand. Den Platz für sie frei zu machen, war für uns kein Aufwand, für sie anscheinend eine große Hilfe.

Auf den weiten Strecken durch den Anti-Atlas sehen wir öfter die Zelte der Nomaden. Einmal werden wir um Lebensmittel gebeten. Seit unserem ersten Marokko-Aufenthalt reagiere ich anders auf Bettler als früher. Almosen geben ist eine der Säulen des Islam, und auch wenn ich Christin bin, ist Abgeben eine gute Idee. Ob das im Einzelfall genau beim Richtigen ankommt, hinterfrage ich nicht immer, weil ich es oft nicht beurteilen kann. Also suchen wir ein paar Lebensmittel heraus, mit denen der Mann hoffentlich etwas anfangen kann, Brot, Wasser,

Die Kashbah von Tata, heute teilweise restauriert, bietet grandiose Sicht über das Flusstal.

Dosengemüse. Unsere Gläser mit Würstchen aus Schweinefleisch würden ihm wohl nicht weiterhelfen.

DER RITT DURCH DIE WÜSTE

Ein Höhepunkt unseres Urlaubes soll eine Kameltour in die Wüste werden. Falsch, würden mich jetzt Joshua und Joana korrigieren, es handelt sich hier um Dromedare. Die beiden kennen den Unterschied genau! Per WLAN auf dem letzten Campingplatz haben wir uns über Angebote und Preise informiert und steuern in M'Hamid direkt den in deutschen Reiseführern gelobten Anbieter an. Gemütlich sitzen wir im Garten der Kasbah und verhandeln Tourenvorschläge und Preise – auf Englisch! Lars hätte gerne mehr Rabatt bekommen für die Kinder – fünfhundert Euro für uns alle erscheint uns eine Menge Geld für zweieinhalb Tage, dazu Trinkgeld für den oder die Führer. Letztlich entscheiden wir uns für eine Mischung aus zwei Tagen Kamelreiten und einer Jeep-Fahrt zur höchsten Düne Marokkos, dem Erg Chegaga – alles mit Übernachtung in Zelten. Die Reisegruppe wird nur aus unserer Familie bestehen. Start ist am nächsten Morgen.

Fertig angezogen sehen die Kinder sogar ein bisschen aus wie Nomaden, in lange Sachen gekleidet wegen der Sonne, dazu

Als hätten sie nie etwas anderes gemacht, unsere beiden Dromedar-Reiter

Buffs wie Kopftücher übergezogen zum Schutz des Nackens und darüber ein Käppi. Mir fällt es schwer, an einer geführten Tour teilzunehmen, andere Menschen für mich arbeiten und gehen zu lassen, während ich vom Dromedar getragen werde. Aber unsere Führer sind so freundlich, hilfsbereit und gut gelaunt, dass ich mich an diesen »Touristen«-Zustand gewöhne. Vor allem mit den Kindern sind sie super nett, bremsen die Dromedare vor jeder kleinen abschüssigen Stelle aus und fragen immer wieder, ob alles gut ist. Das geht mit Handzeichen und einem Lachen prima. Anders verständigen können wir uns nicht, denn die Dromedarführer sprechen Arabisch und Berber, kaum Französisch. Die Kinder sind vollauf begeistert, meistern alle Anforderungen vom holprigen Aufstehen der Kamele bis zu deren schaukelnden Gang wie Profis und sind bester Laune. Übrigens ist das Fotografieren der Landschaft vom schwankenden Rücken eines Dromedars gar nicht so einfach, wenn man Bilder mit einem waagerechten Horizont erwartet!

Die erste Mittagspause verbringen wir in einer Lehmhütte in der Nähe einer kaum sichtbaren Piste. Jetzt ist der dritte Guide am Zuge, wir haben nämlich einen eigenen Koch dabei. Wie viele Leute wir beschäftigen, beziehungsweise wie viele sich um unser Wohlergehen bemühen, war uns vorher überhaupt nicht klar. Wir dürfen ausruhen und mit den Trommeln spielen, die in der Hütte stehen. Zwischendrin kommen die Dromedarführer und trommeln und singen – Gesänge der Berber, unbekannte Harmonien, melancholische und rhythmische Lieder. Später bekommen wir ein ausgezeichnetes Essen serviert, hier mitten im Nichts in einer einfachen Berberhütte: eine Hähnchen-Tajine und zum Nachtisch frisch geschnittenes und appetitlich angerichtetes Obst. So gut und lecker wie auf dieser Wüstentour haben wir noch nie im Urlaub gegessen!

Derweil sind die Dromedare irgendwo frei in den Dünen unterwegs. Joshua und Joana fragen mich, ob sie wohl mit dürfen, um sie zu holen, und ich versuche zu übersetzen. Als es dann Zeit wird, kommen die Führer und unsere Kinder gehen tatsächlich mit. Und das, obwohl sie sonst nie mit Fremden mitgehen – glücklicherweise! Verständigen können sie sich mit den beiden jungen Männern nur per Handzeichen. Ich bin beeindruckt, sie müssen Vertrauen zu ihnen gefasst haben. Dem Koch, der französisch spricht, versuche ich das mitzuteilen, als Lob für die beiden Guides. Joshua lernt von ihnen, sein Dromedar zu führen und ihm zu zeigen, dass es sich hinlegen soll. Kein klassischer Unterrichtsstoff bei uns, aber eine Erfahrung über wichtige Fähigkeiten in einer anderen Kultur. Auf jeden Fall ist er sehr stolz auf dieses Nomadenwissen.

Ein Traum wie Tausendundeine Nacht, mitten in der Wüste

Musik auf mitgebrachten Trommeln am Feuer mitten in der Wüste

Unser erstes Abendcamp liegt traumhaft. Zehn Zelte aus den schwarzen Stoffen der Nomaden stehen zwischen mit Tamarisken bestandenen Dünen. Heute sind wir die einzigen Gäste. Der Campwärter empfängt uns mit Tee und ist dabei so natürlich freundlich, dass das erneut aufkommende komische Gefühl, andere für mich arbeiten zu lassen, schnell vergeht. Als die Kinder auf eine hohe Düne laufen, geht er wenig später hinterher, hilft ihnen an einer steilen Stelle, zeigt ihnen, wo sie wegen Wurzeln im Sand nicht springen sollen. Dann setzt er sich zu ihnen und passt auf. Der alte Herr, der kaum französisch spricht, ist mit seinem ruhigen Lächeln auf wirklich angenehme Art einfach für uns da. Von der Düne erleben wir gemeinsam den Sonnenuntergang über der Wüste. Diesiges Licht taucht die Dünenlandschaft in sandbeige Farben, über allem strahlt der tiefstehende große orange Feuerball. Wir schießen Fotos von den springenden Kindern, Joshua macht echt gute Fotos von Lars und mir vor orange-blauem Himmel. Welch eine Aussicht und Atmosphäre, welch ein Segen! Wieder erwartet uns ein vorzügliches Abend-

essen und anschließend ein Feuer, an dem wir Gäste und unsere Guides gemeinsam Musik mit den mitgebrachten Trommeln machen.

Joshua lernt, sein Dromedar zu führen.

Einen halben Dromedar-Tag später sammelt uns mitten in der Wüste ein Fahrer mit seinem Jeep auf und fährt uns zum Erg Chegaga. Die Fahrt ist viel aufregender, als ich es erwartet hatte. Nur Joana kann sie leider gar nicht genießen, ihr wird schlecht vom heftigen Schaukeln. Ich halte sie fest im Arm und versuche halbwegs erfolgreich, sie zu beruhigen. Unser Fahrer bemüht sich, soweit die holprige sandige Piste das möglich macht. Schließlich erblicken wir das große Dünenfeld: Leuchtend orange-gold erhebt es sich mehr als hundert Meter über die vergleichsweise grüne Umgebung. Ein außergewöhnlicher Anblick, eindrucksvoll und einzigartig. Wir steuern das Komfortcamp an – spezieller Wunsch unserer Prinzessin! Es befindet sich mitten im Dünenfeld und wir bekommen dort ein großes, edles Zelt, innen mit gelb-goldenen und roten Stoffen ausgekleidet, den Betonboden mit bunten Teppichen belegt. Vorhänge trennen einen Raum mit Toilette und Dusche vom Wohnbereich ab. Fließendes Wasser mitten in der Sandwüste – selbst unsere Kinder finden das irritierend.

Auf dem Weg zur großen Düne. Das Sandboard in Lars' Rucksack kommt erst auf dem Rückweg zum Einsatz.

Am Spätnachmittag starten wir eine Erkundungstour, die sich zu einer handfesten Wanderung mausert. Etwa fünfundvierzig Minuten soll der Weg zur großen Düne dauern. Wir stapfen weglos durch Sandtäler und über Sandhügel, gehen vorbei an bizarren Verwehungen, bestaunen die wenigen trockenen Pflanzen und Grashalme, rutschen steile Sandhänge hinunter – immer in Richtung des markanten hohen Sandhügels. Nach einer Stunde stehen wir am Hang der höchsten Düne Marokkos. Der Sand ist heiß, die Sonne steht tief und brennt trotzdem noch, und die Düne ragt steil vor uns auf. Bei jedem Schritt rutschen wir mindestens um die Hälfte wieder zurück. Die Kinder wollen nicht mehr, und ich kann sie gut verstehen. Schließlich lassen wir sie mit Rucksack, Wasser und Keksen an einer flachen Stelle zurück, dort werden wir sie die ganze Zeit sehen können.

Dann nehmen Lars und ich die letzten Höhenmeter in Angriff. Die Hochkraxelei ist super anstrengend, wäre die Strecke nicht so kurz und absehbar, ich würde aufgeben. Unsere Belohnung wird dafür umso großartiger. Die Sicht vom Dünenkamm über die Wüste um uns her ist bombastisch und lässt sofort jegliche Anstrengung vergessen. Was wir sehen, ist eigentlich unbeschreiblich: Sand, Sand, Sand, von der tief stehenden Sonne in warme Farben getaucht. Im Norden das grüne Tal des Drâa, die Bergkette des Djebel Bani, im Süden und Richtung Algerien ausgedehnte Dünen im hellen Gegenlicht der Sonne. Weite und Ruhe. Einziges Geräusch ist das Knistern treibender Sandkörner im Wind. Weit und breit kein Mensch, abgesehen von unseren Kindern natürlich. Als würde dieser stille Aussichtsplatz hoch oben über einer faszinierenden Landschaft für diesen Moment nur uns gehören.

Auf dem Rückweg versuchen sich die Kinder mit dem Sandboard. Es dämmert schon deutlich, als wir gemeinsam einen kleineren Dünenkamm besteigen, um auch Joshua und Joana diese großartige Landschaft und beeindruckende Weite zu zeigen. Wir sind immer noch in weglosem Sand unterwegs, aber ab hier ist der Rückweg nicht mehr schwer zu finden. Fast im Dunkeln kommen wir zurück ins Camp, werden bereits erwartet und erfahren, dass in den letzten fünf Jahren keine Familie bis zur großen Düne gegangen ist. Dann folgt erstmal eine Dusche – jetzt ist mir egal, dass das Wasser in Kanistern hierher gebracht wird! Abkühlen, Schweiß und Sand abspülen – welch ein Luxus!

Abends gibt es wieder Feuer und Gesänge, allerdings wirkt das Ganze hier etwas touristischer, vorgetragener, weniger liebe-

Wasser mitten in der Wüste – mit unserem guide blicken wir erstaunt in den Brunnen.

voll als am Vorabend – obwohl wir wieder die einzigen Gäste sind. Dagegen fühlten sich die Gesänge während der Dromedar-Tour wirklich authentisch an!

Auf der Rückfahrt am nächsten Vormittag sitze ich vorne mit Joana am leicht geöffneten Fenster, damit sie die Fahrt möglichst gut übersteht. Derweil unterhalte ich mich mit unserem Jeep-Fahrer. Er erzählt mir von seiner Familie und seinen Wünschen und gewährt mir so, wie auch schon die Guides unserer Dromedar-Tour, einen kleinen Einblick in sein Leben. Dafür bin ich sehr dankbar.

Zurück in M'Hamid an der Kasbah werden wir zum Mittagessen eingeladen, an dem auch eine ganze Gruppe Bustouristen teilnimmt. Sie werden danach in die Wüste gefahren, um eine kleine Runde auf einem Dromedar zu reiten. Unsere beiden Führer machen sich mit ihren Tieren schon auf den Weg und winken fröhlich, als sie uns sehen. Und ich denke und hoffe, dass wir bei allem Verhandeln wohl trotzdem nette Kunden sind, denn dieses Abschlussessen wäre nicht inbegriffen gewesen. Die Kinder beschäftigt neben allen aufregenden Ereignissen, warum der junge Dromedarführer so deutlich schielt und warum so viele Menschen hier schwarze Zähne haben. Bei uns wäre das anders, unsere oft kritisierte Krankenversicherung würde Operation oder Zahnreinigung bezahlen. Um zu sehen, dass diese Versorgung bei weitem nicht überall selbstverständlich ist, muss man nur genau hinschauen.

DURCH DEN ATLAS ZUM LAC TISLIT

Die nächsten Tage verbringen wir in Zagora unter Palmen, dort wo Lars vor Jahren Darmkrämpfe hatte. Immer noch ist dieser Campingplatz ein Ort der tiefen Ruhe und Friedlichkeit. Unsere Wüstentour lebt in unseren Köpfen nach. Die Kinder spielen im Bus Feilschen, Pferdchen-Karawane-Führen und Nachtlager-Bauen und im Schatten der Palmen mit Steinen und Stöcken. An den Drâa spazieren wir diesmal zu viert. Er führt Wasser, seine Ufer sind mit grünem Gestrüpp bewachsen. Das ist nicht mit meinem Wüstenerlebnis vor sieben Jahren zu vergleichen, aber gut für die Menschen hier. Mein Wüstenerlebnis hatte ich bereits, und das war ganz besonders beeindruckend!

Ab Zagora fahren wir in den Norden und damit dem Ende unserer Reise entgegen. In manchen Momenten würde ich gerne von den Kindern lernen, wie man im Hier und Jetzt lebt. Sie beherrschen das perfekt, für sie sind wir so lange in Marokko unterwegs, bis wir den Fährhafen erreichen. Wenn diese kindliche Lebensweise zuhause auch manchmal anstrengend ist, zum Beispiel wenn das Lernen für die nächste Klassenarbeit Planung und eine gute Zeiteinteilung erfordern würde, mir käme es jetzt zugute, wenn ich nicht schon mit dem Gefühl unterwegs wäre, dass das Ende unserer Reise naht. Während der Fahrt sehen wir Frauen, die an den Flüssen sitzen und Teppiche waschen. Mit meinem kaputten Rücken könnte ich so einen Job schon lange nicht mehr ausführen. Wir staunen, wie groß das Angebot in den winzigen Lebensmittelläden ist. Wenn wir etwas nicht sehen, können wir danach fragen und oft ist es in irgendeiner Ecke vorrätig. Das Leben der Menschen verläuft völlig anders als unseres, trotzdem funktioniert erstaunlich vieles.

Auf einsamen Nebenstrecken durch die kargen Weiten des Mittleren Atlas

Auf der Fahrt durch den Mittleren Atlas erwartet uns ein weiteres, ganz besonderes Erlebnis. Für eine Nacht wollen wir am Lac Tislit stehen, hier gibt es einen kleinen Campingplatz. Der See ist traumhaft schön mit seinem stillen, ruhigen Wasserspiegel, eingerahmt von den schneebedeckten Kuppen des Atlas und mit schilfbestandenem Ufer. Von der nächsten Ansiedlung ist er mehrere Kilometer entfernt. Erst vor wenigen Jahren wurde die Straße bis hierher asphaltiert. Zur einfachen Pension von Madame Malika gehören einige kleine Stellplätze direkt am Wasser, ohne Strom, mit Stehklo und kalter Dusche im Haus. Am nächsten Morgen bin ich als erste wach, sogar vor den Kindern. Draußen dämmert es und ich ziehe eine warme Jacke an, immerhin stehen wir auf über 2000 m Höhe. Langsam verschwindet das nächtliche Grau, die Farben werden kräftiger. Dann schickt der Feuerball erste Strahlen über die mit Schneeresten gesprenkelten Berge auf der anderen Seeseite. Mit lautem Gezwitscher erwachen die Vögel am See. Schließlich erscheint die Sonne gleißend hell und alles leuchtet in ihrem Gegenlicht auf. Was für ein großartiger Ort! Der Lac Tislit, der Legende nach aus der Träne eines Bräutigams entstanden, fasziniert uns so, dass wir beschließen, eine zweite Nacht zu bleiben und unseren Hochzeitstag hier zu verbringen.

Madame Malika verwöhnt die Kinder mit frisch gebackenem marokkanischem Brot und erzählt mir lange von den Lebensbedingungen in der Umgebung. Nicht hungern zu müssen bedeutet hier, eine Kuh zu haben, die Milch gibt, und einen kleinen Kartoffelvorrat für den Winter – das klingt nicht nach kuli-

Unser kleines Paradies am Lac Tislit.
Im Hintergrund sieht man die schneebedeckten Berge des Atlas

narischen Highlights. Dann wird es noch mal richtig peinlich, Europäer zu sein: Ein großes französisches Wohnmobil mit einem Rentnerehepaar rollt an. Sie verhandeln mit Frau Malika, wollen statt acht nur drei Euro für die Nacht zahlen. Als die Chefin ablehnt, fahren sie fünfhundert Meter weiter und stellen sich wild ans Seeufer. So etwas Unverschämtes habe ich in meinen besten Wild-Camping-Zeiten nicht gebracht, und erst recht nicht in einer der ärmsten Gegenden Marokkos! Frau Malika regt sich sehr auf und ich kann sie so gut verstehen.

Aus der Strafe – Wandern auf den nächsten Hügel – wird schnell ein toller Ausflug: Hier gibt's Versteinerungen!

Ein nachmittäglicher Ausflug auf den nächsten Hügel, erst als echte Strafe aufgefasst, begeistert die Kinder doch mit den Funden versteinerter Tiere und quergestellter Sandwellen eines ehemaligen Meeresbodens. Geologie zum Anfassen. Bei unserem einfachen Abendessen strahlt das Schilf leuchtend gelb in der Abendsonne vor dem tiefblauen See und uns umgibt die Ruhe eines einsamen, kargen, uralten Gebirges. Unser Hochzeitstagsgeschenk! Ehe wir fahren, lasse ich Madame Malika gute Anziehsachen unserer Kinder da, denn für uns ist das Ende der Reise absehbar. Als Gegengeschenk bekomme ich ein kleine Flasche Rosenwasser, das lässt Frau Malika sich nicht ausreden, und eine so herzliche Verabschiedung, dass ich die liebenswürdige Frau nicht mehr vergessen werde.

Der Weg über die Wasserscheide des Atlas ist auch ein Weg zurück ins Grün. Wo sonst könnte man den Kindern so anschaulich den Unterschied zwischen Regenseite und regenabgewandter Seite der Berge erklären?

Chefchaouen, die blaue Stadt, wirkt mit ihren gepflegten Gassen einladend und freundlich.

Zum Abschluss fahren wir nach Chefchaouen, in die blaue Stadt, auf die sich die Kinder wegen der Fernsehreportage sehr freuen. Sie zu erkunden ist einfach. Chefchaouen wirkt zwar orientalisch, aber distanzierter, weniger aufdringlich als andere Städte Marokkos. Sich zu verlaufen, scheint hier beinahe unmöglich. Abends schauen wir vom Plateau unterhalb des Campingplatzes zusammen mit Gruppen von Einheimischen hinunter auf das Straßenchaos der Stadt, das Aufleuchten der Straßenlaternen, das blaue Schimmern der Medina. Dann heißt es Abschied nehmen von diesem wundervollen Land mit seinen freundlichen Menschen.

Viereinhalb Wochen Reise liegen hinter uns, fremdartige und faszinierende Kultur, eindrucksvolle und großartige Landschaften. Marokko individuell erleben, das Unterwegssein, das große Abenteuer Wüste meisterten Joshua und Joana absolut großartig wie echte Reise-Profis. Ist das der Höhepunkt unserer Reiseerfahrungen mit Kindern?

UND WAS BLEIBT?

Im Rückblick bleibt vor allem Dankbarkeit! Dankbarkeit für unsere zwei wundervollen Kinder. Dankbarkeit dafür, dass sie sich auf unseren Reisestil eingelassen und ihn mitgetragen haben und wir uns auf gemeinsame Wege einigen konnten. Dankbarkeit dafür, dass wir immer wieder zur richtigen Zeit den Anstoß bekamen, Pläne und Vorstellungen zu hinterfragen und zu ändern. Dankbarkeit, dass unsere Kraft gereicht hat.

Tatsächlich geblieben ist unser sehr individueller Reisestil. Wobei das Wort »bleiben« es nicht wirklich trifft. Genau genommen haben wir ihn mit den Kindern immer wieder neu erarbeitet und dem angepasst, was gerade machbar war. Dabei haben wir wirklich viel von ihnen gelernt. Durch sie kann ich heute langsamer reisen, besser als zuvor kleine Wunder sehen. Hätte ich die Entwicklung bereits früher erahnt, vielleicht hätte ich am schwierigen Anfang mehr Ruhe gehabt, wissend, wie viel Abenteuer auf Reisen auch mit Kindern möglich wird. Wir mussten Geduld aufbringen, ihnen Zeit lassen und Kompromisse eingehen, es ging eben nicht mehr alles so wie früher. Vielleicht brauchte es aber auch unsere tiefe Faszination für die wilde einsame Natur und einen Hauch Besessenheit, um immer wieder Neues zu probieren, die Grenzen des Machbaren zu dehnen und letztlich dabei so viel zu möglich zu machen?

Ebenfalls für immer bleibend ist die Verantwortung für Joshua und Joana. Sorgen und Ängste sind damit verbunden, für unsere Reisen führt sie zu wesentlich intensiverer Vorbereitung als früher.

Der Wunsch nach Reisen, Abenteuer, fernen Welten, Freiheit und wilder Natur wird uns Eltern wohl nie verlassen. Wie wir den weiter umsetzen können? Ich weiß es nicht. Das Leben mit Kindern setzt sich bekannterweise aus Phasen unterschiedlichster Art und Länge zusammen. Was wird die nächste Hürde sein? Das »Ist-mir-alles-egal« und »Hab-keinen-Bock«-Zeitalter? Oder die »Wandern-ist-völlig-uncool«-Periode?

Ich hoffe, dass wir noch mehrere Jahre zusammen reisen können! Gerne würde ich noch einiges auf der Welt gemeinsam mit meinen Kindern erpaddeln, erwandern, erleben, entdecken.

Inschallah – So Gott will.

Besuchen Sie uns auch online auf

www.wandern-mit-kindern.info

Hier gibt es Tipps und Infos für alle, die gerne mit Kindern in der Natur unterwegs sind.

www.wandern-mit-kindern.info ist außerdem die Internetseite zur Buchreihe »Abenteuer und Erholung für Familien« und Sie finden dort auch aktuelle Ergänzungen zu den Naturzeit Familienreiseführern.

ABENTEUER UND ERHOLUNG IN DER NATUR
NATURZEIT WANDERFÜHRER FÜR FAMILIEN

Breite Wanderwege finden Kinder gähnend langweilig, pirscht man dagegen auf schmalen Pfaden durch Wald und Wiesen, riecht das Ganze nach Abenteuer und wird gleich viel spannender. Gibt es dann noch Pausenplätze, an denen man Tiere beobachten, am Wasser spielen oder klettern kann und dazu ein leckeres Picknick oder ein richtiges Lagerfeuer, wird die Sache auch für Kinder interessant ...

In unseren Familienreiseführern finden Sie abenteuertaugliche Routen durch die Natur im Kinderformat – gut beschrieben mit wichtigen Details, Wanderkarte, Höhenprofil und vielen Fotos. Die meisten Touren sind Wanderungen – ab und zu sind wir auch mit Fahrrad oder Kanu unterwegs.

Ergänzt werden die Touren mit vielem was Familien sonst noch interessiert: familienfreundlichen Unterkünften, den besten Badeplätzen, Tierparks, Freizeitparks oder Museen zum Mitmachen und Anfassen.

Regina Stockmann
Provence mit Kindern

Wanderwege in der Provence? Das sind schmale steinige Pfade wie Kinder sie mögen, oft mit grandiosem Weitblick: auf das tiefblaue Mittelmeer, die im Felsen klebenden mittelalterlichen Dörfer oder weite, wilde Täler. Wir durchwandern tiefe Schluchten, ein einsames Bachtal oder die weiten Salzwiesen und Strände der Camargue. Die Provence bietet ganz unterschiedliche Landschaften und viele spannende Ziele für Familien.

1. Auflage 2017, 240 Seiten, **€ 16,90**
ISBN 978-3944378-11-4

WEITERE INFORMATIONEN UND EINE LESEPROBE ZU JEDEM BUCH UNTER **WWW.NATURZEIT-VERLAG.DE**

ABENTEUER UND ERHOLUNG IN DER NATUR
NATURZEIT WANDERFÜHRER FÜR FAMILIEN

Stefanie Holtkamp

Mecklenburgische Seen mit Kindern

Eine spannende Exkursion mit dem Kanu, eine Fahrradtour im Reich der Fischadler oder der perfekte Zeltplatz direkt an einem der tausend Seen – in Mecklenburg finden Familien einen Hauch Wildnis und viel Raum für kleine und große Abenteuer in der Natur.

2. Auflage 2017, 264 Seiten, **€16,90**
ISBN 978-3944378-10-7

Lena-Marie Hahn,
Stefanie Holtkamp

Ostseeküste Mecklenburg-Vorpommern mit Kindern

Mit Ostsee und Bodden, Küstenwäldern, einsamen Flusstälern, schönen Altstädten und stiller Natur bietet die Küste zwischen der alten Hansestadt Wismar und dem Stettiner Haff jede Menge Abwechslung. Es gibt hier schicke Seebäder mit buntem Strandleben, aber auch viele Kilometer Ostseesand abseits des Trubels, eindrucksvolle Steilküsten und uralte Buchenwäder, die zu ausführlichen Streifzügen durch die Natur einladen.

1. Auflage 2017, 264 Seiten, **€16,90**
ISBN 978-3944378-09-1

Stefanie Holtkamp

Sardinien mit Kindern

Wildpferde beobachten und auf dem Fluss paddeln, eine Höhle erforschen oder die dunklen Gänge einer 4000 Jahre alten Nuraghenfestung. Über Felsen klettern, vom Berg über die Küste schauen und an einem der vielen Bilderbuchstrände ins Wasser springen. Sardinien bietet eine Vielzahl an Möglichkeiten für entspannte und spannende Familienferien.

3. Auflage 2015, 336 Seiten, **€ 18,90**
ISBN 978-3944378-03-9

Stefanie Holtkamp

Korsika mit Kindern

Wasserfälle, einsame Flußtäler, wildromantische Berge, malerische Dörfer, weiße Strände mit feinem Sand und türkisblauem Wasser. Korsika hat alles. Nur wenige Kilometer vom schönsten Strand entfernt kann man in unberührter Natur wandern. Ein optimaler Urlaubsort für Familien.

5. Auflage 2016, 264 Seiten,
€ 16,90
ISBN 978-3944378-02-2

WEITERE INFORMATIONEN UND EINE LESEPROBE ZU JEDEM BUCH UNTER **WWW.NATURZEIT-VERLAG.DE**

Stefanie Holtkamp

Allgäu mit Kindern

Tobelwege mit Treppen und Brücken, über Felsen sprudelnde Wasserfälle, finstere Schluchten, idyllische Bergseen und sattgrüne Alpwiesen – das Allgäu ist ein attraktives Wandergebiet für Familien. Viele Wege sind schmal und aufregend, mit Felsen zum Klettern und Bächen zum Spielen.

2. Auflage 2017, 216 Seiten, **€ 15,90**
ISBN 978-3944378-13-8

Christian Winkler
Stefanie Holtkamp

Mit Kindern im Chiemgau

Über Felsen und auf Gipfel klettern, in einer urigen Almhütte eine riesige Portion Kaiserschmarrn vertilgen und schon am nächsten Tag am Sandstrand spielen oder mit dem Kanu über den See fahren. Märchenschloss und Raubritterburg oder eine flotte Schlauchbootfahrt durch die Entenlochklamm – so abwechslungsreich ist Familienurlaub zwischen den Gipfeln der Chiemgauer Alpen und dem bayerischen Meer.

1. Auflage 2015, 192 Seiten, **€ 14,90**
ISBN 978-3944378-05-3

WEITERE INFORMATIONEN UND EINE LESEPROBE ZU JEDEM BUCH UNTER **WWW.NATURZEIT-VERLAG.DE**

MEHR ALS NUR EIN WANDERFÜHRER
DIE NEUEN NATURZEIT TOURENBÜCHER

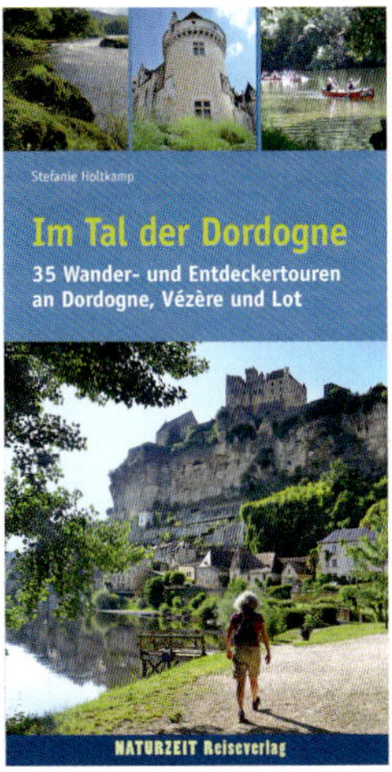

Im Tal der Dordogne

1. Auflage 2015, 192 Seiten,
ISBN 978-3944378-06-0
€ 14,90

In großen Schleifen windet sich die Dordogne durch die fruchtbaren Täler des Périgord und Quercy im sonnigen Süden Frankreichs. Mittelalterliche Dörfer mit engen Gassen säumen die Ufer, Burgen und Schlösser thronen auf den Felsen und bieten Wanderern, Radlern und Kanuten eine besonders malerische Kulisse.

Lettland

1. Auflage 2016, 192 Seiten
ISBN 978-3944378-07-7
€ 14,90

500 Kilometer Ostseeküste, lange einsame Sandstrände, ausgedehnte Moore, naturbelassene Flüsse und Wälder in denen Elche, Wölfe und Luchse leben. Lettland ist ein perfektes Ziel für Naturfreunde und ein Paradies für ausgedehnte Kanutouren.

Estland

1. Auflage 2016, 192 Seiten
ISBN 978-3944378-08-4
€ 14,90

Ausgedehnte Hochmoore mit dunklen Tümpeln in denen sich der Himmel spiegelt, uralte Wälder, bunte Holzhäuser mit skandinavischem Flair und viele Kilometer Ostseeküste mit stillen naturbelassenen Stränden machen Estland zum Traumziel für alle Fans unberührter Natur.